高等学校工程管理专业规划教材

工程技术经济

武育秦　景星蓉　　编
曹小琳　主审

U0330622

中国建筑工业出版社

图书在版编目（CIP）数据

工程技术经济/武育秦，景星蓉编. —北京：中国建筑工业
出版社，2012.12
（高等学校工程管理专业规划教材）
ISBN 978-7-112-14961-2

Ⅰ.①工… Ⅱ.①武… ②景… Ⅲ.①建筑工程-技术经济学-
高等学校-教材 Ⅳ.①F407.9

中国版本图书馆 CIP 数据核字（2012）第 289019 号

高等学校工程管理专业规划教材
工程技术经济
武育秦 景星蓉 编
曹小琳 主审

*

中国建筑工业出版社出版、发行（北京西郊百万庄）
各地新华书店、建筑书店经销
北京红光制版公司制版
北京市燕鑫印刷有限公司印刷

*

开本：787×1092 毫米 1/16 印张：14 字数：340 千字
2013 年 9 月第一版 2013 年 9 月第一次印刷
定价：**30.00** 元
ISBN 978-7-112-14961-2
（23024）

本书是高等学校工程管理专业规划教材。其内容包括工程技术经济的基本原理和应用实践两部分。基本原理部分的主要内容为：工程技术经济评价的概述、指标体系及评价基本原则和比较原理，资金的时间价值与等值计算，工程技术经济评价方法，经营预测方法和决策技术，价值工程的概念、功能分析和评价等。实践应用部分的主要内容为：建设项目的财务评价、国民经济评价、环境影响评价和社会影响评价，建设项目可行性研究与评价，设计方案的技术经济分析，施工方案的技术经济分析，以及设备更新技术经济分析等。本书中还列入部分实际工程的计算实例，并附有各种应用图表与参考数据，可供读者学习应用时参考。

本书具有较强的针对性、实用性和通读性，可作为普通高等教育"工程管理"、"工程造价"、"土木工程"等本科专业的教材，也可作为工程招投标人员、预算报价人员、合同管理人员、工程技术人员和企业管理人员的参考用书。

* * *

责任编辑：张　晶　聂　伟
责任设计：张　虹
责任校对：姜小莲　赵　颖

前　言

工程技术经济分析与评价是工程项目建设中非常重要的经济管理工作，它是建设单位（业主）对建设项目进行技术经济分析、评价与管理的主要方式，对取得好的投资效果具有重要作用；同时它也是施工企业（承包商）重要的生产经营与经济管理活动，严格和完善的经济分析与管理，对取得好的经济效益起着十分重要的作用，它关系到企业的经营效果、生存与发展。因此，工程技术经济分析和评价，在工程项目建设的经济活动中具有重要的地位与作用。

本书以基本理论—实践应用为主线，按照高等学校工程管理专业指导委员会制定的"工程管理"、"工程造价"等本科专业课程教学大纲的要求，结合作者收集整理的有关参考资料和多年教学实践编写而成。本书将为读者提供工程技术经济学比较完整的理论与应用，其内容包括工程技术经济的基本原理和应用实践两部分。基本原理部分的主要内容为：工程技术经济评价的概述、指标体系及评价基本原则和比较原理，资金的时间价值与等值计算，工程技术经济评价方法，经营预测方法和决策技术，价值工程的概念、功能分析和评价等。实践应用部分的主要内容为：建设项目的财务评价、国民经济评价、环境影响评价和社会影响评价，建设项目可行性研究与评价，设计方案的技术经济分析，施工方案的技术经济分析，以及设备更新技术经济分析等。本书对重点内容（如工程经济分析的程序、原则、指标体系、比较原理，现金流量构成，资金时间价值及其等值的计算，建设项目财务报表编制、财务评价，项目投资风险与不确定性分析，价值工程及设计方案选优，设备合理利用、更新、改造、租赁的经济分析，投资项目后评价等）进行了比较全面、详细的阐述。本书中还列入部分实际工程的计算实例，并附有各种应用图表与参考数据，可供读者学习应用时参考。本书具有较强的针对性、实用性和通读性，可作为普通高等教育"工程管理"、"工程造价"、"土木工程"等本科专业的教材，也可作为工程招投标人员、预算报价人员、合同管理人员、工程技术人员和企业管理人员的参考用书。

本书由武育秦、景星蓉编写，全书共计9章。其中，第1、2、5、6、8、9章由武育秦编写；第3、4、7章由景星蓉编写。由于时间仓促和水平有限，教材中难免有不足之处，敬请同行专家、广大读者批评指正。

编　者

2011 年 10 月

目　　录

第1章 工程技术经济概述

1.1 工程技术经济的产生与发展

1.1.1 技术与经济的概念及其相互关系

（1）技术

"技术"一词的含义，有狭义与广义之分，"技术"的狭义解释是人们从事某种活动的技能，包括劳动工具和人们具体使用、掌控这些工具的能力。"技术"的广义解释是人类认识和改造客观世界的能力，其具体内容包括劳动工具、劳动对象和具有一定知识、技能及经验的劳动者，即生产力三要素。但"技术"并不是三要素的简单相加，是三要素的相互渗透和有机结合的整体。比如，必须是由具有先进知识、技能和经验的劳动者，使用先进的劳动工具作用于相应的劳动对象，才能成为先进的技术，并转化为先进的生产力。因此，"技术"是指在一定时期、一定条件下的劳动工具、劳动对象和劳动者知识、技能和经验有机结合的总称。

"技术"是多种多样的，生产活动中的技术一般可以分为两大类：一类是指机械、设备、厂房、原材料、燃料与劳动力等物质形态技术，又称硬技术；另一类是指工艺、方法、程序、配方、技能、经验、规划和谋略等管理能力的非物质形态技术，又称软技术。

（2）经济

"经济"一词的有以下几种解释。其一，在"经济基础"、"经济关系"含义中的"经济"，一般是指生产关系的总和。其二，在"国民经济"、"经济建设"含义中的"经济"，主要是指物质资料在生产——流通——分配——消费等环节（领域）的经济活动。其三，是指人们日常生活用语中的"节约"、"节省"。

（3）"技术"与"经济"的相互关系

在人类社会发展中，"技术"与"经济"是一种相互联系、相互促进、相互制约的关系。正确处理"技术"与"经济"的相互关系，是研究技术经济的出发点，其具体体现在以下几个方面：

1）技术是经济目标实现的重要手段和方法

我国社会主义市场经济的确立与发展，均以实现科学技术的现代化作为先导，一切新技术、新工艺和新方法的开发与应用，都要为国民经济的发展服务。在产品生产过程中，生产成本的高低、材料消耗的多少和产品质量的优劣，将直接影响产品在市场竞争中的能力。因此，先进技术是实现经济目标的重要手段和方法。

2）经济的不断发展是推动技术进步的动力

任何一项新技术、新工艺和新方法的产生，总是由经济发展的需要而提出来的，因此经济上的需要是先进技术产生和发展的前提及动力，否则技术活动便会失去了方向。技术

1

进步同时又是推动经济发展的重要条件。

3）技术的发展要受到经济条件的制约

技术进步不仅取决于经济上的需要，还要考虑应用先进技术相应的物质条件和经济条件。任何新技术的推广和应用，都要从实际需要出发，因地制宜，技术先进但其经济性太差在生产中也是难以推广的。经济性差的技术，通过技术改造和创新可以转变为经济性好的技术；经济性好的技术，如果停滞不前，随着时间的推移也会逐渐变为并不经济的落后技术。要解决好技术与经济的相互对立又相互制约的矛盾，就要把技术上的先进性与经济上的合理性有机地结合起来。

4）力求做到技术先进与经济合理的统一

任何生产项目从产品设计到成品销售都要应用科学技术，它也要耗费很多人力、物力和财力，且技术与经济还统一于生产项目建成的全过程。以往人们常常将技术与经济的统一关系割裂开来，管技术的不考虑经济，管经济的不过问技术，误以为技术上先进的经济上也一定是合理的，这种认识上的片面性，既影响技术进步，也影响经济发展。任何一项方案的取舍，均应以技术进步、经济合理为决策标准。

在技术先进条件下的经济合理，或者是在经济合理基础上的技术先进，技术的先进性和经济的合理性的统一，都要贯穿于技术经济分析的始终。客观形势的发展需要广大技术人员和经济工作者共同掌握技术经济分析的基本原理与方法，以探求经济的客观规律，指导科学技术实践，解决各种技术经济问题，力求做到技术先进与经济合理的统一。

1.1.2 工程技术经济（学）的产生和发展

工程技术经济（学）是一门应用性较强的交叉学科，涉及自然科学（技术）、社会科学（经济）和人文科学（文化）等多个领域。

（1）工程技术经济（学）的产生与发展

工程技术经济（学）的产生与发展，大致可以分为以下三个阶段：

早在1911年美国人弗雷德里克·温斯洛·泰勒在编写出版《科学管理原理》的书中，提出了要用科学的方法测定、研究和解决企业生产中的技术经济和管理问题。到了1930年，格米梯教授编写出版了《工程经济原理》，初步奠定了技术经济（学）的学科体系，这是技术经济学科从概念的提出、建立到初具雏形的第一阶段。

到了第二次世界大战结束，特别是第二次世界大战期间，技术经济分析的原理被广泛应用于生产建设。由于军工生产和战争的需要，美国科学家首先运用数学分析法和先进的运算技术，解决了雷达的合理分布问题，从而建立和发展了"运筹学"。其后美国科学家为了研究敌方潜艇的出没概率并加以摧毁，创立了"搜索论"，进一步推动和发展了运筹学。由于运筹学理论与方法在技术经济分析决策中的推广及应用，提高了技术经济（学）的理论水平和技术水平，此时就是技术经济学科发展的第二阶段。

第二次世界大战结束之后，随着系统论、控制论、信息论等方法理论的诞生，特别是系统分析、现代数学和电子计算机的发展与应用，技术经济（学）发展到了现代化的新阶段。此时，技术经济（学）在广泛吸取自然科学、数量经济学等研究成果的基础上，运用概率统计、预测理论、系统分析、投入产出分析、费用效益分析、网络分析、决策理论、价值工程等现代化方法，建立经济数学模型，并运用现代计算技术——电子计算机，对复杂的多目标技术经济问题进行动态、定量的分析、计算、模拟和决策，使技术经济（学）发展到了当前现代化的第三阶段。

（2）我国工程技术经济（学）的发展与应用

在我国，把技术与经济结合起来对工程项目进行分析始于 20 世纪 50 年代中期，当时，称为"技术经济论证"；其分析方法虽然比较简单，但在"一五"计划时期，对我国社会主义经济建设起到一定的推动与促进作用。随着我国现代化建设的发展，工程技术经济分析方法在总结实践的基础上不断发展与完善，并在吸收国外"工程技术经济"等学科的一些新理论、新技术和新方法基础上，形成了我国今天的工程技术经济学科理论与方法。

1.2 建筑产品生产的技术经济特性

1.2.1 建筑产品的特点

（1）建筑产品在空间上具有固定性特点

建筑产品是指建造竣工后并可交付使用的各种建筑物或构筑物，它的基础是直接设置在地基上，而地基又是设置在土地或岩石上，且相互连接在一起。这种以大地作为基础的地基，在建筑产品建造过程和建成后是不能移动的，即建筑产品建在哪里就在哪里发挥作用。在有些情况下，有的建筑产品本身就是土地不可分割的一部分，如油气田、地下铁路、水库等。因此，建筑产品在空间上具有固定性特点。

（2）建筑产品具有多种多样的特点

由于建筑产品的功能和用途要求是多种多样的，使得每一栋建筑物或构筑物都具有其独特的形式和结构，因而需要单独地进行设计。即使功能和用途要求相同，建筑类型相同，由于地形、地质、水文、气象等自然条件的不同，以及材料供应、交通运输等社会条件的不同；建筑产品在建造时，需要对设计图纸、施工组织和施工方法等做相应的调整和修改。因此，上述原因构成了建筑产品多种多样的特点。

（3）建筑产品具有体积庞大的特点

建筑产品在建造过程中，需要消耗大量的人力、物力和财力，特别是消耗的建筑材料是十分惊人的，不仅数量大，而且品种复杂，规格繁多。因为要在建筑产品内部布置各种生产和生活所需要的设备与用具，并且要在其中进行生产和生活，使得建筑产品内部需要广阔的空间，这就构成了建筑产品体积庞大的特点。

（4）建筑产品具有建造费用巨大的特点

一个建设项目从可行性研究开始立项到竣工交付使用，建造的时间较长，如有的特大型建设项目，需要若干年才能完成。其需要的建造费用，不仅工程费用种类多，数量也非常巨大。一般中小型建筑产品，其建造费用就需要上百万元，或上千万元的投资，而较大的建筑产品，则需要上亿元的投资。因此，建筑产品具有建造费用巨大的特点。

1.2.2 建筑产品生产的技术经济特性

（1）建筑产品生产的单件性

由于建筑产品具有专门的功能与用途要求，这决定了其类型的多种多样性。根据建筑产品的使用要求，在设计时相应采用不同的造型、结构、材料设备和施工方法；同时还要根据使用性质、耐用年限和防震要求，采用不同的耐用等级、耐火等级和防震等级的建筑材料和设备。因此，每一个建筑物（产品）都必须按照上述要求，单独进行设计和组织施工，这使得建筑产品的生产具有单件性。

（2）建筑产品生产的流动性

建筑产品的固定性特点和严格的施工顺序，使生产者和生产工具经常流动转移，也就是说建筑产品的生产，往往要从一个施工段转到另一个施工段，从房屋的这个部位转到那个部位，在工程完成后，还要从一个工地转到另一个工地。施工企业所需的生产设备、材料、附属加工企业、生产和生活设施等，也要随着施工地点的变化而经常迁移，使其生产具有流动性。

（3）建筑产品生产的综合性

建筑产品的生产，首先是建设单位（业主）组织建设项目的可行性研究，进行招标投标，并和勘察、设计单位以及中标的施工企业共同组织施工，最后工程竣工验收后才能交付使用。建筑安装企业（承包商）在整个施工过程中，要和业主、勘察设计单位、材料供应商、工程分包企业等配合协作。由于施工生产过程复杂，配合协作单位多，构成了一个特殊的生产过程，并使其生产过程具有较强的综合性。

（4）建筑产品生产的不可间断性

一个建筑产品的生产全过程包括项目确定、地点选择、勘察设计、征地拆迁、购置设备和材料、建筑安装施工、试车验收、竣工投产使用，这是一个不可间断、且周期性完整的生产过程；从建筑安装施工来看，要建成一个建筑产品，需要经过场地平整、基础工程、主体工程、装饰工程等施工环节，最后竣工验收、交付使用，其施工过程是连续而不间断的。

这个产品，只有到了生产过程终了才能完成，产品才能发挥作用。

生产过程中的各阶段、各环节、各项工作必须有条不紊地组织起来，在时间上不间断、空间上不脱节。各项工作必须合理组织、统筹安排、遵守施工程序，按照合理的施工顺序科学地进行组织。

（5）建筑产品生产受外界条件的影响大

建筑产品在生产过程中，影响的因素很多，如设计的变更，条件的变化，资金和物质供应是否及时，专业化协作好坏，交通运输和气候、环境状况等，这些因素对工程进度、工程质量、工程成本等都有较大的影响。

（6）建筑产品生产的周期长

建筑产品的生产周期是指建设项目在建设过程所需用（或耗用）的时间，即从开始施工起，到全部建成或交付使用、发挥效益所经历的时间。

建筑产品生产周期长，表现在有的建设项目，少则 1～2 年，多则 3～4 年、5～6 年，甚至达 10 年。在其生产过程中，它必须长期、大量地占用和消耗人力、物力和财力，要到整个生产周期完结，才能出产品。因此，应该科学地组织建筑生产，缩短施工周期，尽快发挥投资的效果。

1.3 工程技术经济研究的内容与方法

1.3.1 工程技术经济研究的内容

工程技术经济研究的内容比较广泛，主要包括宏观技术经济分析和微观技术经济分析两个层次。本书主要是以微观技术经济分析及各类工程项目作为研究对象，主要研究内容包括以下几个方面：

（1）市场前景和应用前景调查

一个建设工程项目的开发与建设能否具有生存能力和使用价值，取决于它是否具有可预见的良好的市场前景和应用前景的调查，一般包括该建筑产品需求量的大小、用户的多少和应用范围等。

（2）投资必要性论证

每一个建设项目的提出与决策，都有其现实背景及客观需要。在分析研究时，要站在较高的层次要求对建设项目的背景、投资的必要性和客观需要的情况进行论证。

（3）项目规模的研究与确定

建设项目的规模研究，就是对该建设项目的生产能力或服务内容是否符合市场需求和用户需要进行评价。建设项目规模的确定对该项目将会产生长期的影响，一般的做法是结合资源条件、市场条件、服务年限、工艺与设备等因素择优选定其项目规模。

（4）建设地址的选择

凡是一个建设项目的开发与建设，在土建施工前都有选择建设地址的问题。建设项目地址选择得是否合适，对建设项目的开发具有长远影响。在地址选择时一般要考虑建设布局、运输方式与距离、公用设施、协作条件、水文气象、环境保护、地形地质和土地购置费高低等因素进行选择。

（5）工艺技术设计方案的选定

工艺技术设计方案主要包括技术来源、技术水平、技术性能、工艺流程、设备选型等。通过对建筑产品的适用性、安全性、可靠性，生产方式及土建工程量的估算等因素的比较而进行选择。

（6）原材料与能源供应的研究分析

建设项目所需要的原材料主要包括工程建设所必需的三大主材，即钢材、木材、水泥，其大宗材料包括砖、砂、石子、各类管线、油漆等，能源供应主要包括水、电、燃料等。对上述材料和能源供应进行研究，分析是否能及时满足施工进度的需要，对该项目建设能否顺利进行是十分重要的，否则将会影响建设任务按期保质的圆满完成。

（7）专业化水平与协作条件分析

专业化水平与协作条件分析主要是指对该项目施工需要的专业化施工队伍和人员数量，以及对其人员组成、整体专业化程度、技术水平、施工经验和协作条件等进行研究分析。以便对某些专业化和技术较强的分项工程是否实行分包提供决策依据。

（8）劳动力资源分析

建设项目所需的劳动力资源分析，主要是对工程建设所需要的各类技术工人数量进行估算与分析，以及对当地建筑工人的技术等级、技术水平和操作能力等进行调查、研究与分析，并在研究分析的基础上制订工程项目建设所需的劳动力计划。

（9）投资估算与资金筹措

主要包括对主体工程、配套工程所需要的固定资产和流动资金的估算分析，以及对其资金筹措方式、资金投入时间与资金偿还方式及时间等进行的研究分析。

（10）财务状况评价

工程项目的全面财务状况分析评价，主要包括年度生产费用和总成本的估算，并对投资回收期或投资效果系数、净现值与净现值率、内部收益率等进行动态分析与财务综合评价。

（11）国民经济评价

国民经济评价是建设项目经济评价的核心部分，它是从国家整体的角度考察项目的费用支出和经济效益，计算分析项目给国民经济创造的净收益，评价该项目是否经济与合理。

（12）项目综合评价

综合评价是指将上述全部评价内容加以综合研究分析，并对拟建项目得出相应的评价结论，提出综合最佳方案供决策部门或决策人选择。

1.3.2 工程技术经济分析方法和程序

（1）工程技术经济分析方法

工程技术经济分析方法主要分为定性分析法和定量分析法两种。

1）定性分析法

定性分析法是对工程技术经济问题作出质的判断和规定，其常用的方法主要有专家会议法、德尔菲法、逻辑推理法、相关分析法和综合评价法等。

在工程技术经济活动中，有些技术经济指标和项目内容是不可计量的，而且还具有一定的模糊性。由于有的问题具有高度综合性和复杂性，使得评价的数学模型难以包括各个方面，所以在工程技术经济分析中，定性分析法是常用的方法，而且是绝对不可缺少的。即使作定量分析，也要与定性分析法相结合，只有两种方法相结合才能使问题的决策更加科学和合理。

2）定量分析法

定量分析法的方法非常多，有静态的，也有动态的；有确定性的，也有非确定性的；有的采用普通计量经济模型，也有的运用系统工程理论来进行分析；有微观的工程项目的财务分析，也有宏观的工程项目的国民经济分析及工程项目的价值工程分析。本书在对建设项目进行投资的时间价值分析等内容上，分别采用了静态分析方法和动态分析方法。

（2）工程技术经济分析程序

工程技术经济分析程序，一般有狭义和广义的区别。狭义的程序仅包括对已有的项目方案进行评价和优选。广义的程序则从提出目标开始就进行调查研究并广泛搜集有关的信息、资料；拟定各种方案；对各种方案进行评价；优化和选择；在方案实施过程中进行跟踪评价。关于工程技术经济分析的程序，按要求应逐步从狭义向广义转变，并在条件成熟时予以标准化。工程技术经济分析的程序如图1-1所示。

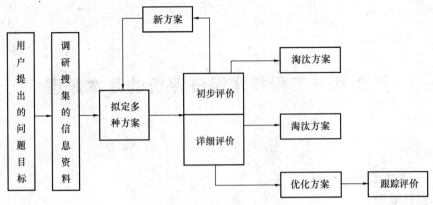

图 1-1　工程技术经济分析程序图

小　　结

本章主要讲述工程技术经济的概念、产生与发展；建筑产品的特点、建筑产品生产的技术经济特性；工程技术经济研究的内容与方法等。现就其要点归纳如下：

（1）"技术"分有狭义和广义的两种解释，狭义的技术是指人们从事某种活动的技能；而广义的技术是指人类认识和改造世界的能力，其具体内容包括生产力三要素。在生产活动中，技术可分为两大类，一类是指设备、厂房、材料等；另一类是指生产工艺、方法、程序、信息、经验、管理能力等。

"经济"一词有多种解释。其一是指生产关系的总和；其二是指物质资料在生产——流通——分配——消费等环节中的经济活动，它是本书研究的主要内容；其三是节约、节省的意思。

（2）建筑产品与其他产品不同，其产品具有固定性、多种多样、体积庞大和建造费用巨大等特点；产品生产具有单件性、流动性、综合性、不可间断性、施工周期长和易受气候影响等技术经济特性。

（3）工程技术经济研究的内容包括宏观和微观两个方面，其微观研究的主要内容包括：市场前景和应用前景调查、投资必要性论证、项目规模的研究与确定、建设地址的选择、工艺技术设计方案的选定、原材料与能源供应的研究分析、专业化水平和协作条件分析、劳动力资源分析、投资估算与资金筹措、项目财务状况评价、国民经济评价、项目综合评价等。其研究方法主要有定性分析法和定量分析法，分析的程序如图 1-1 所示。

通过本章学习，应了解"技术"和"经济"的概念及建筑产品的特点，重点掌握建筑产品生产的技术经济特性，工程技术经济研究的主要内容、方法和程序。

复习思考题

1. 什么是技术？什么是经济？两者之间有何关系？
2. 建筑产品有什么特点？
3. 建筑产品生产具有哪些技术经济特性？
4. 工程技术经济分析的主要内容是什么？
5. 工程技术经济分析有哪些方法？其中的具体方法又有哪些？
6. 简述工程技术经济分析的主要程序。

第 2 章　工程技术经济评价的基本原理

2.1　工程技术经济评价概述

2.1.1　基本概念

（1）经济效率

经济效率通常是指在单位时间内完成的工作量，为能力的量度。经济效率的高低、快慢反映在同样时间内完成产品（或工作成果）的多或少。

（2）经济效果

经济效果是指某种经济活动产生的结果，也可称为凝固的经济效率。

人们所从事的任何社会经济活动都有一定的目的，而且都可以获取一定的效果，这些效果称为该项活动的劳动成果，如各种产品、劳务等。但是，要获取这些劳动成果必须要有一定的投入，如必须要投入一定数量的活劳动和物化劳动，这些投入称为劳动消耗。

经济效果是指生产经营活动或技术改革活动中，取得的劳动成果与劳动耗费（或劳动占用）及损失的比较。经济效果有两种表达方式：效率型指标和价值型指标。

1）效率型指标

效率型指标是指在采用的度量单位不同时，经济效果等于收益与费用加损失的比值。其计算公式如式（2-1）所示：

$$经济效果 = \frac{收益}{费用 + 损失} \tag{2-1}$$

2）价值型指标

价值型指标是指在采用的度量单位相同时，经济效果等于收益减去费用和损失，其计算公式如式（2-2）所示：

$$经济效果 = 收益 - 费用 - 损失 \tag{2-2}$$

技术方案、技术措施、技术政策以及新材料、新工艺等一切新技术的成败均取决于技术的先进性和经济的合理性。一般来说，技术的先进性和经济的合理性是一致的，但它们之间又存在着一定的矛盾。因此，为了保证技术很好地服务于生产活动和经济活动，就必须研究具体条件下，采取哪一种技术才能收到较好的经济效果。

由于各种工程经济活动的性质不同，因而会取得不同性质的效果，如环境效果、艺术效果、军事效果、政治效果、医疗效果等。但无论哪种效果，都要涉及资源的消耗，都有浪费或节约问题。由于在特定的时期和一定的地域范围内，人们能够支配的经济资源总是稀缺的。因此，工程经济分析的目的是，在有限的资源约束条件下对所采用的技术进行选择，对活动本身进行有效的计划、组织、协调和控制，最大限度地提高工程经济的效益，降低损失或消除负面影响，最终提高工程经济活动的经济效果。

（3）经济效益

经济效益是指人们在物质生产活动或技术改革活动中，消耗一定的活劳动和物化劳动后，所能实际取得的符合社会需要的产品数量的多少或人们贡献的大小。它反映劳动消耗转化为有效或有用的劳动成果的程度，也就是有效（有用）的劳动成果与劳动消耗的比值。其计算公式如式（2-3）所示：

$$经济效益 = \frac{有效（有用）的劳动成果}{劳动消耗} \tag{2-3}$$

在满足社会需要的前提下，投入一定量的活劳动或物化劳动，得到产品的产出量越多、质量越高，经济效益就越大，反之则越小。经济效益概念比经济效果的概念更为全面和准确，既包括劳动成果和劳动消耗（劳动占用）的比较，又包含着劳动成果符合社会的需要，被社会所采用的有用成果。经济效益不包括由于提高生产效率而创造的但不为社会所用的那部分价值。例如，产品由于规格不适用的积压，产大于销的积压，或其他原因（如运输条件不够）而不能使社会得到实惠的一切生产活动效果。

2.1.2 经济效率、经济效果与经济效益的关系与区别

（1）经济效率、经济效果与经济效益的关系

经济效率是指在同样时间内完成工作量的多少或工作成果的大小。

经济效果是衡量人们进行技术经济活动效率的高低，效率高一般带来的经济成果就多。

经济效益是指有效（有用）的经济效果，即为社会需要或为社会所接受的劳动成果。

三者的关系，可以表述如下：

$$经济效率 \xrightarrow{\text{与劳动资料结合}} 经济效果 \xrightarrow{\text{有效的经营管理}} 经济效益$$

（2）经济效果与经济效益的区别

经济效果是反映劳动消耗转化为劳动成果的程度，也是人们从事经济活动的一种必然结果。而这种结果有的符合社会需要（即有效的或有用的），有的也可能不符合社会需要。

经济效益则是反映劳动消耗转化为有效的或有用的劳动成果的程度。

综上所述，经济效果与经济效益是两个既有联系又有区别的不同概念，不应该将其等同起来。经济效果从生产力的角度考察生产力诸要素的经济问题。它的评价对象是技术方案、技术政策、技术措施等技术方面的问题，所以又叫技术经济效果。经济效益不仅要从生产建设的技术活动，而且要从经营管理活动的角度，即从经济基础和上层建筑角度来考察，把经济分析渗入到经济管理体制中去。因此，研究经济效益的意义更为重要。但是，由于在进行工程技术经济评价预测性时，二者在许多方面往往是通用的。如在评价某项拟建工程项目的经济效益时，假定它的产品适销对路，其全部劳动成果都是有效的。在这样的情况下，经济效益与经济效果就没有区别。因此，我们认为这两个术语，在有效或有用的情况下是可以通用的。

2.2 工程技术经济评价的指标体系

2.2.1 技术经济评价指标体系的概念

为了准确、全面、有效地衡量和评价某工程项目或技术方案的经济效益，必须借助和运用一系列相关的技术经济指标。技术经济评价指标体系是指由一系列互相联系、

互相补充，反映方案技术特征，具有经济性且比较完整的技术经济评价指标所组成的统一整体。

在评价某种技术方案时，必须把各个指标综合进行考察。因此，在全面、具体地衡量技术方案经济效果时，需要设置一系列互相联系、互相补充和比较完善的评价指标，构成技术经济评价指标体系；然后运用这种指标体系，按照统一的计量尺度计算各项指标的经济效果，作为分析、评价和选择各项技术方案的科学依据。

2.2.2　技术经济评价指标的分类

工程技术经济评价指标体系分为：反映劳动成果类（或收益类）的指标，反映劳动耗费类的指标以及反映收益和劳动耗费的综合指标（或称效益类指标）。这些指标组成一套互相联系的系统化指标，即可作为评价技术经济效益的标准和依据。

（1）劳动成果类（或经济收益类）指标

反映劳动成果类（或经济收益类）指标，即反映产出经济效益类的指标，主要包括产品数量指标、品种指标、质量指标和利润指标。

1）数量指标

产品数量指标反映生产活动的直接有用成果，可用实物量和价值量表示。用实物量表示的数量指标是指符合规定质量标准的实物产量。用价值量表示的数量指标有商品产值、总产值、净产值、销售收入等。

①商品产值

商品产值是企业在计划期内生产的可供外销的产品、半成品以及工业性作业的价值，通常包括以下几个组成部分：

a. 由企业自备原材料生产的成品价值；

b. 由订货单位来料生产的产品的加工价值；

c. 预定外销的半成品价值；

d. 预计完成的工业性作业的价值。

在商品产值中，不包括出售废品的价值、不成套的价值、非工业产品和非工业性作业的价值，也不包括由外厂购入未经本厂加工而转售的原材料、半成品、成品的价值，订货单位来料加工的来料价值和工业性作业的原材料价值。其计算公式如式（2-4）所示：

$$商品产值 = 供外销的成品、半成品数量 \times 出厂价格$$
$$+ 来料加工价值 + 工业性作业收入 \qquad (2-4)$$

商品产值反映企业在计划期内向社会提供的商品数量，是企业收入的主要来源。商品产值一般按现行价格计算。用现行价格计算商品产值反映了企业预计在计划年度所收回的货币数量，是企业用以预测销售收入，进行产销平衡，计算利润的重要依据。

②总产值

总产值由已消耗的生产资料的转移价值，劳动者为自己创造的价值和劳动者为社会创造的价值3部分组成。总产值是指企业在计划期内应生产的工业产品和工业性作业价值量的总和，包括：商品产值，订货者来料加工产品的来料价值，期末期初在制品结存量差额的价值。其计算公式如式（2-5）所示：

$$总产值 = 商品产值 + 订货者来料加工的来料价值$$
$$+（期末在制品结余额价值 - 期初在制品结余额价值）\qquad (2-5)$$

总产值是企业在计划期内生产总成果的货币表现，反映企业的生产水平和生产规模。总产值按不变价格计算。不变价格是指在计划和统计工作中，为计算不同时期的价值指标而采用的一定时期的价格。它是相对于现行价格而言的，又称为固定价格或可比价格。用不变价格计算的工业总产值使不同时期、不同地区和不同企业之间具有可比性。

总产值中由于计入了产品中的转移价值，因此，一个地区的专业化程度越高，转移价值的重复计算次数越多，总产值越高。而企业本身总产值的大小也受转移价值大小的影响，不能准确地反映企业生产成果的大小。

③净产值

净产值是指企业在计划期内新创造的价值量总和。它包括劳动者为自己创造的价值和劳动者为社会创造的价值。它与总产值的区别就是不包括生产资料的转移价值，即净产值是从总产值中扣除各种物质消耗价值以后的剩余价值。净产值的计算方法有 2 种：

a. 生产法：用总产值扣除物质消耗价值求得净产值的方法。其计算公式如式（2-6）所示：

$$净产值 = 总产值 - 各种物质消耗价值 \tag{2-6}$$

各种物质消耗价值包括生产中所消耗的原材料、辅助材料、燃料、动力、固定资产折旧等费用。

b. 分配法：将构成净产值的各要素直接相加求得净产值的方法。这是从国民收入初次分配的角度出发计算的，故称为分配法。其计算公式如式（2-7）所示：

$$工业净产值 = 工资 + 税金 + 利润$$
$$+ 其他属于国民收入初次分配性质的费用 \tag{2-7}$$

净产值的特点是不受转移价值大小的影响。在产品价格不变的情况下，净产值随产品产量的增加而增加亦随物质消耗的下降而增加。因此，净产值可以反映企业在增产和节约两个方面的劳动成果，表明企业在计划期内提供给国民收入的多少，是衡量企业经济效益高低的重要指标。

2）品种指标

产品品种是指经济用途相同而实际使用价值有差异的一系列同类产品。如机床行业的齿轮机床，用途都是加工齿轮，而这类产品中又分为滚齿轮、插齿轮、剃齿轮、磨齿轮等品种，它们的使用价值不同，但经济价值相同。品种指标是衡量一个国家技术水平高低的重要指标。具体的指标分品种数、新产品增加和代替老产品的百分数、产品配套率和产品自给率等。

3）质量指标

产品质量是指产品性能、功能和满足使用者要求的程度。反映产品质量的指标大致有两类：一类是反映产品的专门性指标；另一类是反映生产工作质量的统计指标，如合格率、废品率等。

①专门性指标

各种产品都有自己的专门性指标，但其质量的专门性指标可划分为适用性、可靠性、经济性三类指标，每类指标中又包含多方面的技术参数和经济指标。

a. 适用性

产品的适用性是指产品满足使用目的所具备的技术性能，如加工精度、自动化程度、操作方便程度、使用安全性、工艺性、可维修性、造型、色彩和包装等指标。

b. 可靠性

产品的可靠性是指产品在规定的时间内和规定的条件下，完成规定功能的能力，如寿命、可靠度、故障率等指标。

c. 经济性

产品的经济性是指产品在其使用的整个寿命周期内所表现的经济效益。一般有制造成本、生产效率、使用消耗、维修费用等指标。

②生产工作质量指标

反映生产工作质量的统计指标包括有：

a. 产品合格率

合格率是合格产品的数量与检验品（包括合格品、等外品、废品）数量的比率，其计算公式如式（2-8）所示：

$$产品（或零件）合格率 = \frac{合格产品数量}{合格产品数量 + 等外产品数量 + 废品数量} \times 100\% \quad (2-8)$$

b. 等级品率

等级品率是指不同等级的产品在总产量中所占的比率，其计算公式如式（2-9）所示：

$$等级品率 = \frac{某等级产品的数量}{某产品的总产量} \times 100\% \quad (2-9)$$

c. 废品率

废品率是指不可修复的废品数量在总产量中所占的比率，其计算公式如式（2-10）所示：

$$废品率 = \frac{不可修复的废品数量}{某产品的总产量} \times 100\% \quad (2-10)$$

4）利润指标

利润是反映企业销售产品后经营成果的综合性指标。利润总额是年产品销售收入与年产品销售税金及附加和年总成本费用的差额。反映利润大小的指标有利润总额、利润率等。

（2）劳动耗费类的指标

反映劳动耗费类指标，主要包括产品总成本费用指标、投资指标和时间指标。

1）总成本费用指标

总成本费用是指项目在一定时期内（一般为 1 年），为生产和销售产品而花费的全部成本和费用。它包括生产成本、管理费用、财务费用和销售费用。

生产成本包括各项直接支出（直接材料、直接工资和其他直接支出）及制造费用。

2）投资指标

投资是实现方案所需的一次性支出的资金。它包括固定资产投资和流动资产投资。该指标主要有以下 2 种形式：

①投资总额

投资总额是指为实现方案的固定资产投资、固定资产投资方向调节税、建设期借款利息以及流动资金投资之和。

②单位产品投资额

投资总额与年产品产量（或年生产能力）之比称为单位产品投资额（或单位生产能力投资额）。它反映了技术方案的投资水平，其计算公式表示如下：

$$K_g = \frac{K}{Q} \tag{2-11}$$

式中　K_g——单位产品（或单位生产能力）投资额；

　　　K——投资总额；

　　　Q——年产品产量（或年生产能力）。

3）时间指标

时间指标是指实现技术方案所需要耗费的时间。如产品研制周期，项目寿命周期，工程建设周期，产品生产周期，新建或扩建、改建企业投产后达到设计能力的时间等。

（3）收益和劳动耗费的综合指标

反映收益与劳动耗费的综合指标，主要分为绝对效益指标和相对效益指标。

1）绝对效益指标

绝对的经济效益指标反映一项技术方案或技术本身经济效益的大小。其分类如下：

①劳动生产率

劳动生产率是反映活劳动消耗的经济效益指标。它可说明一个工业企业、一个工业部门和整个工业的劳动效率，可根据不同的人员范围和不同形态的产量指标计算。其计算公式如下所示：

$$全员劳动生产率 = \frac{总产值}{全部职工平均人数} \tag{2-12}$$

$$生产工人劳动生产率 = \frac{总产值}{全部生产工人平均人数} \tag{2-13}$$

从上式可知，劳动生产率数值越大，其经济效益就越好。

②材料利用率

材料利用率是一种物化劳动利用率指标，主要有如下 2 种表示方法：

一种是用单位材料制出的成品数量来说明材料的利用程度，如食品工业的出油率等，其计算公式如式（2-14）所示：

$$材料利用率 = \frac{产品产量}{材料总消耗量} \times 100\% \tag{2-14}$$

另一种是用产成品中所包含的原材料净重与所耗用的材料对比来表示材料的利用程度，如机械工业的钢材利用率等，其计算公式如式（2-15）所示：

$$材料利用率 = \frac{产成品中的原材料数量（或产品的净重）}{原材料总消耗量} \times 100\% \tag{2-15}$$

从上式可知，材料利用率数值越大，说明原材料利用程度越高，则经济效益就越好。

③设备利用率

设备利用率表现企业生产用固定资产的实际运用状况，其计算公式如式（2-16）所示：

$$设备利用率 = \frac{生产中实际使用的机械设备数}{企业拥有全部机械设备数} \times 100\% \tag{2-16}$$

该指标还可以反映企业固定资产在数量上的利用程度，即生产设备有多少在生产中发挥作用，有多少处于闲置状态，其计算公式如式（2-17）所示：

$$设备利用率 = \frac{机械设备实际运转时数}{机械设备总日历时数} \times 100\% \qquad (2-17)$$

这种方法反映设备在时间上的利用情况。利用率越高，生产能力发挥越充分。它可用来计算单台设备、同类设备和整个企业设备的利用率。

④固定资产盈利率

固定资产盈利率是指盈利额和占用的固定资产数量的比例，其计算公式如式（2-18）所示：

$$固定资产盈利率 = \frac{全年盈利总额}{年平均占用的固定资产总额（以货币表示）} \qquad (2-18)$$

⑤流动资金周转次数

流动资金周转次数的计算公式如式（2-19）所示：

$$流动资金周转次数 = \frac{年商品销售收入}{年流动资金平均占用额} \qquad (2-19)$$

2）相对效益指标

相对的经济效益指标反映出一个方案相对于另一个方案的技术经济效益。

①静态差额投资收益率

静态差额投资收益率是表示两个方案对比时，在投资和成本都不同的条件下，一个方案比另一个方案节约的成本与多支出的投资之比。比值越大，表示效益越大。

②静态差额投资回收期

静态差额投资回收期是表示两个方案对比时，一个方案多支出的投资通过它节约的成本回收差额投资所需的期限。

反映经济效益的综合指标还有计算费用、净现值、净现值率、内部收益率等动态评价指标，将在后面的章节中详细介绍这些指标。在进行工程项目方案的评价过程中，除上述指标外，还可根据具体情况设置一些特定的指标。

2.2.3　技术经济评价指标体系的构成内容

技术经济评价指标体系由技术指标、经济指标和其他指标三个部分组成。

（1）技术指标

技术指标是指反映技术方案的技术特征和工艺水平的指标，它的作用主要是说明技术方案适用的技术条件与范围，该技术方案的工作能力和效率，如机械设备的性能、运行参数等。

（2）经济指标

经济指标是指反映技术方案的经济性和经济效果，一般由以下指标构成：

1）劳动成果指标

劳动成果指标是反映技术方案实现后，可以取得的劳动成果指标或使用价值指标。

2）劳动耗费指标

劳动耗费指标包括劳动占有指标和劳动消耗指标，其关系如图 2-1 所示。

①劳动占有指标是指在施工生产和建设过程中所占有物化劳动的指标，如机械设备、厂房占用、必要的原材料储备等。

②劳动消耗指标是指在施工生产和建设过程中实际消耗的劳动量指标，如每 m^2 产量

耗用的工日数、每工日完成产品的数量等。

3）经济效果指标

经济效果指标是反映技术方案所能取得的经济效果的指标，如投资利用率、劳动生产率、材料利用率、设备利用率等。

（3）其他指标或各种因素

这是指除技术指标和经济指标以外的

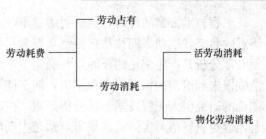

图 2-1 劳动耗费指标

指标和因素，如社会因素、政治因素、国防因素、生态环境和自然资源利用因素等。

现以工程项目评价为例，说明工程技术经济评价指标体系的构成内容，如图 2-2 所示。

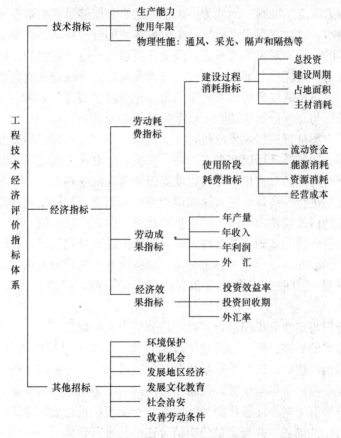

图 2-2 工程技术经济评价指标体系图

2.3 工程技术经济评价基本原则和比较原理

2.3.1 评价的基本原则

工程技术经济评价与分析，主要是对技术方案、建设项目的费用和投资效果进行比较，计算其经济效果并进行经济评价分析。在评价分析时，应遵循以下各项原则。

（1）主动分析与被动分析相结合，以主动分析为主的原则工程技术方案的评价，就是要通过事前、事中和事后的分析，把系统的运行控制在最满意的状态。以前人们往往把控制理解为目标值与实际值的比较，以及当实际值偏离目标值时，分析其产生偏差的原因，并确定下一步的对策。这种控制称之为被动控制，是在已造成损失和浪费的情况下发现偏离，而不能预防可能发生的偏离。现在人们将系统论和控制论的研究引入工程技术经济分析，将"控制"立足于事先主动地采取措施，尽可能减少甚至避免目标值与实际值的偏离，这是主动的、积极的控制方法，也是技术经济效果分析应采取的主要思想方法。

（2）满意度分析与最优分析相结合，以满意度分析为主的原则

传统决策理论往往把人看作具有绝对理性的"理性人"或"经济人"，在决策时，会本能地遵循最优化原则来选择方案。而美国经济学家西蒙（Simon）首创的现代决策理论的核心则是"令人满意"准则。他认为，由于人的头脑能够思考和解答问题的容量与问题本身相比非常渺小，因此在现实世界里，要采取客观的合理举动，甚至要做到接近客观合理性也是很困难的。因而对决策人来说，最优化决策几乎是不可能的。西蒙提出了用"令人满意"准则代替"最优化"准则。因此，技术方案的评价也应在满意度分析与最优分析相结合的基础上，以满意度分析为主，避免盲目地追求"最优"效果。

（3）差异分析与总体分析相结合，以差异分析为主的原则

对工程技术方案进行经济效果分析，一般只考虑各个技术方案的差异部分，不考虑技术方案的相同部分，这样既可以减少工作量，又使各个对比方案之间的差别一目了然。

（4）动态分析与静态分析相结合，以动态分析为主的原则

工程技术方案进行经济评价的方法强调考虑时间因素，利用复利计算方法进行等值计算，即将不同时间内效益费用的流入流出折算成同一时间点的价值，为不同方案和不同项目的经济比较提供相同的基础，并反映出未来时期的发展变化情况，这就是动态分析。在强调动态分析的同时并不排斥使用静态分析。静态指标一般比较简单、直观，使用起来比较方便，在评价过程中根据工作阶段和深度要求的不同，将静态指标作为辅助分析的指标。

（5）定量分析与定性分析相结合，以定量分析为主的原则

工程技术方案的经济分析，是通过工程项目建设和施工过程中的费用——效益计算，对诸多经济因素给出明确、综合的数量概念，从而进行经济分析和比较。经济评价的指标要力求能正确反映项目所得与所耗，反映项目的效益与费用之间的关系。但是，一个复杂的建设项目，总会有一些不能量化的经济因素，不能直接进行数量分析，此时应进行实事求是的、准确的定性描述，并与定量分析结合在一起进行评价。

（6）全过程效益分析与阶段性效益相结合，以全过程效益分析为主的原则

技术实践活动的经济效果，是在目标确定、方案提出、方案选优、方案实施，以及生产经营活动的全过程中体现出来的，忽视哪一个环节都会前功尽弃。但是，这些环节中也有重点。以前，我们普遍重视工程项目投产后的经济效益，对基本建设过程的经济效果重视不够；在基本建设工作中，又普遍忽视工程建设项目前期工作阶段的经济分析，而把主要精力放在施工阶段。这样做尽管也有效果，但是主次不分，因果倒置，最后只能"亡羊补牢"。所以，要有效地提高技术活动的经济效果，就要把工作重点转到建设前期阶段上来，并立足于有重点的全过程的效益分析。

（7）价值量分析与实物量分析相结合，以价值量分析为主的原则

无论是工程项目的财务评价还是国民经济评价，都要设立若干个价值指标和实物量指标。过去，往往侧重于考虑生产能力、实物消耗、产品产量等指标。但是，在市场经济条件下，应把投资、资源、劳动力、信息、时间等因素都要量化为用货币表示的价值因素，对任何项目或方案都要用具备可比性的价值量去分析，以便于项目或方案的取舍和判别。

（8）宏观效益分析与微观效益分析相结合，以宏观效益分析为主的原则

对工程技术方案进行经济评价，不仅要看其本身获利多少、有无财务生存能力，还要看其需要国民经济付出多大代价及其对国家的贡献。如果工程项目自身的效益是以牺牲其他企业的利益为前提，或使整个国民经济付出了更大的代价，那么对全社会来说，这样的项目就是得不偿失的。我国现行经济效果评价方法规定，项目评价分为财务评价和国民经济评价两个层次，当这两个层次的评价结论发生矛盾时，一般情况下，应以国民经济评价的结论为主来考虑项目或方案的取舍。

（9）预测分析与统计分析相结合，以预测分析为主的原则

对工程技术方案进行分析，既要对现有状况进行分析，更要对未来情况进行预测。在预测时，除了要以统计资料为依据，在对效益费用流入流出的时间、数据进行常规预测时，还应对某些不确定性因素和风险做出估算，包括敏感性分析、盈亏平衡分析和概率分析。这种预测分析应该是工程技术方案分析的重点。

2.3.2 评价的可比原理（条件）

在对各项工程技术方案进行评价和优选时，为了能全面、正确地反映实际情况，必须使各方案的条件等同化，这就是所谓的"可比性原理"。即在对两个以上的技术方案进行经济效果比较时，必须具备以下四个可比条件：

（1）价格的可比性

价格的可比性要求所使用的价格，必须满足价格性质相当及价格时期相当两方面的基本要求。

1）价格性质相当

价格性质相当是指技术方案计算收入或支出时使用的价格应当真实反映价格和供求关系，如在计算方案消耗时，主要自然资源及人力资源应当采用受市场调节可真实反映其价值的市场价格，或国家统一拟定的影子价格，而不应当使用国家计划调节下的、受政策因素影响的规定价格；在计算方案收益时，生产并销售的产品也应当采用市场价格或影子价格；在国民经济评价时，各方案应一律采用影子价格。

2）价格时期相当

价格时期相当是指各方案在计算经济效益时，应采用同一时期的价格。由于工程技术的进步和劳动生产率的提高，以及通货膨胀的影响，不同时期的价格标准是不一样的，各备选方案应当在相同时期的价格标准基础上，按方案的使用期适当换算，这样才能使经济效益值具有可比性。

（2）消耗费用的可比性

在对工程技术方案进行经济效果比较时，还应具备直接体现经济效果大小的劳动消耗的可比性。这里所指的劳动消耗可比性，主要是指各种消耗费用的计算范围、计算基础的一致性，以及计算原则和计算方法的统一性。

　　1）计算范围和计算基础的一致性

　　消耗费用计算范围和计算基础的一致性表现为：一是应从整个社会总的消耗观点来综合考虑，即不仅要计算实现技术方案本身直接的消耗费用，还应计算与现实方案密切相关的有关部门的投资或费用。例如计算混凝土搅拌站方案的消耗费用，不仅计算搅拌站的投资费用，还应计算与之密切相关的原材料采集、加工、运输等有关项目或设施所消耗的费用。二是用系统的方法计算方案全过程的全部费用。例如楼板结构的施工，如果采用现浇混凝土方案，其费用包括：砂、石、水泥等材料的采购费用，这些材料从供应地到现场的运输费和现场内二次搬运费，模板制作和安装费，钢筋制作绑扎费，混凝土的备料、搅拌、水平和垂直运输、浇注、振捣、养护和模板拆除等费用。若采用预制安装方案，其费用包括：混凝土预制构件的出厂价格，从加工厂运到工地的运输费，现场内运输和吊装费，节点的处理费等。只有计算出全部环节的总费用，才能使两个方案具有可比性。

　　2）计算原则和计算方法的统一性

　　计算原则和计算方法的统一性，主要是指采用统一的计算方法，即各项费用，如投资、生产成本等的计算，应采用相同的计算公式，采用统一的定额和取费标准等。

　　（3）时间因素的可比性

　　时间因素的可比性条件主要包括以下两方面的内容：

　　首先，要求各备选方案应具有统一的计算期。计算期不同于技术方案的使用寿命期或服务期，它是根据经济评价要求，在考虑了方案的服务年限、国民经济需要和技术进步的影响，以及经济资料的有效期等因素后综合分析得出的时期。如果备选方案的计算期不同，则要经过适当换算，使计算期相同后再互相比较。

　　其次，必须考虑投入的时间先后与效益发挥的迟早对经济效果的影响。各种技术方案在投入的人力、物力和资源以及发挥效益的时间上，一般是不尽相同的，如有的技术方案建设年限短，有的建设年限长；有的技术方案投入运行的时间早，有的投入运行的时间晚；有的技术方案服务年限长，有的服务年限短。众所周知，相同数量的产品和产值，或相同数量的人力、物力和财力，早生产就能早发挥效益，创造更多的财富；反之，晚生产就晚发挥效益，创造财富就少。因此，对不同技术方案进行比较时，除了考虑投入与产出的数量大小外，还应考虑这些投入或产出所需要的时间，以及延续的时间。

　　（4）满足需要的可比性

　　技术方案的主要目的是为了满足工程建设的需要。由于需要的对象是多种多样的，因此从技术分析的观点来看，方案之间必须满足相同需要或使用价值的条件，才能进行比较，即功能或使用价值的等同化是方案比较的共同基础。例如房屋的屋架制作，可以用钢结构、木结构、钢筋混凝土结构，即使用同一材料，结构也可以有不同形式，只有它们都能满足特定的承载能力要求，就能互相替代，才能比较各个技术方案的经济效果。又如，不同建筑体系的住宅建筑可以互相比较，因为它们的功能或使用价值是等同的，但是相同建筑体系的住宅和厂房之间就不具有可比性，因为它们在满足需要方面是不相同的。

　　一般来说，工程技术方案都是以其产品数量、质量等技术经济指标来满足社会需要的，因此在对满足相同需要的不同技术方案进行比较时，必须要求不同技术方案的产品数量和质量等指标具有可比性。例如两个装机容量和发电量都相同的电站建设方案，一个为水力发电，一个为火力发电，一般来说水电站自用电消耗（生产过程中消耗的电能）约占全部发电容量和发电量的 0.1%～0.2%，火电站为 6%～8%。由于两者向社会提供的实际数量不同，所以还是不可比的。当技术方案在产量不相同或效率不相同时，应通过适当的方法进行修正，使之在数量上具有可比性。

小　结

本章主要讲述经济效果和经济效益的概念以及两者之间的关系；工程技术经济评价指标体系的概念、分类和构成内容；工程技术经济评价的基本原则和比较原理。现将其基本要点归纳如下：

（1）经济效果是指某种活动产生的结果，又称之为凝固的经济效率；而经济效益是指有效、有益或有用的经济效果，即社会需要或为社会所接受（认可）的成果。两者是既有联系又有区别的不同概念，但是在特定的条件下，两者在许多方面往往是可以通用的，如在评价某项拟建工程项目的经济效益时，在全部劳动成果都是有效的情况下，两者便没有区别。

（2）将一系列互相联系、互相补充，反映方案技术特征、经济性质及其效果，比较完整的评价指标所组成的统一体，称之为技术经济评价指标体系。工程技术经济评价指标体系按照不同功能、不同表现形式、不同综合程度分为 6 大类，其指标体系内容由技术指标、经济指标、其他指标或因素构成。

（3）工程技术经济评价应遵循以下原则：以主动分析、满意度分析、差异分析、动态分析、定量分析、全过程效益分析、价值量分析、宏观效益分析和预测分析为主的原则。其工程技术方案评价的比较，必须具备价格、消耗费用、时间、满足需要等四个可比条件。

通过本章的学习，应了解经济效果和经济效益的概念、关系及区别，工程技术经济评价指标体系的概念、评价原则；掌握工程技术经济评价指标体系的内容构成及评价的可比原理（条件），并重点掌握评价常用的指标，例如投资利润率、成本利润率、投资利税率等，本章学习的难点是如何在实际评价工作中使技术方案具有可比性。

复习思考题

1. 什么是经济效果和经济效益？两者有何关系与区别？
2. 什么是技术经济评价指标体系？
3. 工程技术经济评价应遵循哪些基本原则？
4. 工程技术经济评价指标体系组成内容是由哪些具体的指标构成？
5. 什么是投资利润率、投资利税率、成本利润率？
6. 工程技术方案进行经济效果比较时必须具备哪些可比条件？
7. 根据技术方案评价的基本原则，简述实施技术方案所取得的局部利益与全局利益，以及它们之间的关系。

第3章　资金时间价值与等值计算

3.1　资金时间价值

3.1.1　资金时间价值与表现形式

在工程技术经济活动中，时间就是经济效益。因为经济效益是在一定时间内所创造的，不讲或不计时间，也就谈不上经济效益。例如某企业获得 500 万利润，是 1 个月创造的，还是 1 年或几年创造的，其效果有着显著的区别。因此，重视时间因素的研究，对工程技术经济分析与评价有着重要的现实意义。

（1）资金时间价值的概念

资金时间价值是指资金数额在特定利率条件下所表现出的时间指数变化关系。例如资金投入通过项目的建设和运行，经过一段时间后发生增值，其价值就大于原始投入的价值。即资金的时间价值是指一定量资金在不同时间点上的价值量差额。

无论是技术方案所发挥的经济效益，还是所消耗的人力、物力和自然资源，最后基本上都是以货币形态，即资金的形式表现出来。资金的运动反映了活劳动和物化劳动的运动过程，而这个过程也是资金随时间运动的过程。因此，在工程技术经济分析中，不仅要着眼于方案资金量的大小，而且还要考虑资金发生的时间点。也就是说，在商品经济条件下，即使不存在通货膨胀，一定量的资金在不同时间点上也具有不同的价值。例如现在的 10 万元资金和两年后的 10 万元资金是不等值的。资金在使用过程中随时间的推移而发生的增值，即为资金的时间价值。

在不同的时间付出或者得到同样数额的资金在价值上是不等的。也就是说，资金的价值会随时间发生变化。今天可以用来投资的一笔资金，即使不考虑通货膨胀因素，也比将来可获得的同样数额的资金更有价值。因为当前可用的资金能够立即用来投资并带来收益，而将来才可取得的资金则无法用于当前的投资，也无法获得相应的收益。不同时间发生的等额资金在价值上的差别也称为资金的时间价值。

（2）资金时间价值的度量

资金的时间价值是以一定量的资金在一定时期内的利息来度量的。因此，利息是衡量资金时间价值的绝对尺度，可以用绝对数表示；而利息率（简称利率）是衡量资金时间价值的相对尺度，可以用相对数表示，如通常用百分比、千分比、万分比表示。但在实际的投资经济分析中，通常以利息率计量。利息率是社会资金利润率，也是马克思所指的平均资金利润率。

1）利息

因为利息就是资金时间价值的一种重要表现形式，而且通常用利息作为衡量资金时间价值的绝对尺度。计算利息的时间单位，称为计息周期，一般是以年、月为计息周期。在借贷过程中，债务人支付给债权人的超过原借款本金的部分，就是利息。其计算公式如式

（3-1）所示：

$$I = F - P \tag{3-1}$$

式中　I——利息；

　　　F——还本付息总额；

　　　P——本金。

在工程技术经济分析中，利息常常被看成是资金的一种机会成本。资金一旦用于投资，就不能用于现期消费，而牺牲现期消费又是为了能在将来得到更多的消费。所以利息就成了投资分析中平衡现在与未来的杠杆。事实上，投资就是为了在未来获得更大的回收而对目前的资金进行某种安排。当然，未来的回收应大于现在的投资数量，正是这种预期的价值增长才能刺激人们去从事投资。因此，在工程经济学中，利息是指占用资金所付出的代价或者是为放弃近期消费所得到的补偿。

2）利率

在经济学中，利率的定义是从利息的定义中派生出来的。也就是说，在理论上先承认了利息，再以利息来解释利率。但在实际计算中，正好相反，常根据利率计算利息，利息大小用利率来表示。利率是在单位时间内所得到利息额与借款本金之比，通常用百分数表示。其计算公式如式（3-2）所示：

$$i = \frac{I}{P} \times 100\% \tag{3-2}$$

式中　i——利率；

　　　I——单位时间内的利息；

　　　P——借款本金。

这里需要说明的是：其他各种形式的利息率，如贷款利率、债券利率、股利率等除了包括资金时间价值因素外，还包括风险价值和通货膨胀因素，而在计算资金时间价值时，后两部分不应包括在内。资金时间价值率是指扣除风险报酬和通货膨胀贴息后的平均资金利润率或平均报酬率。

3）现值与终值

资金时间价值的度量还可以用现值与终值来表示。现值是资金发生在某一时间序列起点时间的价值，或相对于将来值的任何较早时间的价值，即资金的现在价值。终值是资金发生在某一时间序列终点时间的价值，或相对于现在值的任何以后时间的价值，即资金现在价值在一定期限后的本息和。现值与终值之间的关系是：

现值＋复利利息＝终值

（3）利息的计算方式

利息是衡量资金时间价值的绝对尺度，是其最直观的表现，计算资金时间价值的方法主要是计算利息的方法。利息通常根据利率、期限和本金来计算。目前利息的计算有单利计息和复利计息两种计算方式。

1）单利计息

每个计息周期均按原始本金计算利息称之为单利计息。在单利计息的情况下，利息与时间是线性关系，不论计息周期有多长，只有本金计息，利息不计息。即单利是仅按本金计算利息，不把先期计息周期中的利息累加到本金中去计算利息，也就是利不生利。其利息总额与借贷时间成正比。计算公式为：

$$F = P(1 + in)$$ (3-3)

式中　F——n 期末的本利和；

　　　P——期初本金；

　　　i——利率；

　　　n——计息周期。

【例 3-1】　某人按单利计息方式借贷他人一笔资金 10000 元，规定年利率为 6%，试计算从第 1 年末～第 4 年末共计偿还金额（即本利和）是多少？

【解】　某人借贷资金的时间等于 4 个利息周期时（即 $n=4$），其计算偿还的情况，如表 3-1 所示。

单利利息计算表

表 3-1

计息期数（n）	年初本金（元）	年末应付利息（元）	年末本利和（元）	年末偿还金额（元）
1	10000	10000×0.06 = 600	10600	0.00
2	10600	10000×0.06 = 600	11200	0.00
3	11200	10000×0.06 = 600	11800	0.00
4	11800	10000×0.06 = 600	12400	12400

2）复利计息

复利计息就是将本期利息转为下期本金重复计息，下期将按本利和的总额计算利息，即利息再生利息，这种计息方式称之为复利计息。在按复利计息的情况下，除本金计息外，利息再计利息。计算公式为：

$$F = P(1 + i)^n$$ (3-4)

式中符号含义同式（3-3）。

【例 3-2】　某人按复利计息方式借贷他人一笔资金 10000 元，规定年利率为 6%，试计算在第 1 年末～第 4 年末共计偿还金额（即本利和）是多少？

【解】　某人借贷资金的时间等于 4 个利息周期时（即 $n=4$），其计算偿还的情况，如表 3-2 所示。

复利利息计算表

表 3-2

计息期数（n）	年初本金（元）	年末应付利息（元）	年末本利和（元）	年末偿还金额（元）
1	10000	10000×0.06 = 600	10600	0.00
2	10600	10600×0.06 = 636	11236	0.00
3	11236	11236×0.06 = 674.16	11910.16	0.00
4	11910.16	11910.16×0.06 = 714.61	12624.77	12624.77

从表 3-2 中可以看出，同一笔借贷，在 i、n 相同的情况下，用复利计算出的利息金额数比用单利计算出的利息金额数大。当所借本金越大，利率越高，年数越多时，复利计息与单利计息两者差距就会越大。

3.1.2 现金流量

（1）现金流量的概念

所谓现金流量是指拟建项目在整个项目计算期内各个时间点上实际所发生的现金流入、现金流出以及现金流入流出的差额（又称为净现金流量）。这里的"现金"是指广义的现金，即包括各种货币资金，还包括投资项目涉及的非货币资源的变现价值（重值成本）。现金流量一般以计息期（年、季、月等）为时间量的单位，以现金数量表示。现金流量是某一个特定时点上的经济分析指标。

在工程技术经济分析中，通常是将工程项目看作是一个独立的经济系统，用以考察投资项目的经济效益。对于一个系统而言，某一时间点上流出系统的货币称之为现金流出，流入系统的货币称之为现金流入，同一时间点上的现金流入和现金流出的代数差，称之为净现金流量。现金流入、现金流出和净现金流量，统称为现金流量。为了便于分析不同时间点上的现金流入和现金流出，计算其净现金流量，通常采用现金流量表的形式来表示特定项目在一定时间内发生的现金流量，如表 3-3 所示。

现金流量表 表 3-3

年　份	1	2	3	4	5	…	n
现金流入	0	0	600	800	800	…	900
现金流出	1000	800	100	120	120	…	120
净现金流量	−1000	−800	500	680	680	…	780

（2）现金流量图

在考察不同投资方案的经济效果时，为了更简单、直观明了地反映有关项目的收入和支出，可利用现金流量图把各个方案的现金出入情况表示出来，这是一种很方便的方法。

【例 3-3】 按复利计算时借款人和贷款人的现金流量情况，如图 3-1 所示。

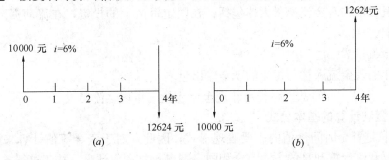

图 3-1 两种立足点的现金流量图

(a) 借款人的现金流量图；(b) 贷款人的现金流量图

关于现金流量图的几点说明：

①水平线表示时间标度，时间的推移是自左向右，每一格表示一个时间单位（年、月、日）。标度上的数字表示时间已经推移到的单位数。应注意：第 n 格的终点和 n+1 格的起点是相重合的。

②箭头表示资金流动的方向，向下的箭头表示现金支出（即现金的减少），向上的箭头表示现金收入（即现金的增加），箭头的长短与收入或支出的多少成比例。

③现金流量图与立足点有关，图 3-1（a）为借款人的现金流量图；图 3-1（b）为贷款人的现金流量图。

（3）现金流量的分类

为了便于计算货币的时间价值，按其在投资全过程发生的阶段归类，可分为初始投资现金流量、经营现金流量和终结现金流量三大类。

1）初始投资现金流量

初始投资现金流量是指开始投资时产生的现金流量，是指企业长期的购置和不包括在现金等价物范围内的投资及其处置活动。主要包括购建固定资产等建设性支出及流动资金的垫支，固定资产更新时原有固定资产的处置所得的现金收入，以及与投资有关的职工培训费、注册费等其他投资费用。

2）经营现金流量

经营现金流量是指投资项目投产后，在整个有效期内正常生产经营所发生的现金流量，通常以每年净现金流量表示。年经营收入是指一个项目的每年销售收入，付现成本是指营业现金支出（不包括折旧、无形资产的摊销成本）。因此，每年净现金流量为：

$$每年净现金流量 = 每年营业收入 - 付现成本 - 所得税 = 年净利 + 年折旧额 \quad (3-5)$$

3）终结现金流量

终结现金流量是指项目寿命终结时发生的现金流量，主要包括固定资产的残值收入，垫付流动资金的收回等。现金流量还可以用现金的流入、流出量来表示。

①现金流入量

一个投资方案的现金流入量大体包括：投资建设项目完成后每年可增加的经营现金收入（或减少的营业现金支出），固定资产报废时的残值收入或中途的变价收入，固定资产使用届满时，原垫支在各种流动资产上资金的收回。

②现金流出量

一个投资方案的现金流出量大体包括：在固定资产上的投资，在流动资产上的投资，经营现金支出。

③净现金流量

它是每年的现金流入量与每年的现金流出量之差。

$$净现金流量 = 年现金流入量 - 年现金流出量 \quad (3-6)$$

3.1.3 复利计算的基本公式

由于利息是资金时间价值的主要表现形式，因此，对于资金等值计算来讲，其计算方法与采用复利法计算利息的方法完全相同，即以年复利率计息，按年进行支付。下面介绍一些常用的计算公式。

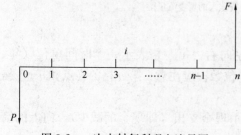

图 3-2 一次支付复利现金流量图

（1）一次支付终值复利公式

若现有资金 P 按年利率 i 进行投资，n 期末的终值为 F，其 n 期末的复本利和应为多少？即已知 P，i，n，求 F。这一投资活动，可以用现金流量图表示（如图 3-2 所示），其计算公式同式（3-4），即：$F = P(1+i)^n$。

为了计算方便，可以按照不同的利率 i 和

计息期数计算出 $(1+i)^n$ 值，并可列成一个系数表（详见附录 1 的复利因子），即式（3-4）中的这个系数 $(1+i)^n$ 称为一次支付终值复利系数。只要查附录 1 的复利因子，便可得到该复利系数的值（下同），一般用 $(F/P,i,n)$ 表示。这样，式（3-4）可以写成：

$$F = P(F/P, i, n) \tag{3-7}$$

【例 3-4】 某人 2004 年购买住房债券 10000 元，年复利率为 10%，2009 年一次收回本利和，问一共能收回多少钱？

【解】 $F = P(F/P, i, n) = 10000(F/P, 10\%, 5) = 10000 \times 1.6105 = 16105$ 元

（2）一次支付现值复利公式

若要求经过 n 期后本利和（即终值）为 F，收益率为 i，那么现在应投入资金 P（即现值）为多少？即已知 F, i, n，求 P。其现金流量图如图 3-2 所示。$F = P(1+i)^n$ 变换成由将来值求现值的计算公式如下所示：

$$P = F \frac{1}{(1+i)^n} \tag{3-8}$$

式中：$\frac{1}{(1+i)^n}$ 为一次支付现值复利系数，用 $(P/F,i,n)$ 表示，故式（3-8）可写成：

$$P = F(P/F, i, n) \tag{3-9}$$

利用 $(P/F, i, n)$ 系数可以求出将来金额 F 的现值 P，如图 3-2 所示。

【例 3-5】 某建筑公司经营了一个项目，4 年后其资金价值（终值）是 20 万元，年资金利润率为 8%，求原来投资时的初始价值（现值）是多少？

【解】 根据题意可知，$F = 20$ 万元，$i = 8\%$，$n = 4$ 年。

将有关数据代入公式，得出投资时的初始价值（现值）：

$$P = \frac{F}{(1+i)^n} = F(1+i)^{-n} = 20 \times (1+8\%)^{-4} = 14.7 \text{ 万元}$$

即 4 年前投下的资金是 14.7 万元，4 年后增加为 20 万元。

（3）等额资金支付系列终值复利公式

现金流量可以只发生在某一个时间点上，也可以发生在多个时间点上。前面（1）、（2）都是讨论一次性支付型现金流量，下面将分析多次支付型现金流量。多次支付型现金流量，其数额可以每次相等，也可以每次不等。但我们这里只分析等额支付（年金）的几种情形。

所谓年金是依照相同时间间隔在若干期连续收入或付出的一系列数额相等的款项。它必须同时具备两个特征：一是时间间隔相等，比如每年收付一次，二是每次收付的数额相等。年金有普通年金、即付年金、递延年金等多种形式。普通年金是指收付发生在每期期末的年金，所以又称后付年金。即付年金是指收付发生在每期期初的年金，所以又称预付年金或先付年金。递延年金是指前一期或前几期没有收付款项，递延到一定时期后才开始发生收付的年金，所以又称为延期年金。

在工程技术经济研究中，常常需要求出连续在若干期的期末支付等额的资金及最后所积累起来的资金。若每期期末等量投资额为 A，利率（收益率）为 i，经过 n 期后本利和（即终值）应为多少？现金流量图如图 3-3 所示。

公式推导如下：

把每期等额支付的 A 看做是 n 个一次支付的 P，用一次支付终值复利公式分别求 F，

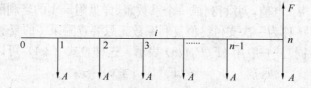

图 3-3　等额资金支付系列现金流量图

然后相加，有：

$$F = A + A(1+i) + \cdots + A(1+i)^{n-2} + A(1+i)^{n-1}$$

1）上式两端同乘 $(1+i)$，可得：

$$F(1+i) = A(1+i) + A(1+i)^2 + \cdots + A(1+i)^{n-1} + A(1+i)^n$$

2）两式相减，得：

$$F(1+i) - F = -A + A(1+i)^n$$

$$Fi = A(1+i)^n - 1$$

$$F = A \frac{(1+i)^n - 1}{i} \tag{3-10}$$

式中：$\frac{(1+i)^n - 1}{i}$ 为等额支付系列复利（终值）系数，通常用 $(F/A, i, n)$ 表示，系数的值可以用计算求得，也可以查附录 1 求得，式（3-10）可以表示如下：

$$F = A(F/A, i, n)$$

【例 3-6】　某房地产开发公司每年年末定期将 1000 万元存入银行，假设年利率为 8%，经过 3 年，到期后连本带息应是多少？

【解】　根据题意可知，$A = 1000$ 万元，$n = 3$ 年，$i = 8\%$。将它们分别代入上述年金的计算公式：

$$F_A = \sum_{t=1}^{n} A(1+i)^{n-t}$$

$$= 1000 \times (1+8\%)^0 + 1000 \times (1+8\%)^1 + 1000 \times (1+8\%)^2$$

$$= 3246 \text{ 万元}$$

即每年年末定期存入 1000 万元，按复利年利率 8% 计算，3 年到期后连本带息（年金终值）可收回 3246 万元。

也可通过查附录 1 计算：

$$F_A = A \times \frac{\left[(1+i)^n - 1\right]}{i} = 1000 \times 3.246 = 3246 \text{ 万元}$$

（4）等额资金支付系列积累基金公式

某公司经理为了在 n 年期末能够筹集资金 F，按年利率 i 计算，从现在起连续几年每年年末必须存储多少资金（A）？将式（3-4）变换可得到等额支付系列积累基金公式：

$$A = F \frac{i}{(1+i)^n - 1} \tag{3-11}$$

式中：$\frac{i}{(1+i)^n - 1}$ 为等额支付系列积累基金系数，可以用 $(A/F, i, n)$ 表示。

其系数的值可以计算求得，也可以查附录 1 求得，式（3-11）可以表示如下：

$$A = F(A/F,i,n)$$

【例 3-7】 若某公司经理要在第 5 年期末得到资金 10000 元，按年利率 6% 计算，从现在起连续 5 年，每年必须存储多少元？

【解】 $A = F(A/F,i,n) = 10000 \times$ $0.1774 = 1774.00$ 元

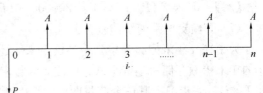

（5）等额资金支付系列投资回收（资金恢复）公式

等额资金回收是指期初投资 P，在利率 i，回收周期数 n 为定值的情况下，求每期末取出的资金为多少时，才能在第 n 期末把

图 3-4　等额支付系列投资回收现金流量图

全部本利收回，即已知 P，i，n，求 A。其现金流量图如图 3-4 所示。

将式（3-4）代入式（3-10），得：

$$F = P(1+i)^n = A\frac{(1+i)^n - 1}{i}$$

$$A = P\frac{i(1+i)^n}{(1+i)^n - 1} \tag{3-12}$$

式中：$\dfrac{i(1+i)^n}{(1+i)^n - 1}$ 为等额支付系列投资回收（资金恢复）复利系数，用 $(A/P,i,n)$ 表示，其系数的值可以用 $i(1+i)^n / [(1+i)^n - 1]$ 计算求得，也可以查附录 1 求得。式（3-12）也可以表示为：

$$A = P(A/P,i,n)$$

等额资金回收的计算公式在投资项目的可行性研究中具有重要作用。若项目实际返还的资金小于根据投资计算的等额回收资金额，则说明该项目在指定期间内无法按要求收回全部投资。因此，使用借入资本进行投资时必须考察其偿债能力。

【例 3-8】 某建设项目投资为 1000 万元，年复利率为 8%，欲在 10 年内收回全部投资，每年应等额回收多少资金？

【解】

$$A = P(A/P,i,n) = 1000(A/P,8\%,10) = 1000 \times 0.1490 = 149.00 \text{万元}$$

（6）等额资金支付系列现值复利公式

等额资金现值的计算是在考虑资金时间价值的条件下，已知每年年末等额支付的资金为 A，年利率为 i，计息周期为 n，求其现值 P 的等值额。这个问题也可理解为：在考虑资金时间价值的条件下，某人在经济系统开始时，需存入多少钱，才能做到在 n 个周期内连续在每期期末取出 A，最后正好把全部存款取完，即已知 A，i，n，求 P。现金流量图如图 3-4 所示。

由式（3-6）移项，得到等额支付系列现值公式：

$$P = A\frac{(1+i)^n - 1}{i(1+i)^n} \tag{3-13}$$

式中：$\dfrac{(1+i)^n - 1}{i(1+i)^n}$ 为等额支付序列现值复利系数，用 $(P/A,i,n)$ 表示，其系数的值可以计算求得，也可以查附录 1 求得。式（3-13）也可以表示为：

$$P = A(P/A, i, n)$$

【例 3-9】　某建筑公司在未来 3 年内每年年末收益均为 20 万元，年复利率为 10％，这三年收益的现值是多少？

【解】　$P = A(P/A, i, n) = 200000 \times (P/A, 10\%, 3) = 200000 \times 2.487 = 497400$ 元

（7）等额支付系列偿债基金公式

为了在 n 年末能够筹集到一笔资金来偿还债款 F，按年利率 i 计算，拟从现在起至 n 年的年末等额存储一笔资金 A，以便到 n 年末偿清 F，每年末必须存储的 A 为多少？即已知 F，i，n，求 A。其现金流量图如图 3-3 所示。

由式（3-7）移项得：

$$A = F \frac{i}{(1+i)^n - 1} \tag{3-14}$$

式中：$\dfrac{i}{(1+i)^n - 1}$ 为等额支付系列偿债基金复利系数，用 $(A/F, i, n)$ 表示，式（3-14）可写成：

$$A = F(A/F, i, n)$$

【例 3-10】　某银行的年复利率为 8％，如果要在 20 年后获得本利和（即终值）为 2 万元，那么从现在起每年应存入多少？

【解】　$A = F(A/F, i, n) = 20000 \times (A/F, 8\%, 20) = 20000 \times 0.02185 = 437$ 元

（8）均匀梯度支付系列复利公式

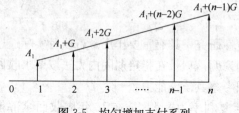

图 3-5　均匀增加支付系列

若设定一个现金流量如图 3-5 所示。第 1 年年末支付 A_1，第 2 年年末支付 $A_1 + G$，第 3 年年末支付 $A_1 + 2G$，…，第 n 年年末支付 $A_1 + (n-1)G$。如果能把图 3-5 中所示的现金流量转换成等额支付系列的形式，那么根据等额支付系列复利公式和等额支付系列现值公式，就很容易求得 n 年年末的将来值 F 和第 0 年的现值 P。

比较简便的方法是把一个均匀增加（或减少）的支付系列看作是由下列两个系列所组成：一个是等额支付系列，其等额的年末支付是 A_1，另一个是由 0，G，$2G$，$3G$，…，$(n-1)G$ 组成的梯度系列，如图 3-6(a)、(b)所示。如果把 0，G，$2G$，$3G$，…，$(n-1)G$ 组成的梯度系列转换成 A_2，那么所要求的等额支付的年末支付 $A = A_1 + A_2$，如图 3-7 所示。

A 是已知的，A 可以通过下列方法求得：先把梯度系列 0，G，$2G$，$3G$，…，$(n-1)G$ 分解成 $(n-1)$ 个年末支付为 G 的等额支付，并通过等额支付复利公式可以求得将来值 F_2，再通过等额支付系列积累基金公式求得 A_2，如图 3-8 所示。

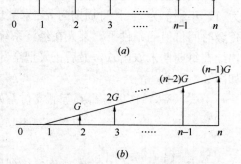

(a)

(b)

图 3-6　均匀梯度支付系列

(a) 等额支付系列；(b) 梯度支付系列

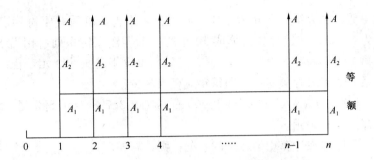

图 3-7 均匀增加等额支付系列的转换

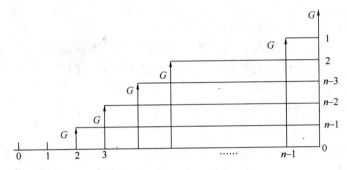

图 3-8 梯度系列的分解图

梯度系列的将来值

$$F_2 = G(F/A, i, n-1) + G(F/A, i, n-2) + \cdots\cdots + G(F/A, i, 2) + G(F/A, i, 1)$$

$$= G\frac{(1+i)^{n-1}}{i} + G\frac{(1+i)^{n-2}-1}{i} + G\frac{(1+i)^2-1}{i} + G\frac{(1+i)-1}{i}$$

$$= \frac{G}{i}[(1+i)^{n-1} + (1+i)^{n-2} + \cdots + (1+i)^2 + (1+i) - (n-1)\times 1]$$

$$= \frac{G}{i}[(1+i)^{n-1} + (1+i)^{n-2} + \cdots + (1+i)^2 + (1+i) + 1] - \frac{nG}{i}$$

上式方括号中的各项之和等于 n 年的等额支付系列复利系数，所以：

$$F_2 = \frac{G}{i} \cdot \frac{(1+i)^n-1}{i} - \frac{nG}{i}$$

而根据式（3-14）求得：

$$A_2 = F_2\frac{i}{(1+i)^n-1} = \left[\frac{G}{i} \cdot \frac{(1+i)^n-1}{i} - \frac{nG}{i}\right]\frac{i}{(1+i)^n-1}$$

$$= \frac{G}{i} - \frac{nG}{i} \cdot \frac{i}{(1+i)^n-1} = \frac{G}{i} - \frac{nG}{i}(A/F, i, n)$$

$$= G\left[\frac{1}{i} - \frac{n}{i}(A/F, i, n)\right]$$

上式中把梯度支付转化为等额支付形式的运算，系数 $\frac{1}{i} - \frac{n}{i}(A/F, i, n)$ 称为梯度系数，通常用 $(A/G, i, n)$ 表示，上式亦可以写为 $A_2 = G(A/G, i, n)$。梯度系数的值可以计算求得，也可以查附录 2 求得。

A_1 和 A_2 相加就得 A。

【例 3-11】　假设某人第 1 年年末把 10000 元存入银行,以后 9 年每年递增存款 2000 元,如年利率为 8%,若这笔存款折算成 10 年的年末等额支付系列,相当于每年存入多少?假设某人第 1 年年末存入银行 5000 元,以后 5 年每年递减 600 元,若年利率为 9%,则相当于这个系列的年末等额支付,即每年应存入多少?

【解】　$A = A_1 + G(A/G, i, n) = 10000 + 2000 \times 3.798 = 17596$ 元

即每年应存入 17596 元。

梯度系数也可以用来计算均匀减少的系列,则计算如下:

$$A = A_1 - G(A/G, i, n) = 5000 - 600 \times 1.828 = 3903 \ \text{元}$$

即每年应存入 3903 元。

(9) 运用利息公式时应注意问题

① 为了实施方案的初始投资,假定投资发生在方案的寿命期初。

② 方案实施过程中的经常性支出,假定发生在计息期(年)末。

③ 本年的年末即是下一年的年初。

④ P 是在当前年度开始时发生。

⑤ F 是在当前以后的第 n 年年末发生。

⑥ A 是在考察期间各年年末发生。当问题包括 P 和 A 时,系列的第 1 个 A 是在 P 发生 1 年后的年末发生;当问题包括 F 和 A 时,系列的最后 1 个 A 是和 F 同时发生。

⑦ 均匀梯度系列中,第 1 个 G 发生在系列的第 2 年年末。

3.1.4　名义利率与实际利率

通常把计息期定为 1 年,但是实际上计息期可以规定为半年、3 个月或 1 个月。当利率所标明的计算周期单位,与计算利息实际所用的计息周期单位不一致时,就出现了名义利率与实际利率的差别。

(1) 实际利率与名义利率的概念

① 何谓实际利率,若每半年计息一次,每半年计息周期的利率为 3%,则 3% 就是实际计息的利率,也是资金在计息周期所发生的实际利率,亦称为有效利率。实际利率都是指的计息期的利率,当计息期为 1 年,此时的实际利率称为年实际利率。

② 何谓名义利率,当计息周期短于 1 年时,每一计息周期的有效利率乘以 1 年中计息周期数所得到的年利率,如 3%×2=6%,则 6% 就称为年名义利率。

在实际计息中,不用名义利率,它只是习惯上的表示形式。若每月计息一次,月利率为 1%,习惯上称为"年利率为 12%,每月计息一次"。习惯上说的年利率是指名义利率,如果不对计息周期加以说明,则表示 1 年计息一次,此时的年利率也就是年实际利率(即有效利率)。

③ 实际利率与名义利率的关系

实际利率与名义利率的关系式为:

$$i = \left(1 + \frac{r}{n}\right)^n - 1 \tag{3-15}$$

式中　i——实际利率;

　　　r——名义利率;

　　　n——名义利率所标明的计息周期内,实际上复利计息的次数。

【例 3-12】 现有两家银行可以提供贷款，甲银行年利率为 17%，一年计息一次；乙银行年利率为 16%，一月计息一次，均为复利计息。问哪家银行的实际利率低？

【解】 甲银行的实际利率等于名义利率，为 17%；乙银行的实际利率为：

$$i = \left(1 + \frac{r}{n}\right)^n - 1 = \left(1 + \frac{0.16}{12}\right)^{12} - 1 = 17.23\%$$

故甲银行的实际利率低于乙银行。

从例 3-12 可以看出，名义利率与实际利率存在着下列关系：

①当实际计息周期为一年时，实际利率与名义利率相等。实际计息周期短于一年时，实际利率大于名义利率。

②名义利率不能完全反映资金的时间价值，实际利率才真实地反映了资金的时间价值。

③名义利率越大，实际计息周期越短，实际利率与名义利率的差值就越大。

（2）离散式复利

上述按期（年、季、月和日）计息的方法称为离散式复利。1 年中计算复利的次数越频繁，则年实际利率比名义利率越高。例如年利率 6%，每半年计息一次，则 1 元资金按利率 3% 每半年计息一次，到第 1 年年末本利和 F 计算如下：

$$F = 1 \times 1.03 \times 1.03 = 1 \times 1.03^2 = 1.0609 \text{ 元}$$

这 1 元的实际利息是 1.0609 − 1.0000 = 0.0609 元，即实际（有效）年利率是 6.09%，大于名义利率 6%。

如果名义利率为 r，1 年中计算利息是 n 次，每次计息的利率为 r/n，根据一次支付复利系数公式，年末本利和 F 计算公式为：

$$F = P(1 + r/n)^n$$

上式表示本金（P）计息 n 次后的本利和，而其中本利和与本金之差为：

$$P(1 + r/n)^n - P$$

按定义，利息与本金之比为利率，故年实际（有效）利率为：

$$i = \frac{P(1 + r/n)^n - P}{P} = (1 + r/n)^n - 1$$

【例 3-13】 某人把 10000 元用于投资，时间为 10 年，利息按年利率 8%，每季度计息一次计算，求 10 年末的将来值。

【解】 由题意可知，每年计息 4 次，10 年的计息期为 4×10＝40 次，每一次计息期的实际（有效）利率为：

$$8\%/4 = 2\%$$

根据式（3-4）可以求得：

$$F = 10000 \times 2.2080 = 22080 \text{ 元}$$

其名义利率为 8%，每年的计息期 n＝4，年实际（有效）利率为：

$$i = (1 + 0.08 / 4)^4 - 1 = 8.2432\%$$

（3）连续式复利

如果是按瞬时计息的方式则称为连续式复利。在这种情况下，复利可以在一年中按无限多次计算，年实际（有效）率为：

$$i = \lim(1 + r/n)^n - 1$$

由于

$$(1 + r/n)^n = \left[(1 + r/n)^{n/r}\right]^r$$

而

$$\lim(1 + r/n)^{n/r} = e$$

因而

$$i = \lim\left[(1 + r/n)^{n/r}\right]^r - 1 = e^r - 1$$

这就是说，如果复利是连续地计算，则：

$$i(年实际利率) = e^r - 1 \tag{3-16}$$

式中　e——自然对数的底，其数值为 2.71828；连续复利 6% 的年实际（有效）利率为：

$$i = e^r - 1 = (2.71828)^{0.06} - 1 = 6.1837\%$$

就整个社会而言，资金是在不停地运转的，每时每刻都通过生产和流通在增值，从理论上讲应采用连续式复利，但在经济评价中实际应用多为离散式复利。实际（有效）利率对于描述 1 年之内利上滚利的复利计算效果是有用的。表 3-4 列出了名义利率为 6%，分别按不同方式计算复利及其相应的实际（有效）利率。

各种情况的实际（有效）利率表　　　　表 3-4

复利计算的方式	一年中的计息期数	各期的有效利率（%）	年实际（有效）利率（%）
按年	1	6.0000	6.0000
按半年	2	3.0000	6.0900
按季	4	1.5000	6.1364
按月	12	0.5000	6.1678
按日	365	0.0164	6.1799
连续地	∞	0.0000	6.1837

在投资方案比较时，如果各方案均采用相同的计算期和年名义利率，但是它们计算利息的次数不同彼此之间仍然不可比较，这时应先将年名义利率转化成年实际（有效）利率后再进行计算和比较。

3.2　等值计算

3.2.1　等值及等值计算

（1）等值的概念

如果两个事物的作用效果相同，则称它们是等值的。货币等值是考虑货币时间价值的等值。即使金额相等，由于发生的时间不同，其价值并不一定相等；反之，不同时间上发生的金额不相等，其货币的价值却可能相等。

在技术经济分析中，等值是一个很重要的概念，它是评价、比较不同时期资金使用效果的重要依据。等值又叫等效值，它是指货币运动过程中，由于利息的存在，不同时刻的资金绝对值不同，但资金的实际价值是相等的。货币的等值包括三个因素：金额、金额发生的时间、利率。例如，当年利率为 5% 时，现在的 1000 元，等值于 1 年末的 1050 元，或 5 年末的 1276.27 元，或 10 年末的 1629 元，或 20 年末的 2653 元。

例如，在年利率为 6% 的情况下，根据式（3-4）计算，现在的 300 元等值于 8 年末的 478.15 元，这两个等值的现金流量如图 3-9 所示。

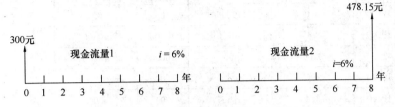

图 3-9　同一利率下不同时间的货币等值

0 年的 300 元与 8 年末的 478.15 元在年利率 6% 的情况下，发生的时间和金额不同，但其价值相等。相反，0 年的 300 元与 8 年末的 300 元，在年利率 6% 的情况下，虽然金额相等，由于发生的时间不同，其价值并不相等。

（2）等值的计算

当计息周期为一年时，实际利率与名义利率相同，可以利用前面介绍的基本复利公式直接进行等值计算。如果计息周期短于一年，仍可利用前面介绍的基本复利公式进行计算。

例如，某企业以年利率 8% 向银行借贷 10000 元，准备 4 年里将本利还请。这笔借贷款项归还的计算有以下三种方法：

①每年年末归还 2500 元借款，加上当年借款的利息，4 年还清；

②前 3 年每年年末仅归还借款的利息 10000×8% = 800 元，第 4 年年末归还全部借款和第 4 年借款的利息；

③前 3 年每年年末均不归还借款，第 4 年年末归还借款和借款的 4 年利息。

以上 3 种借款归还的计算方法，如表 3-5 所示。

从表 3-5 中可以看出，上述 3 种方法归还所计算的总额，不但相互等值，而且还与 10000 元现款相等值。

方法①的现值 $P = [3300 - 200 \times 1.4040] \times 3.3121 = 10000$ 元；

方法②的现值 $P = 800 \times 2.5771 + 10.800 \times 0.7350 = 10000$ 元；

方法③的现值 $P = 13605 \times 0.7350 = 10000$ 元。

三种偿还方法的利息计算表（单位：元）　　　　表 3-5

方法 (1)	年 (2)	年初欠款 (3)	欠款利息 (4)=8%×(3)	年末欠款 (5)=(3)+(4)	归还欠款 (6)	年末总归还 (7)=(4)+(6)	现金流量图
①	1	10000	800	10800	2500	3300	
	2	7500	600	8100	2500	3100	
	3	5000	400	5400	2500	2900	
	4	2500	200	2700	2500	2700	
			2000		10000	12000	

续表

方法 (1)	年 (2)	年初欠款 (3)	欠款利息 (4)=8%×(3)	年末欠款 (5)=(3)+(4)	归还欠款 (6)	年末总归还 (7)=(4)+(6)	现金流量图
②	1	10000	800	10800	0	800	
	2	10000	800	10800	0	800	
	3	10000	800	10800	0	800	
	4	10000	800	10800	10000	10800	
			3200		10000	13200	
③	1	10000	800	10800	0	0	
	2	10800	864	11664	0	0	
	3	11664	932	12597	0	0	
	4	12597	1008	13605	10000	13605	
			3605		10000	13605	

如果两个现金流量等值，则在任何时间其相应的值必定相等。例如图 3-9 所示的两个现金流量，在第 7 年年末，第 1 个现金流量的值是 300×1.5036=451 元，第 2 个现金流量的值是 478.20×0.9434=451 元；在第 3 年年末第 1 个现金流量的值是 300×1.1910=357 元，第 2 个现金流量的值是 478.20×0.7473=357 元。采用同样的方法可以计算出各年现金流量的值也都相等，因此，这两个现金流量是相等的。

我们再看表 3-5 所示的 3 种方法的现金流量，如在第 2 年年末：

方法①的现金流量值为：

$$3300×1.0800+3100+2900×0.9259+2700×0.8753=11664 \text{ 元}$$

方法②的现金流量值为：

$$800×2.0800+800×0.9259+10800×0.8573=11664 \text{ 元}$$

方法③的现金流量值为：

$$13605×0.8573=11664 \text{ 元}$$

采用同样的方法可以求出 3 种方法的现金流量在第 1、3、4 年年末的值，如表 3-6 所示。

三种方法现金流量在各年年末的值（单位：元） 表 3-6

年末	第 1 年年末	第 3 年年末	第 4 年年末
方法①	10800	12597	13605
方法②	10800	12597	13605
方法③	10800	12597	13605

上述计算说明这 3 种方法的现金流量是等值的，因为任何时间其相应的值都相等。在工程技术经济分析中，等值是一个重要的概念，在方案比较中都采用等值概念进行研究分析和决策选定。

【例 3-14】　设现金流量为第 3 年年末支付 100 元，第 5、6、7 年年末各支付 80 元，第 9、10 年年末各支付 60 元，如果年复利率为 8%，问与此等值的现金流量的现值 P 是多少？

【解】　现金流量图如图 3-10 所示，由现金流量图可得：

$$F = 100(P/F,8\%,3)$$
$$+ 80(P/A,8\%,3)(P/F,8\%,4)$$
$$+ [60 + 60(F/P,8\%,1)](P/F,8\%,10)$$
$$= 100 \times 0.7938 + 80 \times 2.577 \times 0.7350$$
$$+ (60 + 60 \times 1.080) \times 0.4632$$
$$= 288.71 \text{ 元}$$

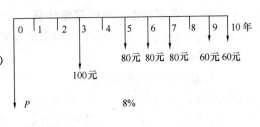

图 3-10 现金流量图（元）

由此可知，上述现金流量，按年利率 8% 计算，与其等值的现值为 288.71 元。

同理，与其等值的终值为：

$$F = 100(F/P,8\%,7) + 80[(F/P,8\%,5) + (F/P,8\%,4) + (F/P,8\%,3)]$$
$$+ 60(F/P,8\%,1) + 60$$
$$= 100 \times 1.724 + 80(1.469 + 1.360 + 1.260) + 60 \times 1.080 + 60$$
$$= 623.32 \text{ 元}$$

同理，与其等值的年值为：
$$A = P(A/P,8\%,10) = 288.71 \times 0.14903 = 43.03 \text{ 元}$$
或
$$A = F(A/F,8\%,10) = 623.32 \times 0.06903 = 43.03 \text{ 元}$$

3.2.2 计息期为 1 年的等值计算

计息期为 1 年时，实际（有效）利率与名义利率相同，利用前述的复利利息计算公式可以直接进行等值计算。

【例 3-15】 当利率为多少时，现在的 300 元等值于第 9 年年末的 525 元?

【解】
$$F = P(F/P,I,n)$$
$$525 = 300(F/P,I,n)$$
$$(F/P,I,n) = 525/300 = 1.750$$

从附录 1 上查到，当 $n = 9$，1.7530 在利率 6% ~ 7% 之间。在利率 6% 的表上查到的是 1.689，而从利率 7% 的表上查到的是 1.838。用直线内插法可得：

$$i = 6\% + \frac{1.689 - 1.750}{1.689 - 1.838} \times 1\% = 6.41\%$$

以上计算表明，当利率为 6.41% 时，现在的 300 元等值于第 9 年年末的 525 元。

【例 3-16】 当利率为 8% 时，从现在起连续 6 年的年末等额支付是多少时，与第 6 年年末的 1000000 元等值?

【解】 $A = F(A/F,i,n) = 1000000 \times 0.1363 = 136300 \text{ 元}$

以上计算表明，当利率为 8% 时，从现在起连续 6 年 136300 元的年末等额支付与第 6 年年末的 1000000 元等值。

【例 3-17】 当利率为 10% 时，从现在起连续 5 年的年末等额支付是 600 元，问与其等值的第 0 年的现值是多少?

【解】 $P = A(P/A,i,n) = 600 \times 3.7908 = 2274.48 \text{ 元}$

以上计算表明，当利率为 10% 时，从现在起连续 5 年的 600 元年末等额支付与第 0 年现值 2274.48 元等值。

3.2.3　计息期短于 1 年的等值计算

如果计息期短于 1 年，仍然可利用前述的利息公式进行计算，这种计算通常可能出现下列 3 种情况：

（1）计息期和支付期相同

【例 3-18】　年利率为 12%，每半年计息一次，从现在起连续 3 年，每半年 100 元的等值支付，问与其等值的第 0 年的现值是多少？

【解】　每计息期的利率 $i=12\%/2=6\%$

$n=3\times2=6$

$P=A(P/A,i,n)=100\times4.9173=491.73$ 元

以上计算表明，按年利率为 12% 时，每半年计息一次计算利息，从现在起连续 3 年每半年 100 元的等额支付与第 0 年的 491.73 元的现值等值。

【例 3-19】　假设某人目前借了 2000 元，在今后 2 年内分 24 次偿还，每次偿还 99.80 元，复利按月计算，试求月有效利率、名义利率和年有效利率。

【解】　$99.80=2000(A/P,i,n)$

$(A/P,i,n)=99.80/2000=0.0499$

查附录 1，可得 $i=1.5\%$。因为计息期是 1 个月，所以月有效利率为 1.5%。

名义利率：$r=1.5\%\times12=18\%$

年有效利率：$i=(1+r/n)^n-1=(1+0.18/12)^{12}-1=19.56\%$

（2）计息期短于支付期

【例 3-20】　按年利率 12%，每季度计息一次，从现在起连续 3 年的等额年末借款为 1000 元，问与其等值的第 3 年年末的借款金额是多少？

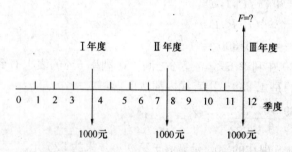

图 3-11　按季计息年度支付的现金流量图

【解】　其现金流量图如图 3-11 所示。

每年向银行借款一次，支付期为 1 年，年利率为 12%，每季度计息一次，计息期为 1 个季度，属于计息期短于支付期。由于利息按季度计算，而支付在年底，这样计息期末不一定有支付，所以该题不能直接采用利息公式，需要进行修改，使之符合计息公式，修改有以下 3 种方法：

第 1 种方法：取一个循环周期，使这个周期的年末支付转变成等值的计息期末的支付。支付系列的现金流量如图 3-12 所示。

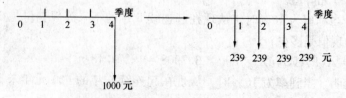

图 3-12　将年度支付转化为计息期末支付

$$A = F(A/F,i,n) = 1000 \times 0.2390 = 239 \text{ 元}$$

式中：$r=12$，$n=4$，$i=12\%/4=3\%$。

经过转变后，计息期和支付期完全重合，可直接利用利息公式进行计算，并适用于后两年。该例题的原现金流量图可变成图 3-13。

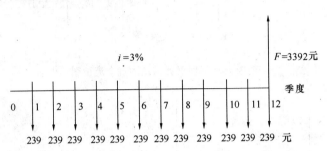

图 3-13 计息期与支付期重合的现金流量图

$$F = A(F/A,i,n) = 239 \times 14.192 = 3392 \text{ 元}$$

第 2 种方法：把等额支付的每一个支付看作一次支付，求出每个支付的将来值，然后把将来值加起来，这个和就是等额支付的实际结果。

$$F = 1000 \times 1.267 + 1000 \times 1.126 + 1000 = 3392 \text{ 元}$$

式中第 1 项代表第 1 年年末借的 1000 元，将计息 8 次；第 2 项代表第 2 年年末借的 1000 元，将计息 4 次；最后 1 项代表第 3 年年末借的 1000 元。

第 3 种方法：首先求出支付期的有效利率，本例题支付期为 1 年，然后以 1 年为基础进行计算。年有效利率为：$i = (1 + r/n)^n - 1$。

已知 $n=4$，$r=12\%$，所以：

$$i = (1 + 0.12/4)^4 - 1 = 12.55\%$$

由此可得：

$$F = 1000 \times 3.3923 = 3392 \text{ 元}$$

$(F/A, 12.55, 3) = 3.3923$，由以下方法求得：

$$(F/A, 12, 3) = 3.3744; \quad (F/A, 15, 3) = 3.4725$$

$(F/A, 12.55, 3) = 3.3744 + (3.4725 - 3.3744)/3 \times 0.55 = 3.3923$

通过 3 种方法计算表明，按年利率 12%，每季度计息一次，从现在起连续 3 年的 1000 元等额年末借款与第 3 年年末的 3392 元等值。

（3）计息期长于支付期

通常规定存款必须存满一个（整个）计息期时才计算利息，这就是说，在计息期间存入的款项在该期不计算利息。要到下一期才计算利息。因此，计算期间的存款应放在期末，而计息期间的提款应放在期初。

【例 3-21】 假如某项财务活动，其现金流量如图 3-14 所示。当年利率为 8%，试求按季度计息的年等值现金流量是多少？

【解】 因为复利是按季度计息一次，则这个现金流量图可以加以整理，得到等值的现金流量图，如图 3-15 所示。按照图 3-15，计息期与支付期相同，可以按利息公式计算。

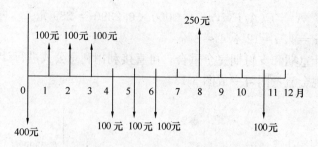

图 3-14 某项财务活动的现金流量图

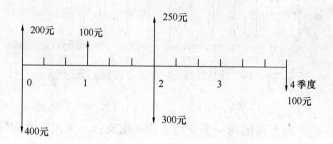

图 3-15 按季度计息的等值现金流量图

年利率为 8%，每季度计算一次，这个财务活动的年末等值现金流量为：

$$F = (400 - 200) \times 1.082 - 100 \times 1.061 + (300 - 250) \times 1.040 + 100$$
$$= 262.30 元$$

数值为正，表示存入。

对于比较复杂的问题，可以先画出一个简明的现金流量图，以提高计算的速度和准确性。

【例 3-22】 假设现金流量是：第 6 年年末支付 300 元，第 9、10、11、12 年年末各支付 60 元，第 13 年年末支付 210 元，第 15、16、17 年年末各支付 80 元。如按年利率 5% 计息，与此等值的现金流量的现值 P 是多少？

【解】 先把所有的支付画成现金流量图，如图 3-16 所示。然后根据现金流量图利用公式进行以下的计算：

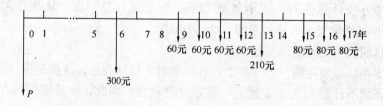

图 3-16 现金流量图

$$P = 300 \times 0.7462 + 60 \times 3.5456 \times 0.6768 + 210 \times 0.5303$$
$$+ 80 \times 3.153 \times 0.4363 = 589.27 元$$

按年利率 5% 计息，这个现金流量与其等值的现值为 589.27 元

【例 3-23】 试求每半年向银行借贷 1400 元，连续借贷 10 年的等额支付系列的等值将

来值。分别按以下 3 种方法计息：①年利率为 12％；②年利率为 12％，每半年计息一次；③年利率为 12％，每季度计息一次。

【解】 3 种情况的将来值计算如下：

①计息期长于支付期

$$F=1400 \times 2 \times 17.5487 = 49136 \text{ 元}$$

②计息期等于支付期

$$F=1400 \times 36.7856 = 51500 \text{ 元}$$

③计息期短于支付期

$$F=1400 \times 0.4926 \times 75.4013 = 52000 \text{ 元}$$

小 结

本章主要讲述资金时间价值、表现形式、复利计算基本公式、名义利率与实际（有效）利率、等值计算的概念，现金流量及现金流量图等。现将其基本要点归纳如下：

（1）不同时间发生的等额资金在价值上的差别称为资金的时间价值。即在不同的时间付出或者得到同样数额的资金在价值上是不相等的。也就是说，资金的价值会随时间发生变化。资金的时间价值是以一定量的资金在一定时期内的利息来度量的。即利息是衡量资金时间价值的绝对尺度，而利息率（简称利息）是衡量资金时间价值的相对尺度。利率通常用百分比表示。计算利息的时间单位，称为计息周期，一般为年、月。而利息的计算有单利和复利两种计息方式。

（2）每个计息周期均按原始本金计算利息称之为单利计息。在单利计息的情况下，利息与时间是线性关系，不论计息周期有多长，只有本金计息，利息不计息。复利计息就是将本期利息转为下期本金计息，下期将按本利和的总额计算利息，即利息再生利息，这种计息方式称之为复利计息。

（3）若每半年计息一次，每半年计息周期的利率为 3％，则 3％就是实际计息的利率，也是资金在计息周期所发生的实际利率，亦称为有效利率。当计息期为 1 年，此时的实际利率称为年实际利率；当计息周期短于 1 年时，每一计息周期的有效利率乘以 1 年中计息周期数所得到的年利率，如 3％×2＝6％，则 6％就称为年名义利率。

（4）货币等值是考虑货币时间价值的等值，即使金额相等（即现金流量相等），由于发生的时间不同，其价值并不一定相等；反之，不同时间上发生的金额不相等，其货币的价值却可能相等。在技术经济分析中，等值是一个很重要的概念，其等值计算是评价、比较不同时期资金使用效果的重要依据。货币的等值与等值计算包括：金额、金额发生的时间、利率三个因素。

通过本章的学习，要求学生了解资金时间价值和表现形式，实际利率与名义利率，以及资金等值的概念；熟悉现金流量及现金流量图，重点掌握单利、复利计算的基本方法及等值计算的应用等。

复 习 思 考 题

1. 什么是资金时间价值？它有哪些基本表现形式？

2. 什么是单利？什么是复利？两者有什么不同？

3. 什么是实际（有效）利率？什么是名义利率？两者有何区别？

4. 什么是借款的将来值？什么是将来支付的现值？

5. 什么是等额支付的将来值？什么是将来值的等额支付？

6. 什么是借款的等额支付？什么是等额支付的现值？

7. 什么是梯度系列等值的年末等额支付？

8. 某人向银行借贷 1000 元，借期为 5 年，试分别用 8％单利和 8％复利计算借款的利息。

9. 某人以 8％单利借出 1500 元，借期为 3 年，到期后以 7％复利把所得的款额（本金加利息）再借出，借期为 10 年。问此人在第 3 年年末可获得的本利和是多少？

10. 下列条件现在借款的将来值是多少？

(1) 年利率为 10％，8000 元借款期 8 年。

(2) 年利率为 4％，每半年计息一次，675 元借款期 20 年。

(3) 年利率 12％，每季度计息一次，11000 元借款期 10 年。

11. 下列条件将来支付的现值是多少？

(1) 年利率为 9％，第 6 年年末的 5500 元。

(2) 年利率为 6％，每月计息一次，第 12 年年末的 1700 元。

(3) 年利率为 12％，每月计息一次，第 15 年年末的 6200 元。

12. 下列条件等额支付的将来值是多少？

(1) 年利率为 6％，每年年末借款 500 元，连续借款 12 年。

(2) 年利率为 8％，每季度计息一次，每季度末借款 1400 元，连续借款 16 年。

(3) 年利率为 10％，每半年计息一次，每月月末借款 500 元，连续借款 2 年。

13. 下列条件将来值的等额支付是多少？

(1) 年利率为 12％，每年年末支付一次，连续支付 8 年，第 8 年年末积累金额 1500 元。

(2) 年利率为 12％，每季度计息一次，每季度末支付一次，连续支付 8 年，第 8 年年末积累金额 1500 元。

(3) 年利率为 9％，每半年计息一次，每年年末支付一次，连续支付 11 年，第 11 年年末积累 4000 元。

(4) 年利率为 8％，每季度计息一次，每月月末支付一次，连续支付 15 年，第 15 年年末积累 17000 元。

14. 下列条件现在借款的等额支付是多少？

(1) 借款 5000 元，得到借款后的第 1 年年末开始归还，连续 5 年，分 5 次还清，利息按年率 4％ 计算。

(2) 借款 16000 元，得到借款后的第 1 年年末开始归还，连续 8 年，分 8 次还清，利息按年利息 7％，每半年计息一次计算。

(3) 借款 37000 元，得到借款后的第 1 个月月末开始归还，连续 5 年，分 60 次还清，利息按年利率 9％，每月计息一次计算。

15. 下列条件等额支付的现值是多少？

(1) 年利率为 7％，每年年末支付 3500 元，连续支付 8 年。

(2) 年利率为 8％，每季度末支付 720 元，连续支付 10 年。

(3) 年利率为 12％，每季度计息一次，每年年末支付 5000 元，连续支付 6 年。

16. 下列条件梯度系列等值的年末等额支付是多少？

(1) 第 1 年年末借款 1000 元，以后 3 年每年递增借款 100 元，按年利率 5％计息。

(2) 第 1 年年末借款 5000 元，以后 9 年每年递减借款 200 元，按年利率 12％计息。

(3) 第 2 年年末借款 200 元，以后 9 年每年递增借款 200 元，按年利率 7% 计息。

17. 求出下列利息情况的年有效利率。

(1) 年利率为 8%，半年计息一次。

(2) 年利率为 12%，每月计息一次。

18. 某公司买了一台机械设备，估计能使用 20 年，每 4 年要大修一次，每次大修费用假设为 1000 元，现在应存入银行多少钱足以支付 20 年寿命期间的大修费支出，按年利率 12%，每半年计息一次计算。

19. 某公司买了一台机械设备，原始成本为 12000 元，估计能使用 20 年，20 年末的残值为 2000 元，运行费用固定为每年 800 元。此外每使用 5 年必须要大修一次，每次大修费用假设为 2800 元，试求该机械设备的等值年费用，年利率为 12%。

20. 某人借款 5000 元，打算在 48 个月中以等额月末支付分期还款。在归还 25 次之后，他想第 26 次以一次支付立即归还余下借款。年利率为 24%，每月计息一次，问此人归还的总金额是多少？

第4章 工程技术经济评价方法

为了对拟建的工厂装备，现有企业的改建、扩建，以及大型机械设备的更新等的取舍做出正确的决策，必须对上述项目进行多方面的评价。如技术方面包括：可靠性、安全性、难易程度等；经济方面包括：资金、市场、企业经营、产品销售等；资源方面包括：原材料、人力、机械设备、能源等投入，以及节能减排、环境保护等方面。

但是在一般情况下，最主要的决策依据是上述诸方面评价中经济方面的评价结果。因此，建设项目经济效果评价是进行工程技术经济评价分析的主要目的。若项目可行的技术方案只有一个，则分析的主要目的是评价该方案在经济上是否合理；若项目有若干个可行的方案，则分析的目的除评价各个方案在经济上的合理性外，还要从中选定一个最优方案实施。

建设项目经济效果评价的方法很多，按是否考虑资金的时间价值分为两大类：一类是不考虑资金时间价值的静态评价方法；另一类是考虑资金时间价值的动态评价方法。但是，在进行项目的经济评价时，动态评价方法由于在经济上的合理性且精确而被广泛采用。静态评价方法由于分析指标和计算方法比较简单，仅用于短期投资项目的评价或长期投资项目初始阶段的粗略评价。

4.1 静 态 评 价 方 法

静态评价方法，是在方案的经济效果分析计算时，不考虑资金的时间价值的一种技术经济评价方法。尽管静态评价方法不能完全反映方案寿命周期的全部情况，但计算简便、直观，在实际工作中应用较广，尤其是适用于建设工期短、见效快的建设项目。根据其评价指标的不同，静态评价方法主要有静态投资收益率法和静态投资回收期法。

4.1.1 静态投资收益率法

静态投资收益率法又称投资利润率法，以 E 或 ROI 表示。它是反映静态投资方案盈利程度的指标。它是年收益与投资额之比，说明每年的回收额占投资额的比重。其计算公式为：

$$E(ROI) = \frac{R}{I} \times 100\% = \frac{S-C-D-T}{I} \times 100\% \tag{4-1}$$

式中　$E(ROI)$——年静态投资收益率（或静态投资利润率）；

　　　R——年投资收益总额（或投资利润总额）；

　　　I——年项目投资总额；

　　　S——年销售收入；

　　　C——年经营成本；

　　　D——年折旧额；

T——年销售税金。

$E(ROI)$可以按生产期平均年的收益计算（当各年净收益额变化幅度较大时），也可按正常生产年份的收益计算。

【例 4-1】 某建设项目总投资额为 3500 万元，投产后平均年净利润为 1400 万元，正常生产年份的利润额为 1500 万元，试求平均投资收益率和正常生产年份的投资收益率。

【解】 设年平均投资收益率为 E_1（ROI_1），正常生产年份的投资收益率为 E_2（ROI_2），则：

$E_1(ROI_1) = 1400/3500 \times 100\% = 40\%$

$E_2(ROI_2) = 1500/3500 \times 100\% = 42.9\%$

采用投资收益率评价单个方案时，需要与"标准投资收益率" E_c 或 $[ROI]$ 进行比较，当 $E(ROI) \geqslant E_c[ROI]$ 时，方案才可以考虑接受。对于多个方案比较，投资收益率高的方案是较优方案。

4.1.2 静态投资回收期法

静态投资回收期是指建设项目投产后用净收益回收全部投资所需要的时间，其静态投资回收期的公式表达如下：

$$\sum_{t=0}^{P_t} (CI - CO)_t = 0 \tag{4-2}$$

式中 $(CI - CO)_t$——第 t 年的净现金流量。

如果投资或达到生产能力后的净收益相等，或采用平均净收益计算时，则投资回收期的表达式转化如下：

$$P = \frac{K}{(CI - CO)} = \frac{K}{M} \tag{4-3}$$

式中 P——投资回收期；

K——全部投资；

CI——现金流入量；

CO——现金流出量；

$CI - CO$——年平均净收益；

M——等额净收益或年平均净收益。

静态投资回收期也可根据全部投资财务现金流量表中累计净现金流量计算求得。表中累计净现金流量等于零或出现正值的年份，即为项目投资回收的终止年份，其计算公式如下：

静态投资回收期＝累计净现金流量开始出现正值的年份－1＋上半年累计净现金流量的绝对值／当年净现金流量

$$\tag{4-4}$$

设基准投资回收期为 P_C，则判别准则为：若 $P_t \leqslant P_C$，方案可以接受；若 $P_t > P_C$，则方案应予以拒绝。

【例 4-2】 某建设项目有两个设计方案，各个方案的现金流量如表 4-1 所示。已知基准投资回收期为 3 年，试用投资回收期指标评价该建设项目投资方案。

【解】

（1）利用式（4-2）进行计算

①A 方案的投资回收期 P_{TA}，可利用式（4-2）进行计算

$$\sum_{t=0}^{P_{TA}} (CI - CO)_t = -1500 + 400 + 500 + 600 = 0$$

通过计算 $P_{TA} = 3$ 年（表 4-1）。

②B 方案的投资回收期 P_{TB}，同理可利用式（4-2）进行计算

$$\sum_{t=0}^{P_{TB}} (CI - CO)_t = -1000 + 100 + 300 + 450 + 150 = 0$$

通过计算 $p_{TB} = 4$ 年（表 4-1）。

由于 $P_C = 3$ 年，所以 A 方案可以采用，B 方案不可采用。

A、B 方案的投资与效益

表 4-1

年份	A 方案			B 方案		
	投资（万元）	净收益（万元）	累计净现金流量（万元）	投资（万元）	净收益（万元）	累计净现金流量（万元）
0	1500		-1500	1000		-1000
1		400	-1100		100	-900
2		500	-600		300	-600
3		600	0		450	-150
4		700	700		150	0
5		700	1400		450	450
6		700	2100		450	900
7		700	2800		450	1350

（2）利用式（4-4）计算如下：

$$P_{TA} = 3 - 1 + (-600/600) = 3 \text{ 年}$$
$$P_{TB} = 4 - 1 + (-150/150) = 4 \text{ 年}$$

可见，两种算法得出的结果是一致的。

静态投资回收期法的最大优点是计算简便和容易理解，能够反映投入资金的补偿速度，特别适用于有风险的、强调清偿能力的方案。它的主要缺点是不能反映投资回收以后方案的盈利能力如何，所以一般应结合其他评价指标一起来参与决策；因此，一般只用于初步可行性研究阶段。在实际应用中，人们对投资及净收益的认识往往不尽相同。如在计算投资时，有的包括流动资金；在计算利润总额时，一般应包括折旧，但是也有不包括折旧的。而回收期一般应从建设项目开始年算起，但是也有从投资年开始算起的，两者正好相差建设期。对于同一项目，如果各个方案所采用的投资和收益的基准不同，则在择优评价时，必须换算成一致的基准。

对建设项目进行评价时，投资回收期越短，项目的经济效益就越高。因此，应用投资回收期法，需要制定作为评价尺度的标准投资回收期。我国虽然未作出统一的规定，但有实际积累的平均值和各行业的参照标准。

4.2　动 态 评 价 方 法

动态评价方法，是在对方案经济效果进行分析计算时，必须考虑资金时间价值的一种

技术经济评价方法，它的主要优点是考虑了方案在其经济寿命期限内投资、成本和收益随时间而发展变化的真实情况，能够体现真实可靠的技术经济评价。根据其评价指标的不同，动态评价的基本方法主要有：现值法、年值法、收益率法以及动态投资回收期法。

4.2.1 现值法

现值法是将方案的各年收益、费用或净现金流量，按照要求达到的折现率折算到期初的现值，并根据现值之和来评价、选择方案的方法。现值法是动态评价的一种基本方法。

（1）费用现值与费用年值

在采用静态投资回收期法评价两个方案的优劣时，没有考虑资金的时间价值。而在对两个以上方案进行比较选优时，如果各方案的产出价值相同，或者各方案都能够满足同样的需要，但其产出效果（如环保效果、教育效果等）难以用价值形态（货币）计量时，可以通过对各个方案费用现值或费用年值的比较进行择优选择。

费用现值的计算公式为：

$$PC = \sum_{t=0}^{n} CO_t(P/F, i_0, t) \tag{4-5}$$

费用年值的计算公式为：

$$AC = PC(A/P, i_0, t) = \sum_{t=0}^{n} CO_t(P/F, i_0, t)(A/P, i_0, t) \tag{4-6}$$

式中　PC——费用现值；

　　　AC——费用年值；

　　　CO_t——第 t 年的现金流量；

　　　n——方案寿命年限；

　　　i_0——基准收益率（或基准折现率）。

费用现值和费用年值可用于多个方案的比选，其判别准则是：费用现值最小的方案为优选方案。

【例 4-3】 某项目有 3 个方案 A、B、C，均能满足同样的需要，但各方案的投资及年运营费用不同，如表 4-2 所示。在基准折现率 $i=15\%$ 的情况下，如何采用费用现值进行优选？

3 个方案的费用数据表 表 4-2

方案	期初投资（万元）	前 5 年运营费用（万元）	后 10 年运营费用（万元）
A	70	13	13
B	100	10	10
C	110	5	8

【解】 各方案的费用现值计算如下：

$$PC_A = 70 + 13(P/A, 15\%, 10) = 135.20 \text{ 万元}$$

$$PC_B = 100 + 10(P/A, 15\%, 10) = 150.20 \text{ 万元}$$

$$PC_C = 110 + 5(P/A, 15\%, 5) + 8(P/A, 15\%, 5)(P/F, 15\%, 5)$$
$$= 140.10 \text{ 万元}$$

各方案的费用年值计算如下：

$$AC_A = 70 \ (A/P, \ 15\%, \ 10) \ + 13 = 26.90 \text{ 万元}$$

$$AC_B = 100 \ (A/P, \ 15\%, \ 10) \ + 10 = 29.90 \text{ 万元}$$

$$AC_C = [110 + 5 \ (P/A, \ 15\%, \ 5) \ + 8 \ (P/A, \ 15\%, \ 5)$$

$$(P/F, \ 15\%, \ 5)] \ (A/P, \ 15\%, \ 10)$$

$$= 27.90 \text{ 万元}$$

根据费用最小的择优准则，费用现值的计算结果表明，方案 A 最优，方案 C 次之，方案 B 最差，即方案的择优顺序是：A→C→B。

将式（4-5）与式（4-6）作比较，在一定的基准折现率 i 和寿命期 n 的条件下：

$$AC \ / \ PC = (A/P, \ i_0, n) = \text{常数} \tag{4-7}$$

按照以上的计算，就建设项目的评价结论而言，费用现值最小的方案即为费用年值最小的方案，两者是等效评价指标。但两者指标含义毕竟不同，使用时仍是各有所长。如费用现值适用于多个方案寿命相同的情况进行比较选择，而费用年值适用于各个方案寿命不等时进行比较选择。

（2）净现值与净现值率

所谓净现值（NPV）是指项目（方案）在经济寿命周期内各年的净现金流量（$CI - CO$），按照某一规定的基准收益率或折现率，折现到初期时的现值之和，即将各期的净现金流量折算为基准期（0 期）的现值，然后求其代数和，其计算式为：

$$NPV = \sum_{t=0}^{n} (CI - CO)_t / \ (1 + i_0) \tag{4-8}$$

式中 NPV——项目的净现值；

CI——现金流入量；

CO——现金流出量；

i_0——基准收益率或折现率。

净现值表示在规定折现率 i_0 的情况下，方案在不同时间点发生的净现值流量折现到初期时，整个寿命期内所能得到的净收益。如果方案的净现值等于零，表示方案正好达到了规定的基准收益率水平；如果方案的净现值大于零，则表示方案除能达到规定的基准收益率之外，还能得到超额收益；如果净现值小于零，则表示方案达不到规定的基准收益率水平。

采用净现值指标对单个方案进行评价时，当 $NPV > 0$，说明该方案能得到基准收益率要求的盈利以外的超额收益，方案可行；当 $NPV = 0$，说明该方案基本能够满足基准收益率要求的盈利水平，方案基本可行或有待改进；当 $NPV < 0$，说明该方案不能满足基准收益率要求的盈利水平，方案不可行。对于多个方案比较，在净现值大于零的前提下，以净现值最大者为优来选择方案。

【例 4-4】 某建筑机械，可以用 18000 元购得，净残值是 3000 元，年净收益是 3000元，如果要求 15% 的基准收益率，而且建筑公司期望使用该机械至少 10 年，问是否购买此机械？

【解】 $NPV = -18000 + 3000(P/A, 15\%, 10) + 3000(P/F, 15/\%, 10)$

$$= -18000 + 3000 \times 5.019 + 3000 \times 0.2472$$

$$= -2201.4 \text{ 元} < 0$$

因为 $NPV < 0$，所以建筑公司不应购买此机械。

例 4-4 中，如果该公司期望的基准收益率不是 15%，而是 10%，那么结论又如何呢？将 $i_0 = 10\%$ 代入，得：

$$NPV = -18000 + 3000(P/A, 10\%, 10) + 3000(P/F, 10\%, 10)$$
$$= -18000 + 3000 \times 6.144 + 3000 \times 0.3855$$
$$= 1588.5 \; 元 > 0$$

如果该公司所期望的收益率为 10%，那么购买此机械是可行的。由此可见净现值的大小与基准折现率 i_0 有很大关系，当 i_0 变化时，NPV 也随之变化，呈非线性关系：$NPV i_0 = f(i_0)$，如图 4-1 所示。即基准折现率或基准收益率的选取对方案的评价影响极大。

在图 4-1 中，在某一个值上，净现值曲线与横坐标相交，表示该折现率下的净现值 $NPV = 0$；而当 $i_0 < i^*$ 时，$NPV i_0 > 0$；当 $i_0 > i^*$ 时，$NPV i_0 < 0$。i^* 是一个具有重要经济意义的折现率临界值，被称之为内部收益率，后面将做详细介绍。

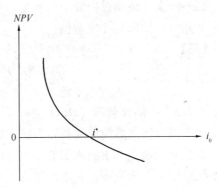

图 4-1　净现值与折现率关系图

NPV 之所以随着 i_0 的增大而减少，是因为一般投资项目正现金流入（如收益）总是发生在负现金流出（如投资）之后，使得随着折现率的增加，正现金流入折现到期初的时间长，其现值减少得多；而负现金流出折现到期初的时间短，相应现值减小得少，这样现值的代数和就减小。

这里还可以看出，规定的基准收益率 i_0 对方案的评价起着重要的作用。i_0 定得较高，计算的 NPV 比较小，容易小于零，使得方案不容易达到评价标准；反之，i_0 定得较低，计算的 NPV 比较大，不容易小于零，使得方案容易达到评价标准。因此，国家发展和改革委员会按照企业和行业的平均投资收益率并考虑产业政策、资源劣化程度、技术进步和价格变动等因素，分行业确定并颁布了各项投资的基准收益率。国家通过制定并颁布各行业的基准收益率，进行投资调控。

4.2.2　年度等值（AE）法

净现值法是把项目的净现金流量按照基准收益率或折现率折算到基准期（0 期）的现值代数和。同理，把项目的净现金流量按照基准收益率折算到最后一期，其代数和就是净终值。

年度等值法是把项目经济寿命期中发生的不均匀的净现金流量，通过基准收益率换算成与其等值的各年年度等值。年度等值越大，表示项目的经济效益越好。

任何一个项目的净现金流量可以先折算成净现值，然后用等额支付序列资金回收复利系数相乘，就可以得到年度等值（AE），其计算公式为：

$$AE = \left[\sum_{t=0}^{n} \frac{F_t}{(1+i)^t} \right] \left[\frac{i(1+i)^n}{(1+i)^n - 1} \right] \tag{4-9}$$

或者将项目的净现金流量先折算成净终值，然后用等额支付系列偿债基金复利系数相乘，也可以得到年度等值（AE），其计算公式为：

$$AE = \left[\sum_{t=0}^{n} F_t (1+i)^t \right] \left[\frac{i}{(1+i)^n - 1} \right] \qquad (4\text{-}10)$$

年度等值与净现值、净终值代表相同的评价尺度，只是所代表的时间不同而已。但年度等值法适用于只有负现金流量时的方案，特别适用年限不同时的方案，可使计算比较方便。

【例 4-5】　某项目投资 100 万元，年净收益 50 万元，试用期为 5 年，净残值 5 万元，设 $i_0 = 10\%$，试求其年度等值。

【解】　$AE = [-100 + 50(P/A, 10\%, 5) + 5(P/F, 10\%, 5)](A/P, 10\%, 5)$
$= [-100 + 50 \times 3.791 + 5 \times 0.6209] \times (0.26380)$
$= 24.44$ 万元

4.2.3　内部收益率（IRR）法

净现值方法虽然简单易行，但必须事先设定一个折现率，而且使用该法时只知道其结论是否达到或超过基本要求的效率，并没有求得项目实际达到的效率。内部收益率法不需要事先设定一个折现率，它求出的是项目实际能够达到的投资效率（即内部收益率）。因此，在所有的经济评价指标中，内部收益率是最重要的评价指标之一。

内部收益率就是净现值为零时的折现率。表 4-3 列出某项目的净现金流量及其净现值随 i 变化而变化的对应关系。若以纵坐标表示净现值，横坐标表示折现率 i，净现值与折现率的函数关系如图 4-2 所示。

某项目的净现金流量及其净现值函数 表 4-3

年份	净现金流量 （万元）	i （%）	$NPV(i) = -2000 + 800(P/A, i, 4)$ （万元）
0	−2000	0	1200
1	800	10	536
2	800	20	71
3	800	22	0
4	800	30	−267
		40	−521
		50	−716
		∞	−2000

在图 4-2 中，随着折现率的不断增大，净现值不断减少。当折现率增加至 22% 时，即在 i^* 处，曲线与横轴线相交，项目净现值为零，i^* 是折现率的临界值。对于该项目而言，其内部收益率即为 22%。一般而言，IRR 是 NPV 曲线与横坐标交点对应的折现率。

内部收益率可以通过式（4-11）求得：

$$NPV(IRR) = \sum_{t=0}^{n} (CI_t - CO_t) / (1 + IRR)^t = 0 \qquad (4\text{-}11)$$

式中　IRR——内部收益率。

从图 4-3 可以看出，IRR 在 i_n 与 i_{n+1} 之间，用 i_{n+2} 近似代替 IRR，当 i_{n+1} 与 i_n 的距离

控制在一定范围内，可以达到要求的精度，具体计算步骤如下：

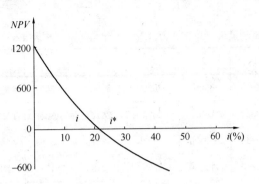

图 4-2 净现值与折现率的函数关系曲线

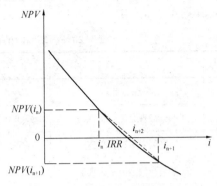

图 4-3 采用内插法求 IRR 图解

① 设初始折现率值 i_1，一般可以先取行业的基准收益率 i_0 作为 i_1，并计算对应的净现值 $NPVi_1$。

② 若 $NPV(i_1) \neq 0$，则根据 $NPV(i_1)$ 是否大于零，再设 i_2；若 $NPV(i_1) > 0$，则设 $i_2 > i_1$；若 $NPV(i_1) < 0$，则设 $i_2 < i_1$。i_2 与 i_1 的差距取决于 $NPV(i_1)$ 绝对值的大小，较大的绝对值可以取较大的差距，反之，取较小的差距。计算对应的 $NPV(i_2)$。

③ 重复步骤②，直到出现 $NPV(i_n) > 0$，$NPV(i_{n+1}) < 0$ 或 $NPV(i_n) < 0$，$NPV(i_{n+1}) > 0$ 时，用线性内插法求得 IRR 近似值，即：

$$IRR = i_n + \frac{|NPV(i_n)|}{|NPV(i_{n+1})| + |NPV(i_{n+1})|}(i_{n+1} - i_n) \qquad (4\text{-}12)$$

④ 计算的误差取决于 $i_n - i_{n+1}$ 的大小，为此，一般 $|i_n - i_{n+1}| < 0.05$。

基准收益率为 i_0，用内部收益率指标 IRR 评价单个方案的判别准则是：

若 $IRR \geq i_0$，则项目在经济效果上可以接受；

若 $IRR < i_0$，则项目在经济效果上应予否定。

一般情况下，当 $IRR > i_0$ 时，会有 $NPV \geq 0$；反之，当 $IRR < i_0$ 时，则 $NPV < 0$。因此，对于单个方案的评价，内部收益率准则与净现值准则的评价结论是一致的。

【例 4-6】 按照表 4-4 所列数据，试计算项目的内部收益率。

某项目的累计净现金流量折现值表（单位：万元）　　　　表 4-4

序号	年　份	0	1	2	3	4	5	6
1	现金流入			5000	6000	8000	8000	7500
2	现金流出	6000	4000	2000	2500	3000	3500	3500
3	净现金流量（1－2）	－6000	－4000	3000	3500	5000	4500	4000
4	净现金流量折现值（$i=10\%$）	－6000	－3436	2470	2630	3415	2794	2258
5	累计净现金流量折现值	－6000	－9436	－7157	－4527	－1112	1682	3940

【解】 由表 4-4 可知，当 $i_0 = 10\%$ 时，$NPV(10\%) = 3940$ 万元，说明该项目的内部

收益率（IRR）$>10\%$。因此，提高 i，如取 $i_2=20\%$ 和 $i_2=25\%$，试计算对应的 NPV 值，并列于表 4-5 中。

20%、25%时的累计折现值表（单位：万元）　　　　　表 4-5

序号	年　份	0	1	2	3	4	5	6
1	净现金流量	−6000	−4000	3000	3500	5000	4500	4000
2	20%净现金流量折现值	−6000	−3333	2080	2025	2412	1809	1340
3	20%时累计折现值	−6000	−9333	−7250	−5225	−2813	−1004	336
4	25%净现金流量折现值	−6000	−3200	1920	1792	2048	1475	1048
5	25%累计折现值	−6000	−9200	−7200	−3488	−3440	−1965	−917

由表 4-5 得：

当 $i=20\%$ 时，$NPV(20\%)=336$ 万元 >0；

当 $i=25\%$ 时，$NPV(25\%)=-917$ 万元 <0。

根据式（4-12），得：

$$IRR = 20\% + \frac{\left|\ 336\ \right|}{\left|\ -917\ \right| + \left|\ 336\ \right|}(25\% - 20\%) = 21.3\%$$

通过上式计算得出该项目的内部收益率为 21.3%，如果基准收益率为 10%，则该项目在经济效果上是可以接受的。

内部收益率是项目投资的盈利率，由项目现金流量决定，反映了投资的使用效率。但是，内部收益率反映的是项目寿命期内没有回收的投资盈利率，而不是初始投资在整个寿命期内的盈利率。因为在项目的整个寿命期内按内部收益率 IRR 折现计算，如表 4-5 所示，始终存在未被回收的投资。而在寿命结束时，投资恰好被全部回收，也就是说，在项目寿命期内，项目始终处于"偿付"未被收回投资的状况，内部收益率正是反映了项目"偿付"未被收回投资的能力。

通常情况下，资金用于再投资的收益率低于初期投资的收益率。这是因为已回收资金总是比初期投资少，且使用时间也短。为了反映已回收资金再投资的收益率与初期投资收益率的差别，于是产生了外部收益率 ERR 的概念。外部收益率 ERR 是指项目方案在寿命期内各年收入（正值现金流量）与再投资的净收益终值（按基准收益率 i_0 折算成终值）累计相等时的折现率。其计算公式如下：

$$NFV = -\sum_{t=0}^{n} CF_t^i (1+ERR)^{n-t} + \sum_{t=0}^{n} CF_t^{rn}(1+i_0)^{n-t} = 0 \qquad (4-13)$$

式中　NFV——净终值；

$\quad\quad CF_t^i$——第 t 年的负现金流量；

$\quad\quad CF_t^{rn}$——第 t 年的正现金流量；

$\quad\quad ERR$——外部收益率。

从式（4-13）可以看出，ERR 与 IRR 相似，只不过 ERR 假设所回收的资金是以相当于基准收益率 i_0 进行再投资的，而 IRR 假设所回收的资金却是以 IRR 进行再投资的。IRR 的计算过程中，已回收资金再投资的收益率等于 IRR，而 ERR 的计算过程中，则等

于 i_0。一般情况下，$IRR \geqslant i_0$。因此，ERR 的值一般在 IRR 和 i_0 之间。

需要指出的是内部收益率计算适用于常规投资方案，否则会出现 IRR 的多个解，方案评价失效。所谓常规投资方案，是在寿命期内除建设期或者投产初期的净现金流量为负值之外，其余年份均为正值，寿命期内净现金流量的正负号只从负到正变化一次，且所有负现金流量都出现在正现金流量之前。

关于独立方案的采用与否，只取决于方案自身的经济性，即只需检验它们是否能够通过净现值、年度等值或内部收益率指标的评价标准。除独立方案外，还有互斥方案和相关方案的经济效果评价。

4.2.4 动态投资回收期

为了克服静态投资回收期未考虑资金时间价值的缺陷，可以采用动态投资回收期指标对技术方案进行评价和比较选择。而动态投资回收期是指在考虑资金时间价值的条件下，按设定的利率收回全部投资所需要的时间。其计算公式如下：

$$\sum_{t=0}^{P'_t} (CI - CO)_t (1 + i_0)^{-t} = 0 \tag{4-14}$$

式中 P'_t——动态投资回收期（年）。

若标准投资回收期为 P_c，则判别准则为：

当 $P'_t \leqslant P_c$ 时，项目（或方案）可以接受，否则应予以拒绝。动态投资回收期同样也可根据全部投资财务现金流量表中累计净现值计算求得，累计净现值等于零或开始出现正值的年份，即项目投资回收的截止年份。其计算公式如下：

P'_t＝累计净现值开始出现正值的年份数－1＋ 上年累计净现值的绝对值 / 当年净现金流量的折现值 （4-15）

各方案每年净收益相等，则动态回收期的计算公式可以推导如下：

设定总投资 K 为分析期年初一次性投入，设定利率为 I，等额收益或年平均净收益为 M。根据式（4-14），得：

$$-K + M(P/A, i, P'_t) = 0$$

即 $\qquad -K + M[(1+i)^{P'_t} - 1] / i(1+i)^{P'_t} = 0$

展开后得： $\qquad -K i(1+i)^{P'_t} + M[(1+i)^{P'_t} - 1] = 0$

$$(1+i)^{P'_t} = M / M - Ki = (1 - Ki/M)^{-1}$$

两边同时取对数，得：

$$P'_t = \frac{\lg M - \lg(M - Ki)}{\lg(1+i)} = \frac{-\lg(1 - Ki/M)}{\lg(1+i)} \tag{4-16}$$

【例 4-7】 某工程项目期初投资为 5 亿元，每年的等额收益为 1.2 亿元，设定利率为 10%。试求动态投资回收期是多少？

【解】 由式（4-16）可得：

$$P'_t = \frac{-\lg(1 - Ki/M)}{\lg(1+i)} = \frac{-\lg[1 - (5 \times 0.1/1.2)]}{\lg(1+0.1)} = 5.6 \text{ 年}$$

通过上述计算可得，该投资项目的动态投资回收期为 5.6 年，相当于 5 年零 7.2 个月（从生产期算起）。假如例 4-7 不考虑时间价值，则静态投资回收期为：

$$P_t = K / M = 5 / 1.2 \approx 4.7 \text{ 年}$$

通过以上复利计算的结果可知，动态投资回收期大于静态投资回收期。但在投资回收期不长和折现率不大的情况下，两者投资回收期差别不大，不致影响项目或方案的选择。因此，只有在静态投资回收期很长的情况下，才有必要进一步计算动态投资回收期。

4.3　效益型指标评价法

4.3.1　投资效益率

投资效益率是指工程项目在正常生产年份的净收益与投资总额的比值，其计算公式如下：

$$R = NB/I \tag{4-17}$$

式中　R——投资收益率；

NB——正常生产年份或者年平均净收益（根据不同的分析目的，NB 可以是利润，可以是利润税金总额，也可以是年净现金流入等）；

I——投资总额。$I = \sum\limits_{t=0}^{m} I_t$，$I_t$ 为第 t 年的投资额，m 为建设期。根据分析目的的不同，I_t 可以是全部投资额，即固定资产、建设期借款利息和流动资金之和；也可以是投资者的权益投资额，即资本金。

由于 NB 和 I 的含义不同，投资收益率 R 常用的具体形式有以下几种：

（1）投资利润率

投资利润率是考察评价项目单位投资盈利能力的具体指标，其计算公式如下：

$$投资利润率 = \frac{年利润总额或年平均利润总额}{项目总投资} \times 100\% \tag{4-18}$$

年利润总额＝年销售收入－年销售税金及附加－年总成本费用

投资利润率也称为投资效果系数，此时的年利润总额表示纯收入。如果年利润总额表示纯收入加折旧时，投资收益率又称为投资回收率。

（2）投资利税率

投资利税率是考察评价项目单位投资对国家积累的贡献水平，其计算公式如下：

$$投资利税率 = \frac{年利税总额或年平均利税总额}{项目总投资} \times 100\% \tag{4-19}$$

年利税总额＝年销售收入－年总成本费用

或者　年利税总额＝年利润总额 ＋ 年销售税金及附加

（3）资本金利润率

资本金利润率是考察评价和反映投入项目的资本金的盈利能力，其计算公式如下：

$$资本金利润率 = \frac{年利润总额或年平均利税总额}{资本金} \times 100\% \tag{4-20}$$

对于投资利润率与资本金利润率来说，年利润总额的含义不同，还可以分为所得税前与所得税后的投资利润率与资本金利润率。

投资收益率指标主要反映投资项目的盈利能力，没有考虑资金的时间价值。用投资收益率评价投资方案的经济效果，需要与本行业的平均水平（行业平均投资收益率）对比，以判别项目的盈利能力是否达到本行业的平均水平。

4.3.2 效益—费用比

利用动态投资回收期、净现值或者内部收益率等指标评价工程项目（方案）的经济效果时，都要求达到或超过其预先规定的标准。这对于以盈利为目的的营利性企业或投资者来说，是方案经济决策的基本前提。

但是，对于一些非营利性的机构或投资者，投资的目的是为公众创造福利或效果，并非一定要获得直接的超额收益。评价公益事业投资方案的经济效果，一般采用效益—费用比（$B—C$ 比），其计算公式如下：

$$B—C \text{ 比} = \frac{\text{净效益（现值或年值）}}{\text{净费用（现值或年值）}} \tag{4-21}$$

式中：净效益是指公众得益的净积累值；净费用是指公用事业部门净支出的积累值，因此，$B—C$ 比是针对公众而言的。

在计算 $B—C$ 比时，分别计算净效益和净费用。净效益包括投资方案对承办者和社会带来的收益，并减去方案实施给公众带来的损失；净费用包括方案投资者的所有费用支出，并扣除方案实施对投资者带来的所有节约。净效益和净费用的计算，常采用现值或年值，计算采用的折现率应该是公用事业资金的基准收益率或基金的利率。若方案净收益大于净费用，即 $B—C$ 比大于1，则这个方案在经济上认为是可以接受的，反之，则是不可取的。其效益—费用比的评价标准是：

$$B—C \text{ 比} > 1$$

$B—C$ 比是一种效率型指标，在用于两个方案的比选时，不能简单地根据两个方案 $B—C$ 比的大小选择最优方案，而应采用增量指标的比较法，即比较两个方案增加的净效益与增加的净费用之比（增量 $B—C$ 比），若此比值（即增量 $B—C$ 比）大于1，则说明增加的净费用是有利的，在经济上可以接受的。

【例 4-8】 某地区需要建设一条高速公路，正在考虑两条备选路线，即沿河路线和越山路线。两条路线的平均车速度提高了 50km／h，日平均流量都是 5000 辆，寿命均为 30 年，且无残值，基准收益率 7%，其他数据见表 4-6，试用增量效益—费用比来比较两条路线的优劣。

<table>
<tr><td colspan="4" align="center">两条路线的效益与费用参数表</td><td align="right">表 4-6</td></tr>
<tr><td>序 号</td><td colspan="2">方　　案</td><td>沿河路线</td><td>越山路线</td></tr>
<tr><td>1</td><td colspan="2">全长（km）</td><td>20</td><td>15</td></tr>
<tr><td>2</td><td colspan="2">初期投资（万元）</td><td>475</td><td>687.5</td></tr>
<tr><td>3</td><td colspan="2">年维护及运行费（万元·(km·年)$^{-1}$）</td><td>0.2</td><td>0.25</td></tr>
<tr><td>4</td><td colspan="2">大修费每10年一次（万元·(10年)$^{-1}$）</td><td>85</td><td>65</td></tr>
<tr><td>5</td><td colspan="2">运输费用节约（元·(km·辆)$^{-1}$）</td><td>0.098</td><td>0.1127</td></tr>
<tr><td>6</td><td colspan="2">时间费用节约（元·(h·辆)$^{-1}$）</td><td>2.6</td><td>2.6</td></tr>
</table>

【解】 从公路建设的目的来看，方案的净效益表现为运输费用的节约和公众节约时间的效益，方案的净费用包括初期投资费用、大修费用以及维护运行费用。因此，分别计算两个方案的净效益和净费用的年值。

1. 方案 1：沿河路线

(1) 方案 1 净效益计算

① 时间费用节约 $=5000 \times 365 \times (20/50) \times 2.6/10000$

　　　　　　　　$=189.80$ 万元/年

② 运输费用节约 $=5000 \times 365 \times 20 \times 0.098/10000$

　　　　　　　　$=357.70$ 万元 / 年

方案 1 的净效益 $B_1 = 189.80 + 357.70 = 547.50$ 万元 / 年

(2) 方案 1 净费用计算

投资、维护及大修等费用(年值) $=0.20 \times 20 + [475 + 85(P/F, 7\%, 10) + 85(P/F, 7\%, 20)](A/P, 7\%, 30) = 47.5$ 万元/ 年

所以，方案 1 的净费用 $C_1 = 47.50$ 万元 / 年

2. 方案 2：越山路线

(1) 方案 2 净效益计算

① 时间费用节约 $=5000 \times 365 \times (15/50) \times 2.6/10000$

　　　　　　　　$=142.40$ 万元/年

② 运输费用节约 $=5000 \times 365 \times 15 \times 0.1127/10000$

　　　　　　　　$=308.50$ 万元/年

方案 1 的净效益 $B_2 = 142.40 + 308.50 = 450.90$ 万元/年

(2) 方案 2 净费用计算

投资、维护及大修等费用(年值) $=0.25 \times 15 + [637.50 + 65(P/F, 7\%, 10) + 65(P/F, 7\%, 20)](A/P, 7\%, 30)$

　　　　　　　　　　　　　　$=59.10$ 万元/年

方案 1 的净费用 $C_2 = 59.10$ 万元 / 年

因此，增量 $B—C$ 比 $= (B_1 - B_2) / (C_2 - C_1)$

　　　　　　　　　　$= (547.50 - 450.90) / (59.10 - 47.50) = 8.33 > 1$

从上式中的计算可知，其 $B—C$ 比大于 1，说明越山路线（方案 2）增加的费用是值得的，应选择越山路线的建设方案。

4.4　不确定性分析

在对项目进行技术经济分析时，其评价所依据的主要数据，如投资额、建筑工期、经营成本、贷款利息、销售或租赁收入、投资收益率等，都是预测或估算出来的。尽管使用了科学的预测与估算方法，但在项目实施中及在寿命期内，项目的外部环境会发生难以想象的变化，这些数据同将来实际发生的情况相比，很有可能有相当大的出入，从而产生不确定性。

所谓不确定性分析，就是指针对项目技术经济分析存在的不确定性因素，分析其在一定幅度内发生变动时对项目经济效益的影响程度，它对确保项目取得预期经济效益具有十分重要的意义。2006 年国家发改委、建设部颁布的《建设项目经济评价方法与参数》（第三版）规定在完成基本方案的评价后，要做不确定性分析，并指出"不确定性分析主要包括：盈亏平衡分析、敏感性分析和概率分析"。

4.4.1 盈亏平衡分析

盈亏平衡分析又叫损益平衡分析或量本利分析，它是根据建设项目正常生产年份的产量（销售量）、固定成本、变动成本、税金等，研究建设项目产量、成本、售价、利润之间变化与平衡关系的分析方法。当项目的收益与成本相等时，即盈利与亏损的转折点，称为盈亏平衡点。盈亏平衡分析就是要找出项目的盈亏平衡点。盈亏平衡点越低，说明项目盈利的可能性越大，亏损的可能性越小，因而项目有较大的抗风险能力。

（1）固定成本与变动成本

盈亏平衡分析是将成本划分为固定成本与变动成本，假定产销量一致，根据项目正常年份的产量、成本、售价和利润四者之间的函数关系，分析产销量对项目盈亏的影响。

固定成本是指在一定的产量范围内不随产量的增减变动而变化的成本，如辅助人员工资、职工福利费、折旧及摊销费、维修费等。

变动成本是指随产量的增减变动而成正比例变化的成本，如原材料消耗、直接生产用辅助材料、燃料、动力等。

在盈亏平衡分析中，分离固定成本和变动成本十分重要，常用的分离方法有：

1）费用分解法

即按会计项目的费用属性进行归类分离。

2）高低点法

即取历史资料中产量最高和最低两个时期的成本数据为样本，通过求出单位变动成本来推求固定成本和变动成本，其计算公式为：

$$C_u = \frac{C_{max} - C_{min}}{Q_{max} - Q_{min}} \tag{4-22}$$

式中　C_u——单位变动成本；

　　C_{max}——最高产量时期的成本额；

　　C_{min}——最低产量时期的成本额；

　　Q_{max}——最高产量；

　　Q_{min}——最低产量。

求出单位变动成本后，便可得到：

$$C_V = C_u Q \tag{4-23}$$

$$C_F = C_T - C_V \tag{4-24}$$

式中　C_V——变动成本额；

　　C_F——固定成本额；

　　C_T——成本总额；

　　Q——产量。

3）回归分析法

采用一元线性回归方程 $y = a + bx$ 来描述成本与产量之间的线性相关关系。回归分析法的基本公式有：

$$C_u = \frac{\sum QC - n\,\overline{Q}\,\overline{C}}{\sum Q^2 - n\,\overline{Q}^2} \tag{4-25}$$

$$C_F = \overline{C} - \overline{C}_u \overline{Q} \tag{4-26}$$

$$C = C_F + C_u Q \tag{4-27}$$

式中　C——年成本；

Q——年产量；

$\overline{C}$——统计期各年成本的平均值，$\overline{C} = \sum\limits_{t=1}^{n} \dfrac{C_t}{n}$；

$\overline{Q}$——统计期各年产量的平均值，$\overline{Q} = \sum\limits_{t=1}^{n} \dfrac{Q_t}{n}$。

由于回归分析考虑了统计期各年的所有数据，当然比只考虑最高、最低点数据的高低点法更合理、更准确些，所以在成本分析方面应用较普遍。

（2）线性盈亏平衡分析

如果成本和销售收入与产量之间成正比例关系，称为线性盈亏平衡，否则就是非线性盈亏平衡。现行盈亏平衡分析有图解法和数解法两种方法。

1）图解法

所谓图解法就是利用二维坐标的盈亏平衡图来分析项目的产量与成本、销售收入之间的关系。如图 4-4 所示，横轴表示产量 Q，纵轴表示费用（总成本和总销售收入）。

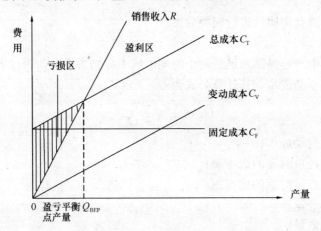

图 4-4　盈亏平衡分析图

在一定时期内，产品售价不变时，销售总收入 R 随产销量的增加而增加，即：

$$R = (P - t)Q \tag{4-28}$$

式中　R——项目的年销售收入；

P——产品销售单价（含税）；

t——单位产品的销售税金（包括增值税、营业税、资源税、城市维护建设税以及教育费附加等）。

$$R = P(1 - t^1)Q \tag{4-29}$$

式中　t^1——销售税率，$t' = 1\%$。

在图 4-4 中，总成本 C_T 是固定成本 C_F 与变动成本 C_V 之和，也呈线性变化。总销售收入线 R 和总成本线 C_T 的交点称为盈亏平衡点。在平衡点上，收入等于成本，利润等于零。在该点左面区域，总成本高于总销售收入，为亏损区；在该点右面区域，总销售收入大于总成本，为盈利区。与该点对应的产量 Q_{BEP}，就是项目的保本点，即利润为零时的临界产量。盈亏平衡点越低，即 Q_{BEP} 越小越好，说明项目只要有少量的产销量即可不发生亏损，表示抗风险能力强，获利能力大。

2）数解法

由盈亏平衡时的总成本与总销售收入相等，利润为零，得：

$$P(1-t^1)Q = C_F + C_u Q$$

则盈亏平衡点（BEP）产量为：

$$Q_{BEP} = \frac{C_F}{P(1-t^1) - C_u} \tag{4-30}$$

上式两边除以项目的设计能力 Q_c，得盈亏平衡点生产能力利用率为：

$$F_{BEP} = \frac{Q_{BEP}}{Q_c} \tag{4-31}$$

盈亏平衡点价格为：

$$P_{BEP} = \frac{C_F}{Q_c} + C_u + t = \frac{\frac{C_F}{Q_c} + C_u}{1-t^1} \tag{4-32}$$

【例4-9】 某项目年生产能力120万t，单位产品含税，售价 $P=150$ 元/t，单位产品变动成本 $C_u=40$ 元/t，固定成本总额 $C_F=6000$ 万元，综合税率13.85%，计算盈亏平衡产量 Q_{BEP}、盈亏平衡点生产能力利用率 F_{BEP} 及盈亏平衡点价格 P_{BEP}。

【解】

$$Q_{BEP} = \frac{6000}{150 \times (1-13.85\%) - 40} = \frac{6000}{89.225} = 67.24 \text{万t/年}$$

$$F_{BEP} = \frac{67.24}{120} \times 100\% = 56\%$$

$1 - F_{BEP} = 44\%$，即若项目减产幅度不大于44%，项目还不会亏损。

$$P_{BEP} = \frac{\frac{6000}{120} + 40}{1-13.85\%} = 104.47 \text{元}$$

当价格下降幅度在 $\frac{150-104.47}{150} \times 100\% = 30.35\%$ 以内，该项目仍不会出现亏损局面。

（3）多方案比较时的优劣平衡点分析

盈亏平衡分析也可以用于两个及两个以上方案的优劣比较与分析。如果两个或两个以上的方案，其成本都是同一变量的函数时，便可以找到该变量的某一数值，恰能使对比方案的成本相等，该变量的这一特定值，叫做方案的优劣平衡点。

设有两个互斥方案，它们的成本函数决定于一个共同的变量 Q 时：

$$C_1 = f_1(Q); C_2 = f_2(Q)$$
$$令 C_1 = C_2, 即 f_1(Q) = f_2(Q)$$

由此可求出 Q 值，即为两个方案费用平衡时的变量值，据此判断方案的优劣性。

对于两个以上方案的优劣分析，原理与两个方案的优劣分析相同，仍然先设共同变量，再以共同变量建立每个方案的成本费用函数方程，如：

$$C_1 = f_1(x);$$
$$C_2 = f_2(x);$$
$$C_3 = f_3(x);$$
$$......$$

不同之处是在求优劣平衡点时要对每两个方案进行求解，分别求出两个方案的平衡点，然后两两比较，选择其中最经济的方案。

【例 4-10】　现有一挖土工程，有两个挖土方案：一是人力挖土，单价为 3.5 元/m³；另一个是机械挖土，单价为 2 元/m³，但需购置机械费 1 万元，问在什么情况下（土方量为多少时）应采用人力挖土？

【解】　设土方量为 Q，则：

人力挖土费用：$C_1 = 3.5Q$

机械挖土费用：$C_2 = 2Q + 10000$

令 $C_1 = C_2$，即 $3.5Q = 2Q + 10000$

$$Q_{BEP} = \frac{10000}{3.5 - 2} = 6667 \text{m}^3$$

可见当土方量小于 6667m^2 时，应采用人力挖土。

4.4.2　敏感性分析

敏感性分析又叫灵敏度分析，它主要研究不确定性因素的变化大小对项目经济效益的影响程度。通过敏感性分析，找出影响项目经济效益最大、最关键的主要因素，并确定项目可行区间，对项目提出合理的控制与改善措施，充分利用有利因素，尽量避免不利因素，以便达到最佳经济效益。

所谓敏感性大小，是指经济效益评价值对不确定因素变化的敏感程度。通常把对经济效益评价值产生强烈影响的不确定因素叫做敏感因素，而把相对较弱者叫做不敏感因素。

敏感性分析的方法主要是因素替换法，又叫逐项替换法。它是将方案中的变动因素每次替换其中的一个，以求得该因素的敏感性的一种方法。计算时，只变动某个因素而令其他因素固定不变，观察其变动的因素对方案经济效果的影响程度，从而确定其是否是敏感因素；然后逐次替换其他因素，计算出其他影响因素的敏感性，直到得出方案全部影响因素的敏感性为止。敏感性分析的具体步骤如下：

①确定敏感性分析的指标，如净现值、年度等值、内部收益率、投资收益率等。

②选择影响项目指标的不确定性因素，如投资、建设工期、销售单价、年经营成本、基准收益率、项目经济寿命周期等。

③按照预先给定的变化幅度（如±10%、±15%、±20%等），先改变一个变量因素，而其他因素不变，计算该因素的变化对经济效益指标的影响程度。如此逐一进行，对所有变量因素进行考察。

④在逐步计算的基础上，将结果加以整理分析，选择其中变化幅度大的因素为敏感因素，变化幅度小的因素为不敏感因素。

⑤综合分析，采取对策。

【例 4-11】　假定某公司计划在一个建设区建立一个混凝土搅拌站，出售商品混凝土。估计 10 年之内销售不成问题。该站需要投资 150000 元，每天可以生产混凝土 75m³，每年开工 250 天，生产能力的利用程度可以达到 75%，每年的人工费为 160000 元，年度的使用费为 35000 元，每 m³ 商品混凝土售价估计为 48 元，每 m³ 商品混凝土的材料费为 28 元，基准收益率规定为 15%。试对该项目进行敏感度分析。

【解】 根据以上数据，计算如下：

年度收入 $\qquad$ $75 \times 250 \times 48 \times 0.75 = 675000$ 元

年度支出

①资金恢复费用

$$(A/P, 15, 10) = 0.19930$$
$$150000 \times 0.19930 = 29895 \text{ 元}$$

②人工费 $\qquad$ 160000 元

③年度使用费 $\qquad$ 35000 元

④材料费 $\qquad$ $75 \times 250 \times 0.75 \times 28 = 393750$ 元

年度支出总额 $= 29895 + 160000 + 35000 + 393750 = 618645$ 元

年底净收入 $\qquad$ $675000 - 618645 = 56355$ 元

净收入率$\left(\dfrac{A}{P}\right)$ $\qquad$ $\dfrac{56355}{150000} = 37.6\%$

本例敏感度分析指标选用年度净收入、净收入率，不确定因素有生产能力利用程度、产品售价、搅拌站的使用寿命、材料费等。材料费虽然很重要，但它对其他搅拌站的影响是相同的，可以不加以考虑。现取生产能力的利用程度、产品售价、使用寿命三个不确定因素进行敏感度分析。

（1）生产能力利用程度的敏感度

对于生产能力利用程度为 50%、60%、65%、70%、80% 的五种情况，假定其他因素不变，分别计算年度净收入和净收入率，年度使用费假定其中一半是固定费用，另外一半与产量成比例。计算结果列于表 4-7。

生产能力利用程度敏感度表 表 4-7

序 号	估计项目	50%	60%	65%	70%	80%
1	年度收入（元）	450000	540000	585000	630000	720000
2	年度支出	—	—	—	—	—
3	资金恢复费用（元）	29895	29895	29895	29895	29895
4	人工费（元）	160000	160000	160000	160000	160000
5	年度使用费（元）	29167	31500	32667	33834	36167
6	材料费（元）	262500	315000	341350	367500	420000
7	总额（元）	481562	536395	563812	591229	646062
8	年度净收入（元）	−31562	3605	21088	38771	73938
9	净收入率	−21%	2.4%	14%	25.8%	49.3%

从表 4-7 可以看出，净收入率对生产能力的利用程度是比较敏感的。如果生产能力利用程度估计达到 65% 以上，则这个搅拌站就是值得建立的。

（2）售价的敏感度

我们假定搅拌站的生产能力利用程度为 75%，而使售价变化，它与净收入的关系如表 4-8 所示。

售价敏感度表　　　　　表 4-8

估计项目	售　　价				
	44.40（元）（降低 7.5%）	45.6（元）（降低 5%）	46.8（元）（降低 2.5%）	48（元）	50.4（元）（升高 5%）
年度收入（元）	624375	641250	658125	675000	708750
年度支出（元）	618645	618645	618645	618645	618645
净收入（元）	5730	22605	39480	56355	90105
净收入率	3.82%	15.07%	26.32%	37.57%	60.07%

由表 4-8 可以看出，净收入率对售价是很敏感的。如售价降低 5%，还有利可图；如果降低 7.5%，则收入降到 4% 以下。因此，必须对售价进行更细致的调查研究，了解与该地区内其他搅拌站的竞争可能性。

（3）使用寿命的敏感度

假定搅拌站的生产能力利用程度为 75%，售价为 48 元/m^3，两者都保持不变，使用寿命变化，这时只有资金恢复费用不同，计算结果如表 4-9 所示。

使用寿命敏感度表　　　　　表 4-9

估计项目	使　用　寿　命			
	5 年	8 年	10 年	15 年
年度收入（元）	675000	675000	675000	675000
年度支出（元）	633495	622185	618645	614400
资金恢复费用（元）	44745	33435	29895	25650
净收入（元）	41505	52815	56355	60600
净收入率	27.7%	35.2%	37.6%	40.4%

由表 4-9 可以看出，净收入率对使用寿命是不敏感的，即使这个搅拌站只使用 5 年，净收入率仍然可以达到 27.7%。

根据表 4-7～表 4-9 中的计算数据，可以绘制净收入率对于售价、生产能力利用程度、使用寿命的敏感度分析图（图 4-5）。

根据以上分析，决策人就可以对建设搅拌站的方案作出比较全面的、合理的判断。

4.4.3　概率分析

概率分析又叫风险分析，是根据随机事件出现的概率来研究不确定性因素对项目评价指标的影响程度的一种定量方法。它通过计算项目经济寿命周期内现金流量的期望值和经济效益评价指标的期望值来判断项目的风险程度。一般是计算项目净现值的期望值及净现值大于等于零时的累计概率值，累计概率值越大，项目亏损的概率越小，承担的风险也越小。

通过概率分析，可以弄清各种不确定性因素变化的可能性，以及预估项目经济收益的大小，从而为项目的风险分析提供可靠的依据。

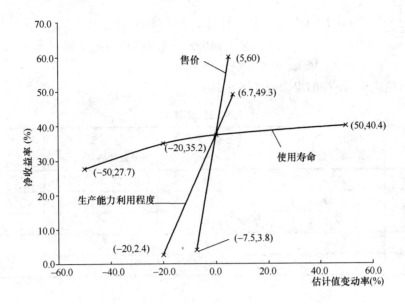

图 4-5　净收入率对售价、生产能力利用程度、使用寿命的敏感度分析图

所谓期望值是同时考虑项目经济效益指标的取值大小及取值概率的一种量度,其计算公式为:

$$E(X) = \sum_{i=1}^{n} X_i P_i \qquad (4\text{-}33)$$

式中　$E(X)$——不确定性因素 X 的期望值;

　　　　X_i——不确定性因素 X 的取值;

　　　　P_i——不确定性因素 X 取值为 X_i 时的概率。

【**例 4-12**】　某工厂在河岸附近将建一个水处理装置。现在考虑建造一道堤,以保护该装置不受洪水影响。有关数据见表 4-10。规定该装置的使用年限为 15 年,利率为12%,不考虑残值。求堤应建多高才使总的费用最低?

【**解**】　这里可按四种方案,即不修(堤高为 0m)、建造 1.5m、3.0m 和 4.5m,分别计算其年度总费用的期望值(AC),择其最小者为最优方案。年度总费用期望值 $E(AC)$等于建造 X_m 堤的投资年分摊费用与河水水位高于堤坝 X_m 造成的损失期望值之和。

四种方案的 $E(AC)$ 分别为:

(1) 不建造堤坝

$$E(AC_1) = 0 + 0.24 \times 10 + 0.16 \times 15 + 0.12 \times 20$$
$$= 7.20 \text{ 万元 / 年}$$

(2) 堤高 1.5m

$$E(AC_2) = 10 \times (A/P, 12\%, 15) + (0.16 \times 15 + 0.12 \times 20)$$
$$= 10 \times 0.14682 + 4.8 = 6.2682 \text{ 万元 / 年}$$

(3) 堤高 3m

$$E(AC_3) = 21 \times (A/P, 12\%, 15) + 0.12 \times 20$$
$$= 21 \times 0.14682 + 2.4 = 5.48322 \text{ 万元 / 年}$$

(4) 堤高 4.5m

$$E(AC_4)=33 \times (A/P,12\%,15)+0$$
$$=33 \times 0.14682=4.84506 \text{ 万元 / 年}$$
$$E(AC)_{min}=E(AC_4)=4.84506 \text{ 万元 / 年}$$

所以，建造 4.5m 高的堤为最经济方案。

损 益 值 表

表 4-10

高度 X_m (m)	河水超出正常水位 X_m 的年份（年）	河水超出正常水位 X_m 的概率	河水超过堤顶 X_m 所造成的损失（万元）	建造 X_m 高堤的投资（万元）
0	24	0.48	0	0
1.5	12	0.24	10	10
3.0	8	0.16	15	21
4.5	6	0.12	20	33
合计	50	1.00	—	—

小　结

本章主要讲述静态评价方法中的投资收益率法和投资回收期法，动态评价方法中的净现值法、年度等值法、内部收益率法和动态投资回收期，效益型指标评价方法中的投资效益率和效益—费用比，以及不确定分析中的盈亏平衡分析、敏感性分析和概率分析等。现将其基本要点归纳如下：

（1）静态评价方法包括：投资收益率法和投资回收期法。静态投资收益率法又称静态投资利润率法，以 E 或 ROI 表示，它是反映静态投资方案盈利程度的指标，表示每年的回收额占投资额的比重。静态投资回收期法是指建设项目投产后用净收益回收全部投资所需要时间的一种计算方法。

（2）根据其评价指标的不同，动态评价方法主要有：现值法、年值法、收益率法以及动态投资回收期的计算方法。它主要考虑了方案在其经济寿命期限内投资、成本和收益随时间而发展变化的真实情况，能够体现真实可靠的技术经济评价。

（3）效益型评价方法包括：投资效益率和效益—费用比两种计算方法。投资效益率是指工程项目在正常生产年份的净收益与投资总额的比值；对于一些非营利性的机构或投资者，目的并非一定要获得直接的超额收益。其经济效果一般采用效益—费用比（B—C比）进行评价。但是在两个方案的比选时，不能简单地根据两个方案 B—C 比的大小选择最优方案，而应采用增量指标的比较法，即比较两个方案增加的净效益与增加的净费用之比（增量 B—C 比），若此比值（即增量 B—C 比）大于 1，则说明在经济上是可以接受的。

（4）不确定性分析是指针对项目技术经济分析存在的不确定性因素，分析其在一定幅度内发生变动时对项目经济效益的影响程度。主要包括：盈亏平衡分析、敏感性分析和概率分析。它对确保项目取得预期经济效益具有十分重要的意义。

通过本章的学习，应了解静态评价方法、动态评价方法、效益型评价方法和不确定性分析的一些概念，重点掌握净现值、内部收益率、静态投资回收期和动态投资回收期等经济指标的计算方法，并能正确地运用其评价方法，为工程项目建设进行经济效果评价打下一定基础。

复习思考题

1. 试求表 4-11 中的静态投资回收期和动态投资回收期（$i_0 = 10\%$）。

现金流量表 表 4-11

年	0	1	2	3	4	5	6
净现金流量（万元）	−60	−40	30	50	50	50	60

2. 假设有以下 3 项投资，其资料数据如表 4-12 所示。

现金流量表 4-12

投资	时间	0 年末	1 年末	2 年末
		现金流量（万元）		
A		−5000		9000
B		−5000	4000	4000
C		−5000	7 000	

试计算：

① 利率分别为 5%、10% 和 15% 时的投资净现值是多少？

② 计算各项投资的内部收益率。

③ 应用内部收益率法比较哪项投资有利？当利率为 10% 时，应用净现值法比较哪项投资有利？

3. 某项目初始投资为 8000 万元，在第 1 年末现金流入为 2000 万元，第 2 年末现金流入 3000 万元，第 3、4 年末的现金流入均为 4000 万元，请计算该项目的净现值、净年值、净现值率、内部收益率、动态投资回收期是多少？（$i_0 = 10\%$）

4. 在某工程项目建设中，有两种机械设备可以选用，都能满足施工生产需要。机械设备 A 买价为 10000 元，在第 6 年末的残值为 4000 元，前 3 年的年运行费用为 5000 元，后 3 年为 6000 元；机械设备 B 买价为 8000 元，第 6 年末的残值为 3000 元，前 3 年的年运行费用为 5500 元，后 3 年为 6500 元，运行费用增加的原因是，维护修理工作量及效率上的损失随着机械设备使用时间的延长而增加。基准收益率是 15%，试用费用现值法和费用年值法计算应选择哪种机械设备？

5. 某工业公司采用分期付款方式购买一台标价 22000 美元的专用设备，定金为 2500 美元，余额在以后 5 年每年年末均匀地分期支付，并加上余额 8% 的利息；但现在也可以用一次支付现金 19000 美元来购买这台设备。如果这家公司的基准收益率为 10%，试问应该选择哪个方案？

6. 某工厂以 40000 元购买一台旧设备，年费用估计为 32000 元。该设备在第 4 年更新时残值是 7000 元；该工厂也可以 60000 元购置一台新设备，其年运行费用为 26000 元，当它在第 4 年更新时残值为 9000 元。若基准收益率为 10%，试问应选择哪个方案？

7. 试采用增量内部收益率法比较选择以表 4-13 中所列的两个方案（$i_0 = 10\%$）。

现金流量表 表 4-13

投资	时间（年）	0	1	2	3
		现金流量（元）			
A		−100000	40000	40000	50000
B		−120000	50000	50000	60000

8. 某市可以花费 2950000 元设置一种新的交通格局。这种格局每年需要 50000 的维护费，但每年可节省支付给交警的费用 200000 元；驾驶汽车的人每年可节约价值为 350000 元的时间，但是汽油费与运行费每年要增加 80000 元。基准折现率为 8%，经济寿命为 20 年，残值为零。试用 $B-C$ 比法判断该市应否采用新的交通格局。

9. 某工厂拟购置一套机械设备，有 A、B 两种型号可供选择，两种型号机械设备的性能相同，但使用年限不同，有关资料数据如表 4-14 所示，如果该工厂的资金成本为 10%，应选用哪一种型号的机械设备？

机械设备残值表

表 4-14

设备	售价（元）	维修及操作成本（元）								残值（元）
		第1年	第2年	第3年	第4年	第5年	第6年	第7年	第8年	
A	20000	4000	4000	4000	4000	4000	4000	4000	4000	3000
B	10000	3000	4 000	5000	6000	7000				1000

第 5 章　经营预测与决策

5.1　经营预测方法

5.1.1　概述

（1）基本概念

预测学是一门实用学科。它是从对历史及现状的了解出发，对社会某种现象进行分析研究，从中发现其发展变化的规律，进而推断未来可能发展趋势的一种管理行为。经营预测是各种预测的组成部分，它是对与企业经营活动密切相关的经济现象或经济变量未来发展趋势的预计和推测。由于建筑企业的经营活动处于不断变化之中，只有科学的预测，才有正确的决策。

（2）经营预测的作用

首先，经营预测是企业制定发展规划和进行经营决策的依据。在市场经济条件下，企业的生存和发展与市场息息相关，而市场又是瞬息万变的，如果不了解建筑市场的动态和发展趋势，企业经营将缺乏根据，出现盲目经营，给企业带来经济损失。只有通过预测，掌握大量的第一手市场动态和发展的数据资料，才能情况明、方向准，作出正确的经营决策，不断改善经营管理，取得最佳的经济效益。其次，经营预测能增加企业的管理储备，增加企业的弹性。所谓管理储备，就是企业的积极弹性，它是指通过预测能使领导及有关人员把情况看深、看透、看实，从而根据不同情况做好多手准备，增强应变能力，适应市场的需要。另外，经营预测有利于提高企业的竞争能力。在实行招标投标制的情况下，建筑企业的竞争能力，主要表现为中标率的高低，企业依靠科学的预测，尽可能充分了解竞争的形势和竞争对手的情况，采取合理的投标策略，在竞争中争取主动，从而提高企业的竞争能力。所以经营预测是正确决策的前提和必要条件，是科学管理的基础。

（3）经营预测的分类

按范围划分经营预测可分为宏观预测和微观预测。宏观预测是对整个国民经济或部门经济趋势的推断，如固定资产投资方向，建筑产品的需求，构成比例预测，竞争形势预测等。微观预测是对企业经济活动状态的估计，如资源需求预测，企业生产能力预测，利润、成本预测等。

按方法划分经营预测可分为定性预测和定量预测两种。定性预测是利用直观材料，依靠人们主观判断分析的能力，对未来状况的预计。定量预测是根据历史数据，应用数理统计方法来推测事物的发展状况，或者是利用事物内部因果联系来推测未来。

按时间划分经营预测可分为长期预测、中期预测和短期预测三种。长期预测的期限一般在五年以上，它是有关生产能力、产品系列、服务构成变化等远景规划的基础；中期预测的期限为三年左右，其目的在于制定较为切实的企业发展计划；短期预测的期限在一年或一年以内，它为当前生产经营计划或实施具体计划提供依据。

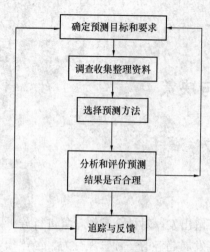

图 5-1　经营预测步骤示意图

（4）经营预测的步骤

经营预测一般可分为以下 5 个基本步骤，如图 5-1 所示。

1）确定预测目标和要求

包括预测的项目、范围、性质、数量、时间、重点和目的，做到有的放矢，正确预测。

2）调查收集整理资料

对资料进行加工整理，去粗取精，去伪存真，得出有用的真实可靠的数据资料。

3）选择预测方法

根据不同的预测时间、不同的数据资料和不同的预测精度要求，并考虑预测所需的费用和预测方法的实用性，合理选择预测方法进行预测。

4）分析和评价预测结果

对预测结果进行分析，检查是否达到预期的预测目标，预测结果是否合理等。如果得出否定结论，则需重新确定预测目标或选择其他预测方法，再次进行预测，并评价预测的结果。

5）追踪与反馈

对预测结果进行追踪检查，了解预测的结论、建议被采纳的程度，实际的效果以及预测结论与实际情况是否一致等。随时对追踪的结果进行反馈，以便在今后预测时改进方法，纠正偏差。

5.1.2　定性预测法

定性预测法是利用直观材料，依靠人的经验、知识和主观判断并进行逻辑推理，对事物未来变化趋势进行估计和推测的方法。

它的优点是简单易行，时间快。它是应用历史比较悠久的一种方法，至今在各类预测方法中仍占重要地位。它的缺点是易带片面性，精度不高。

（1）专家预测法

专家预测法是指由专家们根据自己的经验和知识，对预测对象的未来发展作出判断，然后把专家们的意见归纳整理形成预测结论。它又分为专家个人预测法和专家会议预测法两种。

专家个人预测法是由确有专长，具有远见卓识和丰富经验的专家提出个人意见，然后将各专家的意见收集起来归纳整理形成预测结论。该法能充分发挥专家的创造能力，不受外界影响，没有心理压力。但此法容易受到专家知识面、知识深度、占有资料以及对预测问题是否有兴趣等因素制约，预测结果难免带有片面性和局限性。

专家会议预测法是向专家们提供需要预测的问题和信息，请他们事先做好准备，然后在确定的时间召开专家会议，由专家们各自提出预测的意见，相互交换，相互启发，弥补个人知识经验的不足，并通过讨论、补充、修正之后得出的结果。此法的缺点是参加会议的人数有限，代表性不够广泛；另外，在会上发表意见还受到一些心理因素的影响，不能畅所欲言，容易受到权威意见和大多数人意见的影响，即使有不同的意见也不愿意在会上发表或不愿意公开修正自己已发表的意见，导致预测结果的可靠程度有限。

（2）特尔斐法

特尔斐法是指集专家个人预测法和专家会议预测法二者之长，去二者之短的一种方法。其特点是用书面的方式和专家们联系，而不采取开会的形式，因此又称为函调法。它以匿名的方式通过几轮咨询，征求专家们的意见。预测小组对每一轮的意见进行归纳整理和分类，作为参考资料以文件形式发给每个专家，供他们分析判断，提出新的论证。如此反复三至四轮，直到得出预测结论为止。该法采用匿名的方式征询专家意见，专家互不照面，各抒己见，博采众长，分析判断比较客观，预测结果比较准确，而且预测费用较低，广泛应用于技术预测、经营预测、短期预测、长期预测、预测量变和质变过程等多种情形。

1）特尔斐法的预测过程

特尔斐法的预测过程可分为：准备阶段、预测阶段和结果处理阶段三个阶段。

① 准备阶段

其主要工作是确定预测主题和选择参加预测的专家。确定预测主题，首先要制定目标—手段调查表，并在此表基础上制定应答问题调查表。与预测领导小组或专家一起，对已掌握的数据进行分析，确定预测对象的总目标和子目标以及达到目标的手段，编制手段调查表。当有多种手段时，应精选主要的、互不干扰的各种手段。手段调查表是特尔斐法预测的重要工具，是信息的主要来源，表的质量对预测结果的准确程度影响很大。因此，制表时应非常慎重。

② 预测阶段

第一轮，发给专家第一轮调查表，表中只提出预测问题，不带任何约束条件。围绕预测主题由专家提出应预测的事件，预测领导小组对专家填写后寄回的调查表进行汇总、归纳，用准确术语提出预测一览表。第二轮，发给专家第二轮调查表，即预测一览表，由专家对每个事件作出评价，并阐明理由，预测领导小组对专家意见进行统计处理。如此再进行第三轮、第四轮调查与统计，最终得出一个相对集中的预测意见。

③ 结果处理阶段

对应答结果进行分析和处理，是特尔斐法预测的最后阶段，也是最重要的阶段。处理方法和表达方式取决于预测问题的类型和对预测的要求。根据大量的试验证明，专家的意见分析是接近或符合正态分布的。

2）组织预测应注意的问题

为了保证特尔斐法的预测精度，组织预测时应注意以下几点：

① 对特尔斐法作出充分说明；

② 预测的问题要集中；

③ 避免组合事件；

④ 用词要确切；

⑤ 调查表要简化；

⑥ 领导小组意见不应强加于调查表中；

⑦ 问题的数量要限制；

⑧ 支付适当报酬；

⑨ 结果处理工作量的大小；

⑩ 轮间时间间隔。

特尔斐法虽然广泛用于各个领域的预测，但只有合理、科学地操作，并注意扬长避短，才能得到可靠的预测结果。

5.1.3　定量预测法

定量预测法是根据历史数据，应用数理统计方法来推测事物的发展状况，或利用事物内部因果关系来预测事物发展的未来状况的方法。它主要有时间序列预测分析法和回归分析法等。时间序列预测分析法是将预测对象的历史资料，按时间顺序排列起来，运用数学方法寻求其内在规律和发展趋势，预测未来状态的方法。回归分析法是从事物发展变化的因果关系出发，通过大量数据的统计分析找出各相关因素间的内在规律，从而对事物的发展趋势进行预测的方法。

（1）时间序列预测分析法

时间序列预测分析法，常用的方法有简单平均法、移动平均法以及指数平滑法等。

1）简单平均法

通过求解一定观察期的数据平均数，以平均数为基础确定预测值的方法，称为简单平均法。它是市场预测的最简单的数学法，它不需要复杂的运算过程，方法简单易行，是短期预测中常用的一种方法。

① 算术平均法

根据过去一定时期内，各个阶段的历史资料求其算术平均值作为预测数据。计算公式如式（5-1）所示：

$$X = \frac{\sum\limits_{t=1}^{n} X_t}{n} = \frac{X_1 + X_2 + \cdots + X_n}{n} \tag{5-1}$$

式中　X——预测值的算术平均值；

　　　X_t——第 t 期的数据；

　　　n——资料数或期数。

此法适用于预测对象变化不大且无明显上升或下降趋势的情形。

② 加权平均法

当一组统计资料每期数据的重要程度不同时，对各期数据分别赋予不同的权数，然后加以平均。该法的特点是所求得的平均数，包含了事件的长期变动趋势，适用于事件的发展比较平稳，仅有个别事件偶然性波动的情况。其计算公式如下所示：

$$Y = \frac{\sum\limits_{t=1}^{n} W_t X_t}{\sum\limits_{t=1}^{n} W_t} \tag{5-2}$$

或简记为：

$$Y = \frac{\sum WX}{\sum W}$$

式中　Y——观测值的加权平均值；

X_t——第 t 期的数据；

W_t——第 t 期的权数。

加权平均法的关键是合理地确定观测值的权数。一般的做法是：由于距离预测期越近的数据对预测值的影响越大，则近期数据赋予较大的权数，距离预测期远者则逐渐递减。当历史数据变化幅度较大时，权数之间可以采用等比级数；当历史数据变化平稳时，权数之间可用等差级数；另外，若历史数据变化起伏波动较大，则可根据实际情况确定不同的权数。

2）移动平均法

移动平均法是把已知的统计数据按数据点划分为若干段，再按数据点的顺序逐点推移，逐点求其平均值得出预测值的一种方法。移动平均法的特点是对于具有趋势变化和季节性变动的统计数据，尤其是对于数值特别大或特别小的数据，经过移动平均的调整后，能够消除不规律的变化。因此，移动平均法常用于长期趋势变化和季节性变化的预测。其计算式如式（5-3）所示：

$$M_{t+1} = \frac{X_t + X_{t-1} + \cdots + X_{t-n+1}}{n} \qquad (5\text{-}3)$$

式中 M_{t+1}——对 $t+1$ 期的移动平均值；

$\quad\quad X_t$——已知第 t 期的数据；

$\quad\quad n$——每段时期内数据个数。

3）指数平滑法

采用移动平均法需要一组数据，而且数据离现在越远，对未来的影响越小，因而有一定的局限性。指数平滑法是移动平均法的演变和改进，在改进中有新的发展，它只用一个平滑系数 α，一个最新的数据 X_t 和前一期的预测值 F_t 可进行指数平滑计算。预测值 F_{t+1} 为当期实际值 X_t 和上期预测值 F_t 不同比例之和。其特点是：①进一步加强了观察期近期观察值对预测值的作用，对不同时间的观测值赋予不同的权数，加大了近期观察值的权数，使预测值能够迅速反映市场实际的变化。②对于观察值所赋予的权数有伸缩性，可以取不同的平滑系数 α 值以改变权数的变化速率。因此，应用指数平滑法，可以选择不同的 α 值来调节时间序列观察值的修匀程度（即趋势变化的平稳程度）。它具备移动平均法的长处，又可以减少数据的存储量，所以应用比较广泛。其计算公式如式（5-4）所示：

$$F_{t+1} = \alpha X_t + (1+\alpha)F_t \qquad (5\text{-}4)$$

式中 F_{t+1}——对 $t+1$ 期的预测值；

$\quad\quad \alpha$——平滑系数，$0 < \alpha < 1$；

$\quad\quad F_t$——第 t 期的预测值。

平滑系数 α 实际上是一个加权系数，它是新旧数据的分配比值。α 越小，F_t 所占的比重越大，所得的预测值就越平稳；α 越大，新数据 X_t 所占的比重越大，预测值对新趋势的反映越灵敏；当 $\alpha = 1$ 时，最近的数据就是下一周期预测值；当 $\alpha = 0$ 时，预测值等于上一期的指数平滑值——常数。

关于初始值 F_1：当历史数据相当多（$F_1 \geqslant 50$）时，可以取 $F_1 = X_1$，因为初始值 X_1 的影响将被逐步平滑掉；当历史数据较少时，可取 X_1 作为 F_1。

【例 5-1】　某建筑公司连续 12 个月的预制构件实际销售额如表 5-1 所示，试用时间序列预测分析法进行预测。

【解】

(1) 算术平均法

由式 (5-1) 得：

$$X = \frac{\sum\limits_{t=1}^{n} X_t}{n} = \frac{\sum\limits_{t=1}^{12} X_t}{12}$$

$$= \frac{40+42+37+41+39+38+41+30+38+42+41+49}{12}$$

$$= 39.8 \text{千元}$$

(2) 加权平均法

设 $W_t = \frac{1}{t}$，由式 (5-2) 得：

$$Y = \frac{\sum\limits_{t=1}^{n} W_t X_t}{\sum\limits_{t=1}^{n} W_t} = \left(40 \times 1 + 42 \times \frac{1}{2} + 37 \times \frac{1}{3} + 41 \times \frac{1}{4} + 39 \times \frac{1}{5} + 38 \times \right.$$

$$\left. \frac{1}{6} + 41 \times \frac{1}{7} + 30 \times \frac{1}{8} + 38 \times \frac{1}{9} + 42 \times \frac{1}{10} + 41 \times \frac{1}{11} + 49 \times \frac{1}{12}\right) \times$$

$$\frac{1}{1+\frac{1}{2}+\frac{1}{3}+\frac{1}{4}+\frac{1}{5}+\frac{1}{6}+\frac{1}{7}+\frac{1}{8}+\frac{1}{9}+\frac{1}{10}+\frac{1}{11}+\frac{1}{12}}$$

$$= 39.8 \text{千元}$$

(3) 移动平均法

设 $n=3$，由式 (5-3) 得：

当 $n=3$，$t=3$ 时：

$$M_{t+1} = M_{3+1} = \frac{X_3 + X_2 + X_1}{3} = \frac{37+42+40}{3} = 39.6 \text{千元}$$

当 $n=6$，$t=12$ 时：

$$M_{t+1} = M_{12+1} = \frac{X_{12} + X_{11} + X_{10} + X_9 + X_8 + X_7}{6}$$

$$= \frac{49+41+42+38+30+41}{6} = 40.2 \text{千元}$$

如此类推，计算结果列入表 5-1 中第 3 栏和第 4 栏，其变化趋势如图 5-2 所示。

(4) 指数平滑法

设 $F_1 = X_1 = 39.8$，当 $\alpha=0.7$ 时，由式 (5-4) 得：

$$F_2 = \alpha X_1 + (1-\alpha)F_1 = 0.7 \times 40 + (1-0.7) \times 39.8 = 39.9 \text{千元}$$

又设 $\alpha=0.2$，则：

$$F_2 = \alpha X_1 + (1-\alpha)F_1 = 0.2 \times 40 + (1-0.2) \times 39.8 = 39.8 \text{千元}$$

$$F_3 = \alpha X_2 + (1-\alpha)F_2 = 0.2 \times 42 + (1-0.2) \times 39.8 = 40.2 \text{千元}$$

依此类推，将计算结果列入表 5-1 中第 5 栏和第 6 栏，其变化趋势如图 5-3 所示。

时间序列分析计算表　　　　　　　　　　　表 5-1

时间周期 t（月）(1)	时间销售额 X_t（千元）(2)	M_{t+1}，$n=3$ 预测值（千元）(3)	M_{t+1}，$n=6$ 预测值（千元）(4)	F_{t+1}，$\alpha=0.7$ 预测值（千元）(5)	F_{t+1}，$\alpha=0.2$ 预测值（千元）(6)
1	40				
2	42			39.9	39.8
3	37			41.4	40.2
4	41	39.7		38.3	39.6
5	39	40.0		40.2	39.9
6	38	39.0		38.7	39.7
7	41	39.3	39.5	38.2	39.4
8	30	39.7	39.7	40.2	39.7
9	38	39.3	39.2	33.1	37.8
10	42	39.3	39.3	36.5	37.8
11	41	39.7	39.5	40.4	39.6
12	49	40.3	39.8	40.8	39.1
13		44	41.7	46.5	41.1

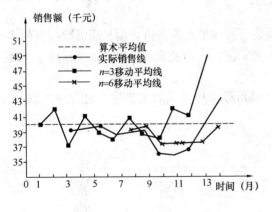

图 5-2　移动平均法示意图

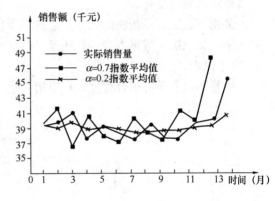

图 5-3　指数平滑法示意图

（2）回归分析法

回归分析法是一种定量的预测技术，它是根据实际统计的数据，通过数学计算，确定变量与变量之间互相依存的数量关系，建立合理的数学模式，以推算变量的未来值。回归分析法是寻求已知数据变化规律的一种数理统计方法。如果处理的变量只有两个，称为一元回归分析法，多于两个变量的称为多元回归分析法。此处仅介绍一元回归分析法。

一元回归分析法只涉及两个变量，导出的数学关系式是直线，所以又称为直线回归分析法。根据已知若干组 x 与 y 的历史数据，在直角坐标系上，描绘出各组数据的散点图，然后求出各组数据点距离最小的直线，即为预测值的回归直线。该直线方程为：

$$y=a+bx$$

式中　y——因变量；

x——自变量；

a——回归系数，回归直线在 y 轴上的截距；

b——回归系数，即回归直线的斜率。

用最小二乘法解得回归系数 a 与 b：

$$b = \frac{n \sum\limits_{i=1}^{n} x_i y_i - \sum\limits_{i=1}^{n} x_i \cdot \sum\limits_{i=1}^{n} y_i}{n \sum\limits_{i=1}^{n} x_i y_i - \left(\sum\limits_{i=1}^{n} x_i \right)^2} = \frac{\sum\limits_{i=1}^{n} x_i y_i - \bar{x} \sum\limits_{i=1}^{n} y_1}{\sum\limits_{i=1}^{n} x_i^2 - \bar{x} \sum\limits_{i=1}^{n} x_i} \tag{5-5}$$

$$a = \frac{\sum\limits_{i=1}^{n} y_i - b \sum\limits_{i=1}^{n} x_i}{n} = \bar{y} - b\bar{x} \tag{5-6}$$

$$\bar{x} = \frac{1}{n} \sum\limits_{i=1}^{n} x_i \tag{5-7}$$

$$\bar{y} = \frac{1}{n} \sum\limits_{i=1}^{n} y_i \tag{5-8}$$

直线回归分析法的出发点是一定时期的经济变量的分布图所呈现的一定趋向。采用直线回归分析法的关键是必须判断其预测变量（因变量）与自变量之间有无确定的因果关系，必须掌握预测对象与影响因素之间的因果关系，因为影响因素的增加或减少会导致回归直线随之发生变化。

采用直线回归分析法时，数据点的多少决定着预测的可靠程度，而且所需数据点的实际数量，又取决于数据本身的性质及当时的经济情况。一般说来，历史数据观察点至少要在 20 个以上。

检验回归直线的拟合程度，可以用一个数量指标即相关系数来描述，通常用 r 表示。r 的计算公式是：

$$r = \frac{n \Sigma x_i y_i - \sum\limits_{i=1}^{n} x_i \sum\limits_{i=1}^{n} y_i}{\sqrt{\left[n \sum\limits_{i=1}^{n} x_i^2 - \left(\sum\limits_{i=1}^{n} x_i \right)^2 \right] \cdot \left[n \sum\limits_{i=1}^{n} y_i^2 - \left(\sum\limits_{i=1}^{n} y_i \right)^2 \right]}}$$

$$= \frac{\Sigma x_i y_i - n \bar{x} \bar{y}}{\sqrt{\sum\limits_{i=1}^{n} x_i^2 - n\bar{x}^2} \cdot \sqrt{\sum\limits_{i=1}^{n} y_i^2 - n\bar{y}^2}} \tag{5-9}$$

由式（5-9），可得：

$$b = r \cdot \frac{\sqrt{\sum\limits_{i=1}^{n} y_i^2 - n\bar{y}^2}}{\sqrt{\sum\limits_{i=1}^{n} x_i^2 - n\bar{x}^2}} \tag{5-10}$$

在式（5-10）中，当 $r=0$，此时 $b=0$，则回归直线是一条与 x 轴平行的直线，说明 y 的变化与 x 无关，此时，x 与 y 无线性关系。通常情况下，点 (x_i, y_i) 的散布是完全不规则的，如图 5-4 所示。

当 $r=\pm 1$ 时，所有点 (x_i, y_i) 均在回归直线上，这种情况称 x、y 完全相关。当 $r=1$

时，称为完全正相关，如图 5-5（a）所示；当 $r=-1$ 时，称为完全负相关，如图 5-5（b）所示。

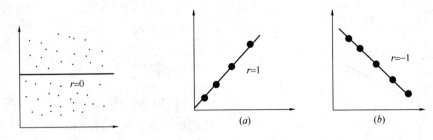

图 5-4 x 与 y 值相关图（1）　　　　　图 5-5 x 与 y 值相关图（2）

当 $0<|r|<1$ 时，r 的大小描述了 x 与 y 线性关系的密切程度。$r>0$ 称为正相关；$r<0$ 称为负相关。r 越接近 1，x 与 y 线性关系越密切；r 越接近 0，x 与 y 线性关系密切程度越小。因此，在建立回归方程之后，常常要观察 r 的大小以确定回归方程有无使用价值。一般说来，当数据的组数 $n \leqslant 10$ 时，$|r|$ 要大于 0.602；当 $n \leqslant 20$ 时，$|r|$ 要大于 0.444；当 $n \leqslant 52$ 时，$|r|$ 要大于 0.273，才有意义。

直线回归分析法是通过从实践观察的大量数据中寻找事物发展的内在规律性来预测事物的未来状况，对于外部条件如国家政策、市场供求关系、原材料和燃料供应、建材和劳务价格等变化都未作考虑。因此，预测值只能为确定计划指标提供参考，而不能作为唯一的依据。

【例 5-2】　已知某建筑公司 1988～1993 年度实际完成的建安工作量如表 5-2 所示，试用直线回归分析法预测 1995 年的建安工作量。

回归分析计算表　　　　　　　　　　表 5-2

年度	建安工作量 y_i（万元）	时间 x_i	$x_i y_i$（万元）
1988	440	1	440
1989	500	2	1000
1990	450	3	1350
1991	600	4	2400
1992	550	5	2750
1993	700	6	4200
Σ	3240	21	12140

【解】　由式（5-7）和式（5-8）得：

$$\bar{x} = \frac{1}{n}\sum_{i=1}^{n} x_i = \frac{1}{6} \times 21 = 3.5 \text{ 年}$$

$$\bar{y} = \frac{1}{n}\sum_{i=1}^{n} y_i = \frac{1}{6} \times 3240 = 5403 \text{ 元}$$

所以　　　$$b = \frac{\sum x_i y_i - x\sum y_i}{\sum x_i^2 - x\sum x_i} = \frac{12140 - 3.5 \times 3240}{91 - 3.5 \times 21} = 45.71$$

$$a = \bar{y} - b\bar{x} = 540 - 45.71 \times 3.5 = 380$$

则 $\qquad y = a + bx = 380 + 45.71x$

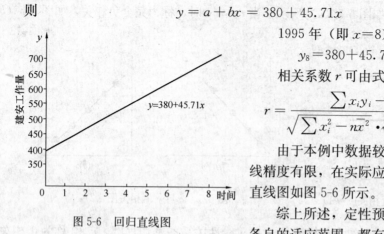

$y=380+45.71x$

图 5-6　回归直线图

1995 年（即 $x=8$）的建安工作量为：

$$y_8 = 380 + 45.71 \times 8 = 746 \text{ 万元}$$

相关系数 r 可由式（5-9）求得：

$$r = \frac{\sum x_i y_i - n\bar{x}\,\bar{y}}{\sqrt{\sum x_i^2 - n\bar{x}^2} \cdot \sqrt{\sum y_i^2 - n\bar{y}^2}} = 0.864$$

由于本例中数据较少，因此所得的回归直线精度有限，在实际应用时应加以注意。回归直线图如图 5-6 所示。

综上所述，定性预测法和定量预测法都有各自的适应范围，都有一定的局限性。在实践中常常将定性预测和定量预测结合起来，兼收并蓄，取长补短，进行综合预测，从而提高预测的可靠性、准确性和全面性。

5.2　决　策　技　术

5.2.1　决策技术概述

（1）基本概念

决策是企业经营的重点，是指为达到同一目标，在一定的约束条件下，从诸多可行方案中选择一个最佳方案的分析判断过程。决策也是管理过程的核心，是执行各种管理职能的基础。

在实施决策时，一方面需要有"应该达到的既定目标"，另一方面需要有能达到目标的"可利用的代替方案"。也就是说，决策需要有"目标"与"代替的方案"这两方面的前提。

经营决策包括两大部分内容：一是经营分析，二是决策。经营分析就是运用各种科学方法，对企业各项生产经营活动的目标、资料条件、外界因素与内部能力等进行技术经济效果的定量分析，并进行最优化的选择。决策则是在经营分析的基础上，根据分析的结果及其技术经济效果的大小，列出几个可行的计划或行动方案，再结合企业中其他非定量化的条件和人的因素，经过综合判断，从中选择一个最适宜的方案。

（2）决策的作用

决策理论是一门年轻的学科，是在第二次世界大战后，随着管理科学、行为科学、系统理论等管理理论和技术的迅猛发展而建立起来的，它代表企业管理的一个更高阶段，是现代企业管理的核心问题。企业要合理分配和调节资源，就需要把现有的人力、物力和财力经营管理好，使其发挥最大的经济效益，就必须具备有效的组织、合理的决策和良好的人际关系；在这三者之中，合理的决策又是整个经营工作的核心和基础。

（3）决策的分类

企业决策的分类，按其考虑的角度不同，有不同的分法。

按决策计划时间可分为长期决策和短期决策。长期决策是指企业战略目标和发展方向有关的重大安排，如投资方向与生产规模的选择、技术开发的发展方向、一个长时期的发展速度等。长期决策往往与长期规划有关，并较多注意企业的外部环境。短期决策是实现战略目标所采取的手段，它比长期决策更具体，考虑的时间更短，并主要考虑如何组织动员企业内部力量来实现战略目标。

按决策性质可分为战略决策和战术决策。战略决策是指企业全局性的重大问题的决策，它指导企业的发展方向，是企业经营管理的首要问题，其主要内容是制定企业的经营目标、经营方针以及实现目标所需资源（人、财、物）的分配方案等。战略决策又叫经营决策。战术决策是指企业内部短期的局部问题的决策。其主要任务是解决各有关部门如何更好地使用所分配的资源，以提高工作效率的问题。战术决策又叫管理决策。

按决策的形态，可分为程序化决策和非程序化决策。程序化决策是指这类决策属于反复的、定规的，当每一个问题发生时，不必重新再实施新的决策，可按原有设立的一定方式进行决策。这种决策是属定型化、程序化或定规化的决策，主要适用于组织内部的日常业务工作和管理工作。主要由中、下层管理人员来承担，并多用定量分析方法来制定。非程序化决策是属于新规定的、一次的、例外的、未加程序化或定型化的决策，这类决策活动并不经常重复出现，一般由上层管理人员来承担。这类决策的制定，除采用适当的定量分析法外，主要采用定性分析法。大部分经营决策属非程序化决策，而管理决策属于程序化决策。

按决策的确定程度，可分为确定型决策、非确定型决策和风险型决策。确定型决策是指影响决策的因素或自然状态是明确的、肯定的、比较容易判断的，决策方案的最后结局可以预期达到的决策。非确定型决策是指不仅事先并不知道在各种特定情况下的确定结果，而且连可能的结果及概率也全然不知道，也无过去的经验和数据可循，主要凭借决策人的知识和经验进行决策。风险型决策指各种因素的未来情况怎样，以及采取某一措施后可能产生的后果，是无法明确肯定的，但对其出现的概率则可依过去的经验作出估计。

按决策目标的数量，可分为单目标决策和多目标决策。单目标决策是指方案的选择只考虑一个单一的指标，或者只突出一个指标，其他指标不作要求的决策。多目标决策是指同时满足多项指标所进行的决策。

按管理层级，可分为最高管理层的经营决策，中间管理层的管理决策和基层管理层的业务决策。最高管理层的经营决策是以经理为首的决策机构，谋求企业与外界环境中不断发展的决策，是长期决策或战略决策，一般属于非肯定型或非程序化的决策。中间管理层的管理决策是实施经营决策方案准备条件，提供管理基础和保证的决策，是中、短期的战术决策，既有非肯定型或非程序化的决策，又有肯定型和程序化的决策。基层管理层的业务决策是在一定企业体系基础上，为提高日常效率选择各种具体行动方案的决策，一般是肯定型或程序化的短期决策。企业的经营决策是三项决策中最主要的决定性决策，企业以经营决策为前提，结合管理决策、业务决策，构成了企业自上而下、由远而近的决策系统。这个决策系统围绕着经营目标和各级、各部门的具体目标进行决策。决策系统在很大程度上决定了企业的责任系统、权力系统。因此，决策是企业管理的核心职能。

（4）建筑企业经营决策的基本内容

经营决策贯穿于企业经营管理的各个方面和全过程，决策的内容相当广泛，主要包括：

1）经营战略方面的决策

它包括经营方向、经营目标、经营方针、经营策略、经营计划、经营组织与机构、企业发展规模、技术改造与更新、技术开发、人力资源开发等决策。

2）招揽工程任务的决策

它包括市场开拓与渗透、联合经营、多种经营、投标策略、投标报价等决策。

3）生产技术管理方面的决策

它包括工程质量管理、施工计划、施工组织、生产进度及调度、材料供应、技术装备、技术措施以及新技术、新工艺、新材料的研究和推广等决策。

4）财务管理方面的决策

它包括企业目标利润与目标成本、财务计划、财务结算、资金信贷、材料采购与库存等决策。

5）劳动人事方面的决策

它包括劳动人事计划与组织及调配、副经理级领导人选、用工办法、职工培训等决策。

（5）决策的步骤

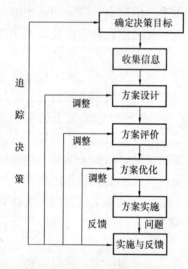

图 5-7 决策步骤示意图

决策工作是一项动态的完整过程，而不是一成不变。在各类型的组织中决策过程可分成以下几个步骤（图 5-7）：

1）确定决策目标

明确提出决策所要解决的问题和要达到的经营目的。确定的目标应力求明确具体，责任到人。

2）收集信息

信息是决策的前提条件，需要掌握大量真实可靠的信息，加以归类整理，并作详尽的分析研究，才能作出正确的决策。

3）方案设计

研究并提出为解决问题和实现经营目标的各种可行的方案。

4）方案评价

对各种备选方案进行技术经济论证，在论证的基础上做出综合评价。

5）方案优化

通过对各种方案的分析评价，从可行方案中选出最优方案。

6）决策方案的实施与反馈

做出决策以后，还要抓好决策方案的实施，并以执行的结果来鉴定、检查决策是否正确。根据实际和反馈的情况对决策作出相应的调整或改变。

5.2.2 确定型决策

确定型决策是指研究环境条件确定情况下的决策。这类问题具备如下条件：首先，存在决策人希望达到的一个明确目标（收益较大或损失较小）；其次，只存在一个确定的自然状态；再次，存在着可供决策人选择的两个或两个以上的行动方案；最后，不同的行动方案在确定状态下的益损值（收益或损失）可以计算出来。确定型决策可以单纯运用数学方法进行计算，从而决定最佳决策方案。因此，在决策论中不研究这类问题，一般由运筹学研究。

5.2.3 非确定型决策

非确定型决策是指研究环境条件不能确定情况下的决策。这类决策问题具备如下条件：首先，存在着决策人希望达到的目标；其次，存在两个以上的行动方案供决策人选择，最后只选定一个方案；第三，存在两个以上的不以决策人的主观意志为转移的自然状况；第四，不同的行动方案在不同状态下的相应益损值可以计算出来。

【例 5-3】 某建筑制品厂开发一种新产品，由于没有资料，只能设想出三种方案以及各种方案在市场销路好、一般、差三种情况下的益损值，如表 5-3 所示。每种情况出现的概率不确定，试进行方案决策。

【解】 对于这种非确定型决策，可用冒险准则、保守准则、等概率准则和后悔值准则进行决策，并以益损矩阵表示，如表 5-3 所示。

益损矩阵表　　　　　　　　　　　　　　　　　　　　表 5-3

产品销售情况 益损值(万元)	销路好	销路一般	销路差	决　策　准　则			
				冒险准则	保守准则	等概率准则	后悔值准则
F_1	36	23	−5	36	−5	18	14
F_2	40	22	−8	40	−8	18	17
F_3	21	17	9	21	9	15.67	19
选取方案				F_2	F_3	F_1 或 F_2	F_1

（1）冒险准则

冒险准则又称最大收益值最大准则或大中取大准则。先从各种情况下选出每个方案的最大收益值，然后对各方案进行比较，以收益值最大的方案为选择方案。如上例中选择了收益值为 40 万元的方案 F_2。这种追求利益最大的决策方法，有一定冒险性，只有资金、物资雄厚，即使出现损失对其影响也不大的企业才能采用。

（2）保守准则

保守准则又称最小收益值最大准则或小中取大准则。以各种情况下最小收益值最大的方案作为选定方案。这种准则对未来持保守或悲观的估计，以免可能出现较大的损失。如上例中选取了收益值为 9 万元的方案 F_3。

（3）等概率准则

决策者无法预知每种情况出现的概率，就假定各种情况出现的概率都相等，计算出每一个方案收益值的平均数，选取平均收益值最大的方案。如上例中三种情况出现的概率为1/3，选取平均收益值 18 万元的方案 F_1 或 F_2。这是一种不存侥幸心理的中间型决策准则。

（4）后悔值准则

后悔值准则又称为最小机会损失准则。后悔值是指每种情况下方案中最大收益值与各方案收益值之差。如果决策者选择了某一个方案，但后来事实证明他所选择的方案并非最优方案，他就会少得一定的收益或承受一些损失。于是他后悔把方案选错了，或者感到遗憾。这个因选错方案可得而未得到的收益或遭受的损失叫后悔值或遗憾值。应用时先计算出各方案的最大后悔值，进行比较，以最大后悔值为最小的方案作为最佳方案。如上例中选取后悔值为 14 万元的方案 F_1。后悔值计算表如表 5-4 所示。

后悔值计算表 表 5-4

产品销售情况		销路好	销路一般	销路差	各方案最大后悔值
最理想收益值（万元）		40	23	9	
后悔值（万元）	F_1	40−36＝4	23−23＝0	9−(−5)＝14	14
	F_2	40−40＝0	23−22＝1	9−(−8)＝17	17
	F_3	40−21＝19	23−17＝6	9−9＝0	19
选取方案					F_1

5.2.4 风险型决策

风险型决策也叫统计型决策或随机型决策。它除具备非确定型决策的 4 个条件外，还应具备第 5 个条件，即在几种不同的自然状态中未来究竟将出现哪种自然状态，决策人不能肯定，但是各种自然状态出现的可能性（即概率），决策人可以预先估计或计算出来。这种决策具有一定的风险性，所以称为风险型决策。决策的正确程度与历史资料的占有数量有关，也与决策者的经验、判断能力以及对风险的看法和态度有关。

风险型决策可用最大期望益损值法、最大可能法、决策树法以及敏感度分析法进行决策。

（1）最大期望益损值法

最大期望益损值法是通过计算各行动方案在各种自然状态下的益损值，选其中最大值对应的方案为最优方案。从统计学的角度，这个最大期望值是合理的，该问题重复出现多次，则决策方案优于其他方案。

【例 5-4】 某一项工程，要决定下月是否开工，根据历史资料，下月出现好天气的概率为 0.2，坏天气的概率为 0.8。如遇好天气，开工可得利润 5 万元，遇到坏天气则要损失 1 万元；如不开工，不论什么天气都要付窝工费 1 千元，应如何决策？

【解】 按最大期望益损值法求解。

开工方案：$E(F_1)=0.2\times50000+0.8\times(-10000)=2000$ 元

不开工方案：$E(F_2)=0.2\times(-1000)+0.8\times(-1000)=-1000$ 元

显然是开工方案优于不开工方案，开工可得最大期望值 2000 元。

计算结果列入表 5-5。

最大期望益损值法 表 5-5

益损值（千元）　　决策方案 产品销售情况	好天气 $P(S_1)=0.2$	坏天气 $P(S_2)=0.8$	期望益损值（千元）$E(F)$
开工	50	−10	2.0
不开工	−1.0	−1.0	−1.0

（2）最大可能法

风险型决策还可用最大可能法求解。自然状态的概率越大，表明发生的可能性越大，该法取概率最大自然状态下最大益损值对应的方案为最优方案。

在例 5-4 中，坏天气概率最大，这样就不考虑好天气这个自然状态，在坏天气自然状态下，不开工方案的益损值大于开工方案，所以不开工是最优方案。

最大可能法与最大期望益损值法的决策结果正好相反，这是由于考虑问题的出发点不同，最大可能法以自然状态发生的可能性作为决策的唯一标准，作为一次性决策有其合理性的一面，尤其是在一组自然状态中，其中某一状态出现的概率比其他状态出现的概率大，而它们相应的益损值差别不很大时，这种方法的效果较好。如果在一组自然状态中，它们发生的概率都很小，而且互相很接近，此时再采用这种决策方法，效果就不好，有时甚至会引起严重错误。而对于多次反复的决策问题，采用最大期望益损值法则更为科学合理。

（3）决策树法

决策树法是解决风险型决策的一种主要方法。它是将决策过程中各种可供选择的方案，可能出现的自然状态及其概率和产生的结果，用一个像树枝的图形表示出来，把一个复杂的多层次的决策问题形象化，以便于决策者分析、对比和选择。

1）决策树的绘制方法

①先画一个方框作为出发点，称为决策点。

②从决策点引出若干直线，表示该决策点有若干可供选择的方案，在每条直线上标明方案名称，称为方案分枝。

③在方案分枝的末端画一圆圈，称为自然状态点或机会点。

④从状态点再引出若干直线，表示可能发生的各种自然状态，并标明出现的概率，称为状态分枝或概率分枝。

⑤在概率分枝的末端画一个小三角形，写上各方案上每种自然状态下的收益值或损失值，称为结果点。

这样构成的图形称为决策树。它以方框、圆圈为结点，并用直线把它们连接起来构成树枝状图形，把决策方案、自然状态及其概率益损期望值系统地反映在图上，供决策者选择。

2）决策树法的解题步骤

①列出方案。通过资料的整理和分析，提出决策要解决的问题，针对具体问题列出方案，并绘制成表格。

②根据方案绘制决策树。画决策树的过程，实质上是拟订各种抉择方案的过程，是对未来可能发生的各种事件进行周密思考、预测和预计的过程，是对决策问题一步一步深入探索的过程。决策树按从左到右的顺序绘制。

③计算各方案的期望值。它是按事件出现的概率计算出来的可能得到的益损值，并不是肯定能够得到的益损值，所以叫期望值。计算时从决策树最右端的结果点开始。

$$期望值 = \Sigma（各种自然状态的概率 \times 收益值或损失值）$$

④方案选择即决策。在各决策点上比较各方案的益损期望值，以其中最大者为最佳方案。在被舍弃的方案分枝上画二杠表示剪枝。

【例5-5】某建筑公司拟建一预制构件厂，一个方案是建大厂，需投资300万元，建成后如销路好每年可获利100万元，如销路差，每年要亏损20万元；另一个方案是建小厂，需投资170万元，建成后如销路好每年可获利40万元，如销路差每年可获利30万元。两方案的使用期均为10年，销路好的概率是0.7，销路差的概率是0.3，试用决策树法选择方案。

【解】

（1）按题意列方案（表 5-6）

决策树法选择方案表　　　　　　　　　　　　　　　　　　表 5-6

自然状态	概　率	方案（万元）	
		建大厂	建小厂
销路好	0.7	100	40
销路差	0.3	−20	30

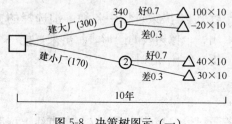

图 5-8　决策树图示（一）

（2）绘制决策树，如图 5-8 所示。

（3）计算期望值并扣除投资后的净收益为：

① 净收益＝[100×0.7＋(−20)×0.3]
　　　　　×10−300＝340 万元

② 净收益＝[40×0.7＋30×0.3]×10
　　　　　−170＝200 万元

（4）方案决策。由于①的益损期望值大于点②的益损期望值，故选用建大厂的方案。

以上这种决策树法是属于单级决策类型。

【例 5-6】　在例 5-5 中，如果我们再考虑一个方案，即先建设小车间，若销路好，则在三年以后再扩建，扩建投资 130 万元，可使用 7 年，每年盈利 85 万元。试用决策树法选择方案。

【解】　这个问题可以分前 3 年和后 7 年两期考虑，属于多级决策类型，如图 5-9 所示。

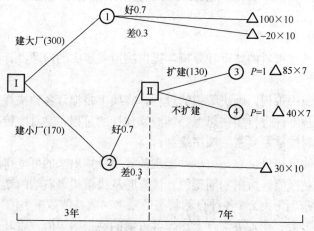

图 5-9　决策树图示（二）

各点益损期望值计算如下：

点①的净收益＝[100×0.7＋(−20)×0.3]× 10−300＝340 万元

点③的净收益＝85×1.0×7−130＝465 万元

点④的净收益＝40×1.0×7＝280 万元

点②的净收益＝465×0.7＋280×0.7＋30×0.3×10−170＝441.5万元

由上计算可知，最合理的方案仍然是建大厂。在本例中，有两个决策点Ⅰ和Ⅱ，在多级决策中，期望值计算先从最小的分枝决策开始，逐级决定取舍到决策能选定为止。

（4）敏感度分析法

在决策过程中，人们对自然状态概率的预测不可能十分准确，概率一旦发生变化，对期望值的计算和方案决策都将产生影响。研究和分析因条件发生变化而引起结果的变化，称为敏感度分析。敏感度分析是在已经求得某个问题的最优解后，研究问题中某个或几个参数允许变化范围多大，才使原最优解的结果保持不变，或者是当参数变化超出一定范围，原最优解已不能保持最优性时，用一种简捷的计算方法重新求得最优解。

敏感度分析本身也是一种决策手段。对敏感度高的因素，决策者应认真对待，要准确确定它们的值，否则可能导致决策的失误。

【例 5-7】 在例 5-4 的开工决策问题中，当自然状态出现的概率有一定幅度的变动时，试计算最大期望益损值，并选择最优方案。

【解】 按最大期望益损值法求解，并进行敏感度分析。

假设好天气 S_1 的概率 $P(S_1)$ 变为 0.1，则坏天气 S_2 的概率 $P(S_2)$ 变为 0.9，此时的最大期望益损值分别为：

开工方案：$E(F_1)=0.1×50.0+0.9×(-10.0)=-4.0$ 千元

不开工方案：$E(F_2)=0.1×(-1.0)+0.9×(-1.0)=-1.0$ 千元

$E(F_2)>E(F_1)$，则不开工方案为最优方案。同样可计算其他概率值时的最大期望益损值，将计算结果列入表 5-7 中。

敏感度分析表　　　　　　　　　　　　　　　　　　　表 5-7

益损值（千元）　　　　$P(S_1)$　$P(S_2)$　决策方案	0.1　0.9	0.15　0.85	0.2　0.8	0.25　0.75
F_1	−4.0	−1.0	2.0	5.0
F_2	−1.0	−1.0	−1.0	−1.0
$\max E(F_i)$	−1.0	−1.0	2.0	5.0
最优方案	F_2	F_1 或 F_2	F_1	F_1

从表 5-7 可以看出，当 $P(S_1)=0.15$，$P(S_2)=0.85$ 时，两个方案的期望益损值相等，可任意选择，此时的概率称为转折概率。若预测概率与转折概率越接近，所选方案越不稳定；若预测概率与转折率相差较远，则最优方案比较稳定。

转折概率的条件是：在这种概率下，不同方案所得期望益损值相等，即：

$$V_{11}×P(S_1)+V_{12}×P(S_2)=V_{21}×P(S_1)+V_{22}×P(S_2) \tag{5-11}$$

$$P(S_2)=1-P(S_1)$$

式中　$P(S_1)$、$P(S_2)$——转折概率；

　　　　V——不同自然状态下各方案对应的益损值。

在例 5-7 中，转折概率计算如下：

$$50×P(S_1)+(-10)×[1-P(S_1)]=(-1.0)×P(S_1)+=(-1.0)×[1-P(S_1)]$$

$$P\left(S_1\right)=0.15,\ P\left(S_2\right)=0.85$$

各种工程建设，如在决策上失误，往往给国家带来很大的经济损失。科学的决策方法可以帮助人们减少失误。而决策是领导者的基本职能，决策必须确定达到的目标，拟定若干个有价值的可行方案，通过对方案的比较和评估，从中选出最优方案付诸实施。

小　　结

预测是对未来发展趋势的预计与推测，决策是从若干可行方案中选择最佳的行动方案，两者都是一种管理行为，同时也是一门实用学科。现将应掌握的主要内容及要点归纳如下：

（1）企业经营预测是指对企业经营活动密切相关的经济现象、经济变量未来发展趋势的预计与推测。它是科学管理的基础，既是企业制定发展规划和进行经营决策的依据，也是正确决策的前提和必要条件。预测分为定性预测和定量预测两种，定性预测有专家预测法和特尔斐法，定量预测有时间序列预测分析法和回归分析法。在时间序列预测分析法中又分有算术平均法、加权平均法、移动平均法和指数平滑法。定性预测和定量预测都各有优点及适用范围，但也都有其不足及局限性。因此，在具体应用的实践中，经常将定性预测和定量预测结合起来，取长补短，互为补充地进行综合预测，以提高预测的可靠性、准确性和全面性。

（2）决策是指企业在经营分析结果的基础上，列出若干个可行方案，再根据自身的有利条件及不利因素进行综合分析判断，从中选择一个最佳的行动方案。企业实现最大经济效益，必须具备科学的组织管理、正确的经营决策和良好的人际关系。其中正确的经营决策是企业经营工作的核心与基础。决策的类型及方法，按时间不同分为长期决策和短期决策；按性质不同分为战略决策和战术决策；按形态不同分为程序化决策和非程序化决策；按确定程度不同分为确定型决策、非确定型决策和风险型决策；按目标数量不同分为单目标决策和多目标决策；按管理层次不同分为最高层决策、中间层决策和基层决策。

（3）确定型决策是研究环境条件为确定情况下的决策。非确定型决策是研究环境条件不能确定情况下的决策。非确定型决策问题具备的条件是：存在希望达到的目标；存在两个以上可供选择的行动方案；存在两个以上不可转移的自然状况和可以计算出不同方案在不同状态下的益损值。对这类决策问题可以采用冒险准则、保守准则、等概率准则和后悔值准则进行决策。风险型决策亦称随机型决策。这类决策问题具有一定的风险性，除具备非确定型决策的 4 个条件外，还应具备在各种自然状态出现的概率是可以预先估计出来的。风险型决策的正确与否，与历史资料的占有量、决策者的判断能力和对风险的认识及态度有关。可用最大期望益损值法、最大可能法、决策树法和敏感度分析法进行决策。

通过本章的学习，除了解预测与决策的基本概念、基本知识外，应重点掌握经营预测与决策的基本方法。其中定量预测方法和风险型决策方法是学习的重点与难点。

复习思考题

1. 什么是预测？什么是经营预测？经营预测如何分类？
2. 特尔斐法的主要程序是什么？它与专家预测法相比有哪些优点？

3. 若某地区1987～1996年房屋竣工建筑面积如表5-8所示，试用时间序列预测法（包括简单平均法、移动平均法、指数平滑法）和直线回归分析法预测1997年房屋竣工建筑面积。

某地区1987～1996年房屋竣工建筑面积　　　　　　　　　　　　　表5-8

年　份	1987	1988	1989	1990	1991	1992	1993	1994	1995	1996
房屋竣工建筑面积(万m²)	45.2	76.3	88.9	130.1	114.6	128.0	149.6	1153.7	2000.4	1900.2

4. 什么是决策？什么是经营决策？决策如何分类？

5. 确定型决策、非确定型决策和风险型决策问题各应具备什么条件？

6. 设有F_1、F_2、F_3三种方案，分别代表某种产品的中批量、大批量和小批量生产。可能遇到的自然状态为S_1、S_2、S_3，分别代表产品需求量高、中、少三种自然状态。各种方案在自然状态下的益损值如表5-9所示，而每种情况出现的概率并不知道，试分别用冒险准则、保守准则、概率准则和后悔值准则进行决策。

某产品生产方案及益损值　　　　　　　　　　　　　　　　　　表5-9

益损值（万元）　　决策方案	S_1（需求量高）	S_2（需求量中）	S_3（需求量少）
F_1（中批量）	46	60	30
F_2（大批量）	70	−10	−16
F_3（小批量）	35	27	34

7. 某厂生产某种新产品有两个方案：方案Ⅰ是建一个规模大的车间，需投资500万元；方案Ⅱ是建一个规模小的车间，需投资200万元。两个方案的使用期都是10年，在此期间的自然状态的概率及年度益损值如表5-10所示。

某车间建设规模方案自然状态概率及年度益损值　　　　　　　　表5-10

自然状态	概　率	年度益损值（万元）	
		建大车间	建小车间
销路好	0.7	200	80
销路差	0.3	−50	60

试用最大期望益损值法和决策树法进行方案选择。

8. 对于上题若分前3年和后7年两期考虑，根据市场预测，前3年新产品需求量高的概率为0.7。如果前3年需求量高，则后7年需求量的概率为0.9；如果前3年需求量低，后7年需求量肯定也低。试问在这种情况下，应选择哪一个方案？

9. 在复习思考题8中若再提出方案Ⅲ，先建小车间，如果需求量高，3年后再考虑扩建。扩建需要投资100万元，扩建后可使用7年，每年益损值与建大厂相同。试比较三种方案，用决策树法进行决策。

第6章　建设项目的技术经济评价

建设项目的技术经济评价是根据国家现行会计制度、税收法规、市场价格体系以及行业或地区发展规划的要求，在技术可行性研究的基础上，对拟建项目的经济合理性进行的全面分析、论证和综合评价，为拟建项目的科学决策提供依据。做好建设项目的技术经济评价，可协调处理好宏观规划和项目规划的关系，克服宏观目标增长与资源有限的矛盾，实现资源的优化配置，提高投资决策水平和经济效益。

6.1　财　务　评　价

6.1.1　财务评价概述

（1）财务评价的概念

财务评价是指对企业财务活动过程和结果的分析与评价，它是以财务工作的计划和实际数据为主要依据，结合企业生产经营活动的情况，针对财务活动运行的实际，运用分析与评价的方法总结财务计划的完成情况，并分析原因，研究问题，挖掘企业潜力，提出改进措施的一项重要的财务管理活动。广义的财务评价包括对财务报表和各种财务决策的评价，狭义的财务评价则仅指对财务报表资料进行的评价。财务评价首先是针对初步设定的建设方案，在完成投资估算并初步设定融资方案的基础上进行，财务分析结果还可以反馈到建设方案设计中，优化并完善建设方案设计。在具体操作程序上，财务分析、投资估算和融资方案的初步确定均有一定的交叉。

财务评价是一项非常严密的系统工作，遵照财务评价的基本原则和步骤，在一定的方法体系下，预测项目的财务效益与费用，编制财务报表，计算评价指标，进行财务盈利能力和偿债能力分析，考察拟建项目的获利能力和偿债能力等财务状况，据以判断建设项目的财务可行性。

（2）财务评价的作用

财务评价是建设项目财务管理工作中的一项不可忽视的重要工作，企业应定期对过去和现在的财务状况及其发展趋势进行评价，系统反馈有用的财务信息，为企业的经营决策提供重要的依据。开展财务评价对业主的投资决策、金融机构提供贷款和上级主管部门的审批都具有十分重要的作用。

1）财务评价是企业进行项目评估与决策的重要依据

通过对财务计划和实际数据的分析和评价，可为财务计划的编制和调整提供依据，也可了解各项财务计划和财务指标的完成情况。通过对财务指标的差异因素分析，可以及时发现问题，采取措施，保证计划任务的顺利完成。同时也可以总结经验，检查企业对国家制定的各种经济法规、法令和制度的执行情况，以及向投资者、债权人、银行、财税部门等单位提供他们所需要的有关信息数据，以掌握企业财务活动的规律性，不断改进财务管理工作，提高企业的经济效益。

2）财务评价是金融机构确定是否给予贷款的重要依据

建设项目的贷款具有数额大、周期长、风险大等特点，通过财务评价，金融机构可以科学地分析业主贷款的偿还能力，并据此决定是否给予贷款。

3）财务评价是有关部门审批拟建项目的重要依据

企业的财务效益直接影响企业的生存与发展，也会影响国家的财政收入，企业在投资项目上所产生的损失最终可能会通过补贴、核销等形式转嫁给国家。所以财务评价是国家有关部门在进行审批时应重点考虑的因素。

4）财务评价是中外双方谈判和平等协作的重要依据

项目的财务可行性是中外双方合作的基础，对中外合资项目的外方合营者而言，财务评价是做出项目决策的唯一依据；就中方合营者而言，则要根据审批机关的要求进行国民经济评价。

（3）财务评价的基本原则

为保证财务评价的客观性和有效性，准确、及时和可靠地反映项目建成后的实际效果，建设项目的财务评价应遵循如下原则：

1）企业微观利益与国民经济宏观利益协调一致的原则

财务评价必须符合国家的国民经济发展规划及产业政策，符合经济建设的方针、政策及有关法规，以使企业微观利益与国民经济宏观利益协调一致。

2）费用与效益识别的标准及计算范围的一致性原则

财务评价中应当准确划分并计算增量效益和费用，排除其他原因所产生的效益，避免效益被高估或低算，体现投资净效益，从而得到投入的真实回报，以保证费用与效益识别的标准及计算范围的一致性。

3）动态分析与静态分析相结合，以动态分析为主的原则

财务评价应根据资金时间价值原理，考虑整个计算期内各年的效益和费用，采用现金流量分析的方法，计算内部收益率和净现值等评价指标，而其重点是以动态分析为主的基本原则。

4）基础数据确定中的稳妥原则

财务评价必须建立在项目技术可行的基础上，避免乐观估计所带来的风险，提供可靠的评价结果，否则评价的结论将不真实。因此，必须保证基础数据确定中的准确稳妥。

（4）财务评价的步骤

为保证企业财务评价的有效进行，必须遵循科学管理的程序。一般来说，财务评价由以下几个步骤组成：

1）提出课题，明确目标

企业的经济范畴较广，不同信息需求者对财务信息的侧重点不同，其财务评价的内容也存在着差异。因此，进行财务评价，首先应明确提出我们需要评价的对象和要求各是什么，这是企业财务评价的出发点和归宿。只有明确目标，才能进一步搜集企业财务数据，选择企业财务评价的合理方法，结合相关数据进行财务评价。

2）搜集资料，了解情况

评价课题与动机的差异，其依据的资料也就有所不同。要进行准确的财务评价，必须

分析企业的财务报告数据，另一方面也需要搜集诸如宏观、中观、微观方面的经济资料。宏观方面的资料主要包括国家的有关法令政策，国民经济所处的经济周期、经济增长率、通货膨胀率等；中观方面的数据主要包括企业所在行业或部门的经济状况，例如本行业的生产特点、主要经济指标、技术进步等因素；微观方面的数据主要包括企业本身的相关资料，例如企业的财务报告及其有关的经济核算资料，包括总投资、资金的筹措方案、财务资料的预测与估算等。

3）选择企业财务评价的方法

企业财务评价的方法必须服从于企业的财务评价目的。企业应根据不同的企业财务评价目的，选择适合的财务评价方法。例如：对企业未来发展趋势进行评价，通常采用趋势评价法；对企业的流动性进行评价，通常采用比率评价法；对计划执行情况进行评价，通常采用比较评价法。

4）计算指标，进行不确定性分析

根据已知财务数据计算各种财务评价指标，其中包括反映项目盈利能力和清偿能力的指标，在进行企业财务评价时，通常涉及许多复杂的计算。例如：在进行计划执行情况的分析时，需要依次替换各因素之间的差距；在进行未来发展趋势的预测分析时，需要在指标计算的基础上，剔除其中隐含的非正常因素，从而对未来发展趋势做出合理的判断。

5）撰写报告，得出结论

企业财务评价的最终目的是为企业财务信息的使用者或关联方的经济决策提供依据，这就需要将前面所提及的分析过程、分析方法、分析结果形成书面文字，最终从财务角度做出项目是否可行的结论，提供给信息使用者。

6.1.2　财务评价的价格体系

（1）财务评价中的价格体系

财务评价涉及的价格体系有基价体系、时价体系和实价体系。因此也涉及以下 3 种价格，即基价、时价和实价。

1）基价

基价是指以基年价格水平表示的，不考虑其后价格变动的价格，也称固定价格。如果采用基价，项目计算期内各年份价格都是相同的，就形成了财务评价的固定价格体系。一般选择评价工作进行的年份为基年，也有选择预计的开始建设年份的。假定某项目建设在 2010 年始建，其货物 A 在 2010 年的价格为 100 元，即其基价为 100 元，2010 年为基年。基价是确定项目涉及的各种货物预测价格的基础，也是估算建设投资的基础。

2）时价

时价是指任何时候的当时市场价格。它包含了相对价格变动和绝对价格变动的影响，以当时的价格水平表示。以基价为基础，按照预计的各种货物的不同价格上涨率（可称为时价上涨率），即可求出它们在计算期内任何一年的时价。假定货物 A 的时价上涨率为 2%，在 2010 年基价 100 元的基础上，2011 年的时价应为 $[100 \times (1+2\%)]$，即 102 元。

3）实价

实价是以基年价格水平表示的，它只反映相对价格变动因素影响的价格。可以从时价中扣除通货膨胀因素影响来求得实价。若通货膨胀率为 3.5714%，则 2011 年货物 A 的实价为 $[102/(1+3.5714\%)]$，即 98.5 元。这说明，虽然看起来 2011 年 A 的价格比 2010

年上涨了 2%，但扣除通货膨胀影响后，货物 A 的实际价格反而比 2010 年降低了，这有可能是由于某种原因使得相对价格发生了变动。如果把实际价格的变化率称为实价上涨率，那么货物 A 的实价上涨率为：$[(1+2\%)/(1+3.5714\%)]-1=-1.5\%$

只有当时价上涨率大于通货膨胀率时，该货物的实价上涨率才会大于 0，此时说明该货物价格上涨超过物价总水平的上涨。如果货物间的相对价格保持不变，即实价上涨率为 0，那么实价值就等于基价值，同时意味着各种货物的时价上涨率相同，即各种货物的时价上涨率等于通货膨胀率。

（2）财务分析的取价

1）财务分析应采用预测价格

财务分析基于对拟建项目未来数年或更长年份的效益与费用的估算，而无论投入还是产出的未来价格都可能发生变化。为了合理反映项目的财务和效益状况，财务分析应采用预测价格。该预测价格应是在选定的基年价格基础上，一般选择评价当年的基年，至于采用上述何种价格体系，要视具体情况决定。

2）现金流量分析应采用实价体系

采用实价计算净现值和内部收益率进行现金流量分析是国际上比较通行的做法，这便于投资者考察实际盈利能力。因为实价排除了通货膨胀因素的影响，消除了因通货膨胀或物价总水平上涨带来的虚假利润，能够相对真实地反映投资的盈利能力，为投资决策提供较为可靠的依据。如果采用含通货膨胀因素的时价进行盈利能力分析，特别是当对投入和产出采用同一时价上涨率时，就有可能使未来收益大大增加，夸大项目的盈利能力。

3）偿债能力分析应采用时价体系

用时价进行财务预测，编制损益表、资金来源与运用表及资产负债表，有利于描述项目计算期内各年当时的财务状况，相对合理地进行偿债能力分析，这也是国际上比较通行的做法。

为了满足实际投资的需要，在投资估算中必须包含通货膨胀因素引起投资增长的部分，一般通过计算涨价预备费来体现。同样，在融资计划中也应包括这部分费用，在投入运营后的还款计划中自然包括该部分费用的偿还。因此，只有采用既包括了相对价格变化，又包含通货膨胀因素影响在内的时价价值表示的投资费用、融资数额进行计算，才能真实反映项目的偿债能力。

4）财务分析中采用价格体系的简化

在实践中，并不要求对所有项目或在所有情况下，都必须全部采用上述价格体系进行财务评价，多数情况下都允许根据具体情况进行以下的价格体系简化：

①一般在建设期间既要考虑通货膨胀因素，又要考虑相对价格变化，包括对投资费用的估算和对经营期投入产出价格的预测。

②项目经营期内，一般情况下盈利能力分析和偿债能力分析可以采用同一套价格，即预测到经营期的价格。

③项目经营期内，可根据项目和产出的具体情况，选用固定价格（项目经营期内各年价格不变）或考虑相对价格变化的变动价格（经营期内各年价格不同，或某些年份价格不同）。

④当有特别要求或在通货膨胀严重时，项目偿债能力分析可采用时价价格体系。

5）财务分析采用的价格是否包含增值税的处理

①增值税的征收实行价税分离，在发生销售产品或提供劳务时，单独开具增值税专用发票。

②会计制度规定，企业财务报表中的成本费用和业务收入都是以不含增值税的价格表示的。对于在财务分析的表格中采用含税价格还是不含税价格，历年多有争论。一般来说，表格是按含税价格编制的，应按照增值税条例规定的方法计算增值税，但只要处理和计算得当，采用的价格是否含税，一般不会对项目效益的计算产生影响，对利润的计算也不会受到影响。

③财务评价所用的价格可以是含增值税的价格，也可以是不含增值税的价格，但需要在报告中予以说明。

6.1.3 财务评价的报表

财务评价是项目经济评价的重要组成部分，它是在国家现行财税制度和价格体系基础上，对项目进行的财务效益分析，考察项目的盈利能力、清偿能力、外汇平衡等财务状况。财务评价应根据所得到的基本财务数据，编制以下基本财务报表。

（1）现金流量表

现金流量表是反映项目在建设和生产经营整个计算期内各年的现金流入和流出，进行资金的时间因素折现计算的报表。根据该报表可计算财务内部收益率、财务净现值和投资回收期等指标。应分别按全部投资、自有资金和国内投资编制财务现金流量表，并计算相应指标。

1）全部投资的现金流量表

全部投资的现金流量表，反映项目设定全部投资均使用自有资金的盈利状况，当全部投资财务内部收益率大于或等于基准收益率或综合贷款利率时，表示该项目值得进一步研究。

全部投资的现金流量表是以全部投资为编制基础，用来计算全部投资所得税前及所得税后的财务内部收益率、财务净现值及投资回收期等评价指标，如表6-1所示。在编制报表时，现金流入和现金流出的有关数据可依据"固定资产投资估算表"、"流动资金估算表"、"投资计划与资金筹措表"、"总成本费用估算表"、"产品销售收入和销售税金及附加估算表"等报表填列。

全部投资现金流量表（万元）　　　　　　　　　　　　　　　　　　表6-1

序号	项目 \ 时期	建设期		投产期		达到设计能力生产期				合计
		1	2	3	4	5	6	...	n	
	生产负荷（%）									
1	现金流入									
1.1	产品销售收入									
1.2	回收固定资产余值									
1.3	回收流动资金									
1.4	流入小计									

序号	项目 \ 时期	建设期		投产期		达到设计能力生产期				合计
		1	2	3	4	5	6	…	n	
2	现金流出									
2.1	固定资产投资									
2.2	流动资金									
2.3	经营成本									
2.4	销售税金及附加									
2.5	所得税									
2.6	特种基金									
2.7	流出合计									
3	净现金流量（1.4－2.7）									
4	累计净现金流量									
5	所得税前净现金流量（3＋2.5）									
6	所得税前累计净现金流量									

所得税前　　　　　　　　　　　所得税后

计算指标：财务内部收益率（%）
　　　　　财务净现值
　　　　　投资回收期

注：1. 经营成本中不包括折旧、摊销费和流动资金利息；

　　2. 根据需要可在现金流入和流出栏中增减项目；

　　3. 生产期发生的更新改造投资作为费用流量单独列项或列入固定资产投资项中。

2）自有资金的现金流量表

自有资金是指项目投资者（业主）现有资金的出资额。自有资金的现金流量表是指站在项目投资主体角度考察项目的现金流入与流出情况，建设项目的投资借款是现金流入，但同时将借款用于项目投资则构成同一时间点、相同数额的现金流出，二者相抵对项目净现金流量的计算无影响，如表6-2所示。故表中的投资只列出自有资金。另一方面现金流入是因项目全部投资所获得，故应将贷款本金偿还及利息支付计入现金流出。

自有资金的现金流量表与全部投资的现金流量表的现金流入项目相同，现金流出项目不同。在编制该表时，现金流入和现金流出的有关数据可依据"投资计划与资金筹措表"、"总成本费用估算表"、"产品销售收入和销售税金及附加估算表"、"损益表"等报表填列。

自有资金现金流量表（万元）　　　　　　　　　　　表6-2

序号	项目 \ 时期	建设期		投产期		达到设计能力生产期				合计
		1	2	3	4	5	6	…	n	
	生产负荷（%）									
1	现金流入									
1.1	产品销售收入									

序号	项目　　　　　　　　　　时期	建设期		投产期		达到设计能力生产期				合计
		1	2	3	4	5	6	...	n	
1.2	回收固定资产余值									
1.3	回收流动资金									
1.4	流入小计									
2	现金流出									
2.1	自有资金									
2.2	流动资金									
2.3	借款本金偿还									
2.4	借款利息支付									
2.5	销售税金及附加									
2.6	所得税									
2.7	特种基金									
2.8	流出合计									
3	净现金流量（1.4－2.8）									

计算指标：财务内部收益率（%）
　　　　　财务净现值

注：1. 同表 6-1 的注；

　　2. 国外资金现金流量表可根据它们与全部资金现金流量表之间的差异进行调整后列示。

（2）损益表

损益表是反映项目计算期内各年的利润总额、所得税及税后利润的分配情况，用以计算投资利润率、投资利税率和资本金利润率等静态投资收益率指标的报表如表 6-3 所示。它是进行项目盈利能力分析的一种重要报表。

在填制该表时，产品销售收入和税金及附加主要依据"产品销售收入和销售税金及附加估算表"填列，总成本费用主要依据"总成本费用估算表"报表填列，所得税按利润总额的一定比例计算，税后利润的分配按国家税收政策的有关法规进行。

损益表（万元）　　　　　　　　　　　　　　　　表 6-3

序号	项目　　　　　　　　　　时期	建设期		投产期		达到设计能力生产期				合计
		1	2	3	4	5	6	...	n	
	生产负荷（%）									
1	产品销售（营业）收入									
2	产品销售税金及附加									
3	总成本费用									
4	利润总额（1－2－3）									
5	所得税									
6	税后利润（4－5）									

续表

序号	项目　　　　時期	建设期		投产期		达到设计能力生产期				合计
		1	2	3	4	5	6	…	n	
7	特种基金									
8	可供分配的利润（6－7）									
8.1	盈余公积金									
8.2	应付利润									
8.3	未分配利润									
	累计未分配利润									

注：利润总额应根据国家规定先调整为应纳税所得额（如减免所得税、弥补上年度亏损等），再计算所得税。

利润总额＝产品销售（营业）收入－产品销售税金及附加－总成本费用 　　　　　　(6-1)

所得税＝应纳税所得额×所得税税率 　　　　　　(6-2)

税后利润＝利润总额－所得税＝可供分配的利润＝盈余公积金＋应付利润＋未分配利润 　(6-3)

（3）资金来源与运用表

资金来源与运用表是综合反映项目的建设资金筹集及使用、销售收入、税金缴纳、利润分配及资金余缺等情况，分析获利能力和财务可行性，并为选择资金筹措方案和编制资产负债表提供数据，如表 6-4 所示。

该表可分为资金来源、资金运用和盈余资金 3 部分，其盈余资金是资金来源和资金运用的差额。在编制该表时，计算项目在计算期内各年的资金来源与资金运用，并求其差额，通过差额就可以反映在计算期内各年的资金盈余或短缺情况。

资金来源与运用表（万元）　　　　　　表 6-4

序号	项目　　　　時期	建设期		投产期		达到设计能力生产期				合计
		1	2	3	4	5	6	…	n	
	生产负荷（%）									
1	资金来源									
1.1	利润总额									
1.2	折旧费									
1.3	摊销费									
1.4	长期借款									
1.5	流动资金借款									
1.6	其他短期借款									
1.7	自有资金									
1.8	其他费用									
1.9	回收固定资产余值									
1.10	回收流动资金									
2	资金运用									
2.1	固定资产投资									
2.2	建设期利息									

序号	时期\n项目	建设期		投产期		达到设计能力生产期				合计
		1	2	3	4	5	6	…	n	
2.3	流动资金									
2.4	所得税									
2.5	应付利润									
2.6	长期借款本金偿还									
2.7	流动资金借款本金偿还									
2.8	其他短期借款本金偿还									
3	盈余资金									
4	累计盈余资金									

注：为了便于编制资产负债表，将第 n 年的固定资产余值、流动资金本金偿还填在上年余值栏内。

（4）外汇平衡表

外汇平衡表是反映项目计划期的外汇平衡能力的报表，如表 6-5 所示。利用外汇平衡表可以计算财务外汇净现值、财务换汇成本和节汇成本，进行该项目的外汇效益分析。也可以由表中的"外汇余缺"项直接反映项目计算期内各年外汇余缺程度，进行外汇平衡分析。对外汇不能平衡的项目，即外汇余缺出现负值的项目应根据其外汇的短缺程度，提出切实可行的具体解决方案。

外汇平衡表（万元）　　　　　　　　　　　　　表 6-5

序号	时期\n项目	建设期		投产期		达到设计能力生产期				合计
		1	2	3	4	5	6	…	n	
	生产负荷（%）									
1	外汇来源									
1.1	产品销售外汇收入									
1.2	外汇借款									
1.3	其他外汇收入									
2	外汇运用									
2.1	固定资产投资中外汇支出									
2.2	进口原材料									
2.3	进口零部件									
2.4	技术转让费									
2.5	偿付外汇借款本息									
2.6	其他外汇支出									
2.7	外汇余缺									

注：1. 其他外汇收入包括自筹外汇；

　　2. 技术转让费是指生产期支付的技术转让费；

　　3. 表中的"外汇余缺"项可由表中其他各项数据按照外汇来源和外汇运用的等式直接推算。其他各项数据分别来自于与收入、投资资金筹措、成本费用、借款偿还等相关的估算报表或估算资料。

（5）资产负债表

资产负债表是综合反映项目各年末的资产、负债和资本的增减变化情况及相互间的对应关系，以检查企业资产、负债和资本结构是否合理，是否有较强的还债能力，据以计算资产负债率、流动比率及速动比率的报表，如表6-6所示。资产负债表的主体结构包括3大部分：即资产、负债和所有者权益。这3部分的关系是：资产＝负债＋所有者权益。

资产负债表（万元）

表6-6

序号	项目 时期	建设期		投产期		达到设计能力生产期				合计
		1	2	3	4	5	6	...	n	
1	资产									
1.1	流动资产总额									
1.1.1	应收账款									
1.1.2	存货									
1.1.3	现金									
1.1.4	累计盈余资金									
1.2	在建工程									
1.3	固定资产净值									
1.4	无形及递延资产									
2	负债及所有者权益									
2.1	流动负债总额									
2.1.1	应付账款									
2.1.2	流动资金借款									
2.1.3	其他短期借款									
2.2	长期借款									
2.3	负债小计									
2.3.1	所有者权益									
2.3.2	资本金									
2.3.3	资本公积金									
2.3.4	累计盈余公积金									
	累计未分配利润									

计算指标：资产负债率（%）
　　　　　流动比率（%）
　　　　　速动比率（%）

6.1.4　财务评价的参数

财务评价的参数包括判断项目盈利能力的基准收益率、总投资收益率、权益资本净利润率，以及判断项目偿债能力的利息备付率、偿债备付率、资产负债率、流动比率、速动比率等。但财务评价中最重要的参数是判别内部收益率是否满足要求的基准收益率，也可称基准收益率为最低可接受收益率，同时它也是计算净现值的折现率。

在财务分析中；对政府投资项目的财务分析参数，以考察项目全部投资税前收益为主，主要采用行业测算法和专家调查法，确定其行业财务基准收益率。对于其他各类投资主体的投资项目的财务分析参数，可以考察权益投资税后收益为主，主要采用资本资产定价法、总风险定价法、典型项目调查法、历史资料统计分析法及德尔菲法，确定其行业财务基准收益率。

（1）基础数据的范围和作用

基础数据可分为两类。一类是计算用数据，又可分为初级数据和派生数据。初级数据是通过调查研究、分析、预测确定的数据或相关专业人员提供的费用成本、销售（营业）收入、销售与附加、增值税等，这是财务分析时计算用的初级数据。通过初级数据计算出来的数据称为派生数据。另一类是判别用参数，或称基准参数。用于判别项目效益是否满足要求。

（2）项目计算期的分析与确定

项目计算期是财务评价的重要参数，是指项目进行经济评价应延续的年限，包括建设期和生产期。评价用的建设期是指项目资金正式投入至项目建成投产止所需要的时间。其确定期限如下：

①对于一期、二期连续建设的项目，滚动发展的总体项目等应结合项目的具体情况确定评价用的建设期；

②评价用的生产期应根据多种因素综合确定；

③对于中外合资项目还要考虑合资双方商定的合资年限。

（3）基准参数的选取

财务评价中最重要的基准参数是判别内部收益率是否满足要求的基准参数，也可称之为财务基准收益率或最低可接受收益率，当收益低于这个水平时应不予投资。基准收益率是投资者对投资收益率的最低期望值。它不仅取决于资金来源的构成，而且取决于项目未来风险的大小和通货膨胀的高低，其具体的影响因素有加权平均资本成本率、投资的机会成本率、风险贴补率和通货膨胀率等4个。若从现金流量的角度分析，不同角度的现金流量所选取的判别基准可能是不同的。在选取中应注意以下几点：

1）判别基准的确定要与所采用的价格体系相协调

判别基准的确定要与所采用的价格体系相协调是指采用的价格是否包含通货膨胀因素的问题。如果计算期内考虑通货膨胀，并采用时价计算内部收益率，则确定判别基准也应考虑通货膨胀因素，反之亦然。

2）项目财务内部收益率的判别基准

对于项目财务内部收益率来说，其判别基准可采用行业或专业（总）公司统一发布执行的财务基准收益率，或由评价者自行设定。设定时常考虑一些因素，有行业边际收益率、银行贷款利率、资本金的资金成本等。近年来，采用项目加权平均资金成本为基础来确定财务基准收益率的做法已被越来越多的人们所接受。

3）资本金内部收益率的判别基准

对于资本金内部收益率来说，其判别基准应为最低可接受收益率。它的确定主要取决于当时的资本收益水平，以及资本金所有者对权益资金收益的要求。如涉及资金机会成本时，还与投资者对风险的态度有关。最低可接受收益率最好按该项目所有资本金投资者对权益资金的综合要求选取。资本金投资者没有明确要求的，可采用社会平均（理论上应为边际）或行业平均的权益资金收益水平。

4）投资各方内部收益率的判别基准

投资各方内部收益率的判别基准为投资各方对投资收益水平的最低期望值，也可称为最低可接受收益率。它只能由各投资者自行确定。因为不同投资的决策理念、资本实力和风险承受能力有很大差异，对不同项目有不同的收益水平要求。

6.1.5 财务盈利能力和偿债能力的评价

（1）财务盈利能力评价及评价标准

所谓财务盈利能力评价就是分析和评价企业赚取利润的能力，判断和考察企业盈利能力的强弱。财务盈利能力评价主要通过对企业一系列的获利水平指标的分析、比较来完成。反映企业盈利能力评价的财务指标主要有：主营业务利润率、成本费用利润率、总资产报酬率、净资产收益率、社会贡献率和社会积累率。

1）主营业务利润率

主营业务利润率是指企业一定时期内的主营业务利润与主营业务收入的比率，该指标表明企业主营业务利润的增长情况，反映了企业主营业务的获利能力，是评价企业经济效益的主要指标。主营业务利润率越高，表明企业主营业务市场竞争力越强，发展潜力越大，获利水平越高。其计算公式如式（6-4）所示：

$$主营业务利润率＝主营业务利润/主营业务收入净额×100\% \tag{6-4}$$

2）成本费用利润率

成本费用利润率是指企业一定时期内的利润总额与企业成本费用总额的比率。它表明企业为取得利润而付出的代价，从企业支出方面补充企业的收益能力。成本费用利润率越高，表明企业为取得利润而付出的代价越小，企业成本费用控制得越好，企业的获利能力就越强。其计算公式如式（6-5）所示：

$$成本费用利润率＝利润总额/成本费用×100\% \tag{6-5}$$

3）总资产报酬率

总资产报酬率是指企业一定时期内获得的报酬总额与平均资产总额的比率。它是反映企业资产综合利用效果的指标，也是衡量企业利用债权人和所有者权益总额所取得盈利的重要指标。总资产报酬率越高，表明企业的资产利用效果越好，整个企业的盈利能力越强，经营管理水平也越高。其计算公式如式（6-6）所示：

$$总资产报酬率＝（利润总额＋利息支出）/平均资产总额×100\% \tag{6-6}$$

4）净资产收益率

净资产收益率是企业一定时期内的净收益与平均净资产的比率。它是反映自有资金投资收益水平的指标，它是评价企业盈利能力指标中的核心，也是整个财务评价指标体系中的核心。该指标通用性强，适用范围广，不受行业局限。通过该指标的综合对比分析，可以看出企业获利能力在同行业中所处的地位，以及与同类企业的差异水平。一般认为，企业净资产收益率越高，企业自有资本获取收益的能力也就越强，运营效益就越好，对企业投资人、债权人的保证程度也就越大。其计算公式如式（6-7）所示：

$$净资产收益率＝净利润/平均净资产×100\% \tag{6-7}$$

5）社会贡献率

社会贡献率是指企业的社会贡献总额与平均资产总额的比率。其中，企业社会贡献总额包括：工资、劳保、退休统筹及其他社会福利支出、利息支出净额、应交或已交的各项税款附加及福利等。社会贡献率越高，表明企业占用社会经济资源所产生的社会经济效益也就越大。其计算公式如式（6-8）所示：

$$社会贡献率＝企业社会贡献总额/平均资产总额×100\% \tag{6-8}$$

6）社会积累率

社会积累率是指企业上交国家的财政总额与企业社会贡献总额的比率。社会积累率越高，表明企业为国家所做的贡献也就越大。其计算公式如式（6-9）所示：

$$社会积累率＝上缴国家的财政总额/企业社会贡献总额×100\% \tag{6-9}$$

（2）财务偿债能力的评价及评价标准

财务偿债能力的评价是指通过对企业变现能力和债权物质保障程度的分析与研究，观察和判断企业偿还到期债务能力的强弱。进行偿债能力评价，可为债权资源所有者了解企业的变现能力和债权的物质保障程度提供财务信息，同时也可以为企业经营者了解和掌握企业举债的适当程度和筹资的风险程度提供财务信息。按照偿债期限的长短，企业偿债能力评价可以分为短期偿债能力和长期偿债能力评价两类。

1）短期偿债能力的评价及评价标准

短期偿债能力是指企业流动资产对流动负债及时足额偿还的保证程度，是衡量企业流动资产变现能力的重要标志。一般来说，流动负债应以流动资产来偿还。评价企业的短期偿债能力的指标主要有流动比率、速动比率和现金流动负债比率三项。而流动比率和速动比率指标的原理与计算公式在前面的章节中已做介绍，这里只对现金流动负债比率的评价指标进行分析。现金流动负债比率是企业经营现金净流量与流动负债的比率。其计算公式如式（6-10）所示：

$$现金流动负债比率＝经营现金净流量/流动负债×100\% \tag{6-10}$$

一般情况下，该比率越高，表明企业收入质量越高或应收账款回收速度越快，短期偿债能力也就越强。但如果现金流动负债比率过高，可能表明企业的信用政策过严，从而影响企业的主营业务收入，进而影响企业的获利能力。

2）长期偿债能力的评价及评价标准

长期偿债能力是指企业偿还债务期限在一年以上，或超过一年的一个营业周期以上的债务偿还能力。评价企业长期偿债能力的指标主要有资产负债率、产权比率、已获利息倍数和长期资产适合率四项。资产负债率指标的原理与计算公式在前面章节中已做介绍，这里只对产权比率、已获利息倍数和长期资产适合率 3 项评价指标进行分析。

①产权比率

即资本负债比率或负债权益比率，是指负债总额与所有者权益总额的比率，是企业财务结构稳健与否的重要标志，是以所有者权益对长期权利的保障程度来评价企业长期偿债能力的重要财务指标。其计算公式如式（6-11）所示：

$$产权比率＝负债总额/所有者权益总额×100\% \tag{6-11}$$

产权比率反映企业基本财务结构是否稳定，也反映债权人投入的资本受到所有者权益保障的程度，或是企业清算时对债权人利益的保障程度。这一比率越小，表明权益对债权的保障程度越高，反之，则说明保障程度越小。一般情况下，产权比率保持在 $40\%\sim100\%$ 为宜。因为在此区间，权益对债权的保障程度较高，债权资金风险较小，经营者筹资的综合资金成本率也较低。

②已获利息倍数

它是指息税前利润加利息费用与利息费用的比率，是反映企业息税前利润为需要支付利息费用的倍数。其计算公式如式（6-12）所示：

$$已获利息倍数＝\frac{税前利润＋利息费用}{利息费用}×100\% \tag{6-12}$$

式中，税前利润是指所得税前的利润总额，资料取自于企业的损益表。

利息费用＝长期负债×长期负债年利息率，长期负债的资料取自于资产负债表中的长期负债合计，长期负债年利息率可查企业的账面记载。

一般来说，已获利息倍数至少应等于 1。具体来说，这一比率越大，说明企业支付利息费用的能力越大。因此，长期债权人在判定企业长期偿债能力时，除了依据企业合理的资产负债率和产权比率，以求得企业较稳定的物质保障程度外，还必须考察企业的已获利息倍数，评价企业的长期投资的获利程度，以求提高收回利息和本金的保障程度。

③长期资产适合率

它是企业所有者权益与长期负债之和与固定资产与长期投资之和的比率。该比率从企业资源配置结构方面反映了企业的偿债能力。其计算公式如式（6-13）所示：

$$长期资产适合率＝\frac{所有者权益＋长期负债}{固定资产＋长期投资}×100\% \tag{6-13}$$

从维护企业财务结构稳定和长期安全性角度出发，长期资产适合率的指标应较高一些，但过高又会带来融资成本增加的问题。

6.2 国民经济评价

6.2.1 国民经济评价概述

（1）国民经济评价的概念

国民经济评价又称项目的社会经济评价，它是指按合理配置资源的原则，运用影子价格、影子汇率、社会贴现率、影子工资等工具或通用参数，从国家整体角度考察项目的效益和费用，调整项目的投入物和产出物，分析计算项目对国民经济的贡献，以评价项目经济的合理性。建设项目进行国民经济评价，是从宏观的角度考察项目客观发生的经济效果，以评价和判断项目的可行性。

（2）国民经济评价的作用

通过国民经济评价，可以使有限的社会资源得到合理的配置，实现国民经济的可持续发展。其具体作用体现在以下几个方面：

1）通过国民经济评价，可协调处理好宏观规划与项目规划的关系

　　由于我国目前仍采用投资项目的分级管理办法，既需对国家的重大经济活动进行宏观调控，又需留予地方或企业足够的权限。因此，对项目投资既要做微观性的财务评价，又需做宏观性的国民经济评价，进而协调处理好国家的宏观建设与企业或项目的微观利益之间的关系，以达到协调发展，共同增长的目的。

　　2）通过国民经济评价，可协调解决经济目标与资源有限性之间的矛盾

　　我们在采取切实的措施和手段实现国家、地方或行业的经济增长目标时，必须要消耗资源，而资源的有限性往往又会制约这个宏观经济目标的实现。所以必须进行国民经济评价，优选客观合理的经济项目，合理配置资源，使资源得以有效利用，促进宏观经济的正常增长。

　　3）通过国民经济评价，可优化产业结构

　　国民经济评价方法体系中的影子价格法就是一种使资源得以合理分配的评价方法，它能起到杠杆的作用，间接性地拨动投资的流向。同时根据国家或行业的宏观政策调控，优选出合理的并符合产业结构调整方向的建设项目，进而促使产业结构的优化。对一些国计民生所急需的项目，如国民经济评价合理，而财务评价不可行，则应调整项目的财务条件，使项目在财务上也具可行性。

　　4）通过国民经济评价，可使项目的投资决策更具科学化

　　科学合理的投资决策应能有效地促成适度的投资规模、合理的投资结构和良好的经济效益。国民经济评价可以通过调整社会折现率等指标调控投资规模，通过影子价格、影子工资等鼓励或抑制某些项目的发展。

　　(3) 国民经济评价项目的范围划分

　　根据我国现行的具体作法，国民经济评价项目的范围划分如下：

　　1）需要进行国民经济评价的项目

　　对不能由市场力量自行调节，需有政府行政干预调节的项目，需要进行国民经济评价。其具体项目包括：

　　①国家及地方政府参与投资的项目；

　　②国家给予财政补贴或者减免税费的项目；

　　③主要的基础设施项目，包括铁路、公路、航道整治疏浚等交通基础设施建设项目；

　　④较大的水利水电工程项目；

　　⑤国家控制的战略性资源开发项目；

　　⑥动用社会资源和自然资源较多的大型外商投资项目；

　　⑦主要产出物与投入物的市场价格严重扭曲，不能反映其真实价值的项目。

　　2）既须作财务评价，又必须作国民经济评价的项目

　　其具体项目包括：

　　①对国计民生产生重大影响的项目；

　　②涉及国民经济有关部门的重大工业、交通及技改的项目；

　　③中外合资经营的项目；

　　④涉及产品或原料进出口的项目；

　　⑤产品和原材料的国内价与国际价有较大差额的项目。

　　3）只需作财务评价，不一定作国民经济评价的项目

其具体项目包括：

①投资规模小，产出效益少的项目；

②不涉及产品进口和外汇平衡的项目。

4）先作国民经济评价，后作财务评价的项目

对一些涉及面广的重大基础设施项目，如：地铁、机场、大型桥梁以及特大型工程，都应先从宏观角度进行国民经济评价，确认可行后再作财务评价。

6.2.2 国民经济中的费用与效益

建设项目的国民经济费用是指为进行或完成某项活动或工作而必须投入的经济资源的数量。此处的费用专指国民经济费用，它是指国民经济为项目所付出的代价，包括国家、部门、企业为该项目建设和生产所付出的经济代价。而建设项目的国民经济效益是指项目对国民经济所作的贡献，即由于项目的兴建或投产能为国家提供总的经济效益和社会效益。

进行国民经济评价首要先对项目的费用和效益进行识别和划分，这是国民经济评价的一项主要工作。国民经济费用与效益的识别是从宏观的国家角度进行的，在具体识别国民经济费用与效益时，凡是能给国民经济做出贡献的就是社会效益，而凡是会给国民经济带来损失的就是社会成本即费用。在计算每一个项目的费用和效益时，必须遵循费用与效益在计算范围内相对应的原则，使用"有—无"对比的方法，即将"有"项目（项目实施）与"无"项目（项目不实施）的情况加以对比，以确定其项目费用和效益的存在。对于建设项目来讲，其国民经济评价中的费用与效益识别，主要包括直接费用与直接效益、间接费用与间接效益的识别。

（1）国民经济中的直接费用与直接效益

1）国民经济中的直接费用

直接费用是指国家为满足项目投入而付出的代价，即项目本身所直接消耗的资源并用影子价格计算的经济价值，如人力、财力、自然资源等各种形态的投入所形成项目的建设费用、生产费用、沉没费用等，它反映整个国民经济意义上的真正消耗。

2）国民经济中的直接效益

直接效益是指由项目产出物产生并在项目范围内计算的经济效益。具体表现为：项目产出物满足国内新增加的需求，即国内新增需求的支付意愿；项目产出物替代效益较差的其他厂商的产品或服务时，使被替代厂商减产或停产，从而使国家所用资源得到节省；产出物使国家增加出口或减少进口，外汇收入的增加或支出的减少。

项目直接费用与直接效益的确定分为以下两种情况：

①如果靠增加国内生产的供应量来满足项目的需求，其社会成本（费用）就是增加国内生产所消耗的资源用影子价格计算的价值，其效益就是消费者的支付愿望。

②在国内的总供应量不变的情况下，又可分3种情况：

a. 如果靠增加进口来满足项目的需求，其成本就是所支付的外汇；当产出物增加了出口，其效益就是所获得的外汇收入；

b. 如果本来可出口，但为了项目需求而减少出口量，其成本就是减少的外汇收入；当产出物替代了进口货物，其效益即为节约的外汇；

c. 如果将其他项目的投入物移到拟建项目上，从而使其他项目的效益受损，其成本

就是其他项目为此而减少的收益；当项目产出物替代了原有项目的生产量时，导致其减产或停产，其效益为原有减、停产所向社会释放出来的资源。

国民经济中的直接费用与直接效益的识别与划分，一般在项目财务评价中可得到具体的反映。

（2）国民经济中的间接费用与间接效益

1）国民经济中的间接费用

间接费用是指由项目引起的国民经济的净损失，而在项目的直接费用中未能得到反映的那部分费用，即项目的外部费用，如项目的废气、废水、废渣等引起的环境污染，给其他人员与厂商带来的经济损失，国家为此而支付的费用。具体表现为：项目对自然环境造成的损害和项目产品大量出口从而引起我国这种产品出口价格的下降。

2）国民经济中的间接效益

间接效益是指由项目引起并给国民经济带来的净效益，是属于在直接效益中未能得到反映的那部分效益，如减少污染、改善生活环境、增加就业等。具体表现为：项目使用劳动力，使劳动力熟练化，由没有特别技术的非熟练劳动力经训练而转变为熟练劳动力；技术扩散的效益；城市地下铁道的建设，使沿线房地产的升值等。

国民经济中的间接费用与间接效益的识别与划分，一般在财务评价中不会得到反映。

（3）建设项目的间接费用和间接效益

建设项目的间接费用和间接效益属于外部效果，通常包括以下几个方面：

1）环境影响

环境影响是指水、气、超声、放射性等的污染，临时性或永久性的交通阻塞或航道阻塞，对自然生态造成的破坏。

2）技术扩散效果

技术扩散效果是指技术人员的流动，以及技术在社会上扩散和推广，它使整个社会受益。

3）"上、下游"企业的相邻效果

建设项目的"上、下游"企业是指项目的前道工序或项目投入物的供应者和项目的下道工序或项目产出物的使用者。大多数情况下，项目对"上、下游"企业的相邻效果可以在项目的投入和产出物的影子价格中得到反映，不应再计算间接效果。有些间接影响难于反映在影子价格中，需要作为项目的外部效果计算。

4）乘数效果

乘数效果是指项目的实施使原来闲置的资源得到利用，从而产生一系列的连锁反应，刺激某一地区或全国的经济发展。在对经济落后地区的项目进行国民经济评价时，可能会需要考虑这种乘数效果。但一般情况下，只计算一次相关效果，不连续扩展计算乘数效果。

5）价格影响

价格影响是指有些项目的产品大量出口，从而导致我国此类产品出口价格的下降，减少了国家总体的创汇收益，成为项目的外部费用。如果项目的产品增加了国内市场供应量，导致产品市场价格下降，可以使消费者所购买的产品得到降价的好处，但这种好处一般不应计作项目的间接效益。

（4）计算建设项目外部效果时应注意的问题

①建设项目的外部效果不能重复计算；

②由于建设项目外部效果计算上的困难，有时可采用调整项目范围的办法，将项目的外部效果变为项目内部的影响。

6.2.3 国民间接评价的价格计算方法

在财务评价时，采用的价格是市场价格，市场价格是指实际发生的市场交易价格，而国民经济评价却需要采用影子价格。影子价格一词最早来源于数学规划，它是 20 世纪 30 年代末 40 年代初由荷兰数理经济学家、计量经济学创始人简·丁伯根（Jan Tinbergen）和前苏联数学家及经济学家、诺贝尔经济学奖获得者康特罗维奇分别提出来的，他们从资源的最有效利用角度来定义影子价格。

（1）影子价格的概念

影子价格又称最优计划价格或计算价格，它是一种能反映资源真实价值，促进资源合理应用，为实现一定的经济发展目标而人为确定的效率价格。影子价格反映社会经济处于某种最优状态下的资源稀缺程度和对最终产品的需求情况，这有利于资源的最优配置。

影子价格是国民经济评价中的一个关键因素，也是进行项目国民经济评价的专用价格。影子价格可以保证资源的合理配置，从而使国民经济获得高效率、高速度的发展。如果影子价格失真，则必然导致项目国民经济费用和效益的衡量失真，从而导致错误的投资决策，造成社会的资源浪费。一般来说，我国与其他发展中国家一样，其价格体系往往存在着扭曲的现象，价格既不能准确地反映价值，也不能准确地反映供求状况。因此，依靠现有的价格体系，就不能正确衡量项目的费用与效益，而必须测算和应用影子价格。影子价格从"有无对比"的角度研究确定。

（2）影子价格的计算方法

实际上，影子价格在社会经济的运行中并不实际发生，它仅是一种虚拟的价格，并且难以用数学模型来计算，而需采用某些实用方法来确定。影子价格的计算方法主要有机会成本分析法、消费者支付意愿法、成本分解法、线性对偶解法、市场均衡价格法等。

1）机会成本分析法

机会成本也称机会费用，是建立影子价格的基础。由于资源的利用具有局限性，项目投入物作为一种稀缺资源，投入到了其中某个项目上，就会失去用于别的项目而获得效益的机会，那么，这种投入物使国民经济所付出的代价就是放弃其他使用机会而失去由此获得的最大效益。也就是说，在国民经济评价中，项目占用某种资源的机会成本是指用于项目的这种资源若用于其他最好的替代机会所能获得的效益，机会成本代表了项目占用资源的影子费用，反映资源影子价格的大小。机会成本分析的思想几乎体现在所有影子价格或影子费用的确定中。

2）消费者支付意愿法

消费者支付意愿法是指以消费者意愿为商品或劳务付出的价格，它是影子价格的一种确定方法。消费者支付意愿法与机会成本分析法同属于局部均衡分析法的范畴。在项目产出物投入到国内市场，影响国内市场供应量的情况下，如果产品的市场价格不变，则消费者支付意愿的度量尺度就是市场价格本身，这时产出物的影子价格可取市场价格。如果产品的市场价格下降，则消费者支付意愿等于消费者实际支付加上增加的消费者的剩余。当项目投入物来自国内生产量增加的情况时，其影子费用就是增加生产所消耗资源的价值；

当项目投入物来自挤占对该投入物原用户供应量的情况时，其影子费用等于原用户因此而减少的效益。

3）成本分解法

成本分解法是指确定非外贸货物影子价格的一个重要方法。它是对某种货物的成本进行分解并用影子价格进行调整换算，用以反映货物的经济价值。分解成本是指某种货物的制造生产所需耗费的全部社会资源的价值，包括各种物料投入、人工投入、土地投入、资本投入所应分摊的机会成本费用分解。用成本分解法对某种货物进行成本分解时，原则上应是对边际成本而不是平均成本进行分解。如果缺乏资料，也可分解平均成本。如果是必须用新增投资来增加所需投入物供应的，则应按其全部成本（含可变成本和固定成本）进行分解。

成本分解法分解成本的步骤如下：

①按费用要素列出某种非外贸货物的财务成本、单位货物的固定资产投资额及流动资金，并列出该货物生产厂的建设期限、建设期各年的投资比例。

②剔除上述数据中包括的税金。

③按外贸货物与非外贸货物的定价原则，对外购原材料、燃料和动力等投入物的费用进行调整。其中有些可直接使用给定的影子价格或换算系数，而对重要的外贸货物应自行测算其影子价格，重要的非外贸货物可留待第 2 轮分解。有条件时，也应对投资中某些比例大的费用项目进行调整。

④工资、福利费和其他费用原则上不予调整。

⑤计算单位货物总投资（含固定资产投资和流动资金）的资金回收费用，对折旧和流动资金利息进行调整。

⑥必要时，对上述分解成本中涉及的非外贸货物进行第 2 轮分解。

4）市场均衡价格法

理论上可以证明，完善的市场条件下货物的影子价格等于其市场的均衡价格。虽然实际上完善的市场条件并不存在，但一般认为，只要排除少数国家的垄断控制和保护政策等的限制，国际市场价格可以较好地反映货物的真实价值。特别是对外贸货物来说，若能正确确定外汇的国民经济价值，国际市场价格确实代表了国民经济系统向外输出单位货物所能获取的报酬，及向内输入单位货物所需支付的代价。因此，市场经济不发达的国家进行项目国民经济评价时，项目投入物产出物中外贸货物的影子价格，可以以国际市场价格为基础进行调整来确定。

（3）影子价格的确定

在建设项目国民经济评价中确定投入物和产出物的影子价格时，首先应将项目的投入物和产出物划分为外贸货物、非外贸货物与特殊货物等 3 种类型，然后按其特点及上述影子价格的计算方法分别确定其影子价格。

1）外贸货物影子价格的确定

外贸货物是指建设项目使用或生产并将直接或间接影响国家对这种货物的进口或出口的货物。外贸货物包括：项目产出物中直接出口、间接出口或替代出口者；项目投入物中直接进口、间接进口或挤占原可用于出口的国内产品者。

外贸货物的影子价格一般以口岸价格为基础确定，对于投入物和产出物不同的情况采用不同的定价方法。其计算公式如下所示：

直接进口投入物的影子价格（到厂价）＝ 到岸价（CIF）×影子汇率＋
贸易费用＋国内运杂费   (6-14)

直接出口产出物的影子价格（出厂价）＝离岸价（FOB）×影子汇率－
贸易费用－国内运杂费   (6-15)

间接进口投入物的影子价格（到厂价）＝到岸价（CIF）＋港口至原用户的运输费及
贸易费－供应厂至原用户的运输费及贸易费
＋供应厂至项目建设点的运输费及贸易费

    (6-16)

间接出口产出物的影子价格（出厂价）＝ 离岸价（FOB）－原供应厂至港口的运输
费及贸易费＋供应厂至原用户的运输费及
贸易费－项目建设点至原用户的运输费及
贸易费   (6-17)

替代进口产品的影子价格 ＝ 到岸价（CIF）＋港口至原用户的运输费及贸易费－项
目建设点至原用户的运输费及贸易费   (6-18)

减少出口产品的影子价格 ＝ 离岸价（FOB）－原供应厂至港口的运输费及贸易费＋
供应厂至项目建设点的运输费及贸易费   (6-19)

贸易费用是指物资系统、外贸公司和各级商业批发零售部门经销货物时用影子价格计算的疏通费用，但不包括长途运输费用。

2）非外贸货物影子价格的确定

非外贸货物是指其生产或使用将不影响国家进出口的货物。除了所谓"天然"的非外贸货物，如国内运输和商业等基础设施的产品和服务外，还有由于运输费过高或受国家对外贸易政策和其他条件的限制不能进行进出口的货物。其计算公式如下所示：

投入物影子价格（到厂价）＝ 市场价格＋国内运杂费   (6-20)
产出物影子价格（出厂价）＝ 市场价格－国内运杂费   (6-21)

成本分解法也是确定非外贸货物影子价格的一种重要方法，其具体的方法见前面的介绍。

3）特殊货物影子价格的确定

特殊货物是指劳动力、土地、自然资源等。其影子价格或影子费用，主要反映劳动力、土地用于拟建项目而使社会为此而放弃的效益及为此而增加的资源消耗。确定时需要采用特定的方法。

① 影子工资（即劳动力的影子价格）

影子工资是指某一项目使用劳动力，国家和社会为此付出的代价，包括劳动力的机会成本和劳动力转移而引起的新增资源消耗。劳动力的机会成本是指项目所用的劳动力，如果不用于所评价的项目而在其他生产经营活动中所能创造的最大效益。它与劳动力的技术熟练程度和供求状况有关，技术熟练程度要求高的，稀缺的劳动力机会成本高。劳动力的机会成本是影子工资的重要组成部分。劳动力由原来的岗位转移到项目中来，要发生一些搬迁费，也会引起新增的城市交通、城市基础配套设施等相关投资和费用的增加，这些构成了影子工资的一部分。

劳动力的影子工资可通过财务评价时所用的工资及职工福利基金之和乘以影子工资换算系数求得。按国家规定，我国影子工资的计算公式如下所示：

$$影子工资＝（财务评价时所用的工资＋提取的职工福利基金）×影子工资换算系数$$

$$(6-22)$$

影子工资换算系数由国家统一测定发布，目前我国规定的一般项目的影子工资换算系数为1，即影子工资的量值等于财务评价中的名义工资。某些特殊项目在有充分依据的前提下，可根据当地劳动力的充裕程度以及项目所用劳动力的技术熟练程度，适当提高或降低影子工资。也就是说在就业压力很大的地区，占用大量非熟练劳动力的项目可以取小于1的影子工资换算系数。

我国的影子工资换算系数规定为：建设项目所需人员是从在岗人员中调来的，其影子工资换算系数为1；若为失业人员，其影子工资换算系数为0；在建设期内使用大量民工的水利、公路等项目的民工的影子工资换算系数为0.5；对于中外合资企业建设项目，其影子工资换算系数为1.5，因为国内外工资水平存在着一定差距，同时这些企业如果以国内劳动力为主，工资水平高对中方企业和国家有利，工资系数应相对高些。

② 土地费用（即土地的影子价格）

土地和劳动力一样，属于特殊投入物。土地的影子价格是指该土地不是用于该项目，而是用于别的用途所能创造的净效益及社会为此而增加的资源消耗，它是机会成本的范畴。在进行建设项目的财务评价中，只需计入土地的财务费用即可。但在国民经济的评价中，则必须确定土地的影子价格。若项目所占用的土地是没有用处的荒山野岭，其机会成本可视为0；若项目所占用的土地是农村用地，其机会成本为原来的农业净效益；若项目所占用的土地是城市用地，可以用财务费用替代影子价格。在具体的计算确定过程中，对城镇的土地，包括市区内的土地和城市郊区的土地，可以采取市场价格测定影子价格，农村土地的影子费用可以用土地机会成本与新增资源消耗之和计算，其中新增资源的耗费主要包括拆迁费用和人口安置费用等。

6.2.4　国民经济评价的基本报表

国民经济评价报表是在财务评价基础上调整编制的。编制国民经济评价报表是建设项目国民经济评价的一项基础工作，用以显示项目的国民经济费用和效益，并可据此计算国民经济评价指标，再与国民经济评价参数作比较，给出项目关于国民经济可行性的结论。国民经济评价的基本报表主要包括以下报表：

（1）全部投资的经济现金流量表

全部投资的经济现金流量表是以全部投资为编制基础，用来计算国内投资的经济内部收益率、经济净现值、经济净现值率等评价指标，如表6-7所示。

经济现金流量表（全部投资）（万元）　　　　　　　表6-7

序号	时　期　　项目	建设期		投产期		达到设计能力生产期				合计
		1	2	3	4	5	6	…	n	
	生产负荷（%）									
1	效益流量									
1.1	产品销售收入									

序号	项目 \ 时期	建设期		投产期		达到设计能力生产期				合计
		1	2	3	4	5	6	⋯	n	
1.2	回收固定资产余值									
1.3	回收流动资金									
1.4	专案间接效益									
2	费用流量									
2.1	固定资产投资									
2.2	流动资金									
2.3	经营费用									
2.4	项目间接费用									
3	净效益流量（1—2）									

计算指标：经济内部收益率（%）

经济净现值

经济净现值率（%）

注：生产期发生的更新改造投资作为费用流量单独列项或列入固定资产投资项中。

（2）国内投资的经济现金流量表

国内投资的经济现金流量表是以国内投资为编制基础，用于计算国内投资的经济内部收益率、经济净现值、经济净现值率等指标，如表6-8所示。

经济现金流量表（国内投资）（万元）　　　　表6-8

序号	项目 \ 时期	建设期		投产期		达到设计能力生产期				合计
		1	2	3	4	5	6	⋯	n	
	生产负荷（%）									
1	效益流量									
1.1	产品销售收入									
1.2	回收固定资产余值									
1.3	回收流动资金									
1.4	专案间接效益									
2	费用流量									
2.1	固定资产投资中国内资金									
2.2	流动资金投资中国内资金									
2.3	经营费用									
2.4	流至国外的资金									
2.4.1	国外借款本金偿还									
2.4.2	国外借款利息支付									
2.4.3	其他费用									
2.5	项目间接费用									

续表

序号	时 期 项 目	建设期		投产期		达到设计能力生产期				合计
		1	2	3	4	5	6	…	n	
3	净效益流量									

计算指标：经济内部收益率（%）

　　　　　经济净现值

　　　　　经济净现值率（%）

注：生产期发生的更新改造投资作为费用流量单独列项或列入固定资产投资项中。

（3）经济外汇流量表

对于涉及外汇流入或流出的项目，还要编制经济外汇流量表，用以计算经济外汇净现值、经济换汇成本和经济节汇成本等指标，如表6-9所示。

经济外汇流量表（万元）　　　　　　　　　表 6-9

序号	时 期 项 目	建设期		投产期		达到设计能力生产期				合计
		1	2	3	4	5	6	…	n	
	生产负荷（%）									
1	现金流入									
1.1	产品销售外汇收入									
1.2	外汇借款									
1.3	其他外汇收入									
2	外汇流出									
2.1	固定资产投资中外汇支出									
2.2	进口原料费									
2.3	进口零部件费									
2.4	技术转让费									
2.5	偿付外汇借款本息									
2.6	其他外汇支出									
3	净外汇流量									
4	产品替代进口收入									
5	净效益流量									

计算指标：经济外汇净现值

　　　　　经济换汇成本

　　　　　经济节汇成本

注：技术转让费是指生产期支付的技术转让费。

6.2.5　国民经济评价参数

国民经济评价参数是指在项目经济评价中为计算费用和效益，衡量技术经济指标而采用的一些参数。主要包括影子价格、社会折现率、影子汇率、影子工资以及土地影子价格的换算系数和贸易费用率等。目前国家发改委、住建部组织制定和颁发的《方法与参数》中的通用参数，仅供建设项目进行国民经济评价及决策时参考使用。

国民经济评价有两类评价参数。一类是通用参数，即社会折现率、影子汇率、影子工资换算系数等，这些通用参数由专门机构组织测算和发布。另一类是各种货物服务、土地、自然资源等影子价格，需要由项目评价人员根据项目具体情况自行测算，这些参数的取值对项目经济可行性判断都有重要作用。

（1）社会折现率

在国民经济评价参数中，社会折现率是一项重要的通用参数，是建设项目经济分析中衡量经济内部收益率的基准值，也是计算项目经济净现值的折现率。作为费用及效益现值计算的社会折现率，代表项目费用效率的时间价值，是项目经济可行性和方案比选的主要依据。用以衡量自己时间价值的重要参数，代表资金占用应获得的最低动态收益率，并且用作不同年份之间资金价值换算的折现率。社会折现率的合理选用，具有以下的作用：

①它有助于合理分配建设资金，引导资金投向对国民经济贡献大的项目，调节资金供需关系，促进资金在长期和短期项目间的合理配置。

②它不仅可用来计算经济净现值和经济内部收益率，还可将其作为标准，对项目是否可行进行评价，是建设项目经济评价的主要判别依据之一。

③它有助于间接调控宏观投资规模，可作为国家建设投资总规模的间接调控参数。若需要缩小投资规模，就可提高社会折现率，若需扩大投资规模，就可降低社会折现率。

（2）影子汇率及换算系数

影子汇率是从国民经济角度对外汇价值的估量，是将一个单位外汇折合成国内价格的实际经济价值，故也称为外汇的影子价格。影子汇率是通过影子汇率换算系数计算的，而影子汇率换算系数是指影子汇率与国家外汇牌价的比值。影子汇率不同于官方汇率，官方汇率是由中国人民银行定期公布的人民币对外汇的比价，是在币种兑换中实际发生的比价，而影子汇率仅用于国民经济评价，并不发生实际交换。

影子汇率的确定主要依据一个国家或地区在一段时间内进出口结构和水平、外汇的机会成本及发展趋势、外汇供需情况等因素。一旦上述因素发生较大变化后，影子汇率就需作相应的调整。目前我国的影子汇率换算系数取值为 1.08，由国家统一测定和发布。影子汇率的取值对于项目的决策有着重要的影响，其取值高低，不仅会直接影响建设项目对进出口的选择，而且影响到是否采用进口设备的选择，同时也会影响产品进口替代型项目和产品出口型项目的决策。对于发展中国家而言，影子汇率通常高于官方汇率，这是由于发展中国家的进口关税高、出口补贴多以及各种贸易上的限制造成的。

（3）贸易费用率

项目国民经济评价中的贸易费用率是指物资部门、商贸部门在生产资料的流通领域，为实现其贸易流通所花费的各种支出，通常包括货物的经手、储存、再包装、保险、检验、装卸以及短距离倒运等各种费用支出，但不包括长途运输费用。贸易费用率是指贸易费用与货物的出厂价或到岸价之比率。其计算公式如式（6-23）所示：

$$贸易费用率 = 贸易费用 / 货物的出厂价或到岸价 \qquad (6\text{-}23)$$

贸易费用率的高低取决于物资流通的效率、生产资料价格总水平、人民币与外汇的比价等因素。在没有特殊要求的情况下，贸易费用率定为 6%，少数价值高而体积、质量都较小的货物，可适当降低贸易费用率。不由商贸部门经手而由生产厂家直接提供的投入物，不必计算贸易费用。只有进入流通领域的投入物或产出物，才发生贸易费用。

6.2.6　国民经济费用效果分析

国民经济费用效果分析主要以社会效益为主，并将费用与效益分开，采取不同的度量方法、度量单位和指标。适用于效益不易以货币量度的项目，如医疗保健、政府资助的普及教育、气象、地震预报、交通信号设施、军事设施系统等，以及适用于方案的比较。

（1）国民经济的社会成本（费用）分析

社会成本（费用）分析的步骤为：

①确认并调整社会成本内容。在社会成本的要素范围基础上对财务评价的成本构成作出适当调整，扣除从整个国民经济的角度来看不涉及资源实际消耗的转移支付，如税金、折旧、国内支付的利息等。

②用有无比较法计算项目的增量成本。

③估算间接费用（外部费用）。

④将财务成本调整为社会成本。可用影子价格来替代财务分析时使用的国内现行市场价格。

⑤用不变价格计算项目的年成本总值。不同时期的价格水平因为通货膨胀、供求关系变化等因素的影响是不同的，所以必须采用不变价格计算成本与收益，使不同时期的不同项目的成本与效益具有可比性。

⑥进行多方案的比较，以便选择社会成本较低的方案。

（2）国民经济的社会效益分析

社会效益分析的步骤为：

①确认社会效益要素，调整社会效益构成。在确认社会效益构成要素的基础上，扣除从整个国民经济角度来看不能带来净效益的转移效益，如国家补贴、税收、折旧等。

②估算外部效益。由于经济评价时采用的经济价格，对财务评价中的价格已作出了调整，使许多外部效益内部化了，但是，仍然有一些外部效益需要单列计算。只是在对项目的外部效果进行估算时，对显著的外部效果能定量的应作定量分析，应分析项目的效益与费用，不能做定量分析的，应做定性描述，要防止项目的外部效果的重复计算或漏算。

（3）国民经济的社会效益分析的主要内容

社会效益分析的主要内容如下：

①对上下游企业的辐射效益。项目的前道工序或项目投入物的供应者和项目的下道工序或项目产出物的使用者，称为项目的上下游企业。应用有无比较法计算对上下游企业的辐射效益，即由于拟建项目的使用或生产使其上下游企业获得的效益。

②对技术的扩散效益。采用先进技术和管理方法的项目会通过技术推广和人才流动等使社会受益，也应该计算其效益。

③拟建项目为就业提供的直接或间接就业机会，也应计算为社会创造的效益。

④专门为拟建项目服务的公共工程等基础设施，如交通设施、商业网点、教育卫生等也应进行相关项目的间接效益分析。

（4）进行国民经济的社会效益分析时应注意的问题

①可用有无比较法计算增量效益。

②利用校正系数，将财务效益调整为社会效益。现行市场价格存在许多扭曲的现象，但财务效益的计算是以现行市场价格为计算依据的，所以我们在计算项目的社会效益时，应确定一个比较合理的价格标准。

③以项目的不变价格表示社会效益。

④计算项目寿命周期内的社会总效益，并进行多方案比较，以选择社会效益较高的项目。

6.3 环境影响评价

6.3.1 环境影响评价的概述

环境是指作用于人类的所有自然因素和社会因素的总和，在这里主要指自然环境。自然环境是指环绕人类的空间中，可以直接或间接地影响到人类生活、生产的一切自然形成的物质、能量的总体。构成自然环境的主要物质有空气、水、植物、动物、土壤、岩石、矿物、太阳辐射等。

（1）环境影响评价的由来与发展

环境影响评价（Environmental Impact Assessment，EIA），又称环境质量评价。它的概念最早是 1964 年在加拿大召开的一次国际环境质量评价的学术会议上提出来的。而环境影响评价作为一项正式的法律制度则首创于美国。1969 年美国《国家环境政策法》（The National Environmental Policy Act of 1969，NEPA）把环境影响评价作为联邦政府管理中必须遵循的一项制度。美国的环境影响评价制度确立以后，很快得到其他国家的重视，并为许多国家所采用。据统计，到 1996 年全世界已有 85 个国家制定了有关环境影响评价的法律。环境影响评价制度不仅为多数国家的国内立法所吸收，而且也为越来越多的国际环境条约所采纳。如《跨国界的环境影响评价公约》、《生物多样性公约》、《气候变化框架公约》等都对环境影响评价制度作了相应的规定，环境影响评价制度正逐步成为国际社会通用的一项环境管理制度和措施。

我国在 20 世纪 70 年代开始对环境影响评价制度进行探讨和研究，1979 年颁布了《中华人民共和国环境保护法（试行）》，该法第 6 条规定：一切企业、事业单位的选址、设计、建设和生产，都必须防止对环境的污染和破坏。在进行新建、改建和扩建工程时，必须提出对环境影响的报告书，经环境保护部门和其他部门审查批准后才能进行设计。从此，我国从立法上确立了环境影响评价制度。1980 年北京市在全国率先实行了"建设工程环境影响报告书审批制度"。国内有关部门颁布了许多有关的管理办法和技术规定，将环境影响评价制度纳入基本建设管理程序。为了全面落实环境影响评价制度，1981 年，原国务院环境保护委员会、国家纪委联合发布了《基本建设项目环境保护管理办法》，对环境影响评价的范围、内容、程序作了具体规定。1986 年国家又对《基本建设项目环境保护管理办法》作了修订，颁布了《建设项目环境保护管理办法》，把评价的范围从原来的基本建设项目扩大到所有对环境有影响的建设项目，并对评价内容、程序、法律责任等作了修改、补充和更具体的规定，从而在我国确立了内容较为完整的环境影响评价制度。为了进一步加强对建设项目环境保护的管理，1998 年 11 月 18 日，国务院审议通过了

《建设项目环境保护管理条例》（以下简称《条例》）。至此，可以说我国的环境影响评价制度进入了一个新的发展阶段。为了贯彻实施《条例》，1999 年国家环境保护总局公布了《建设项目环境影响评价资格证书管理办法》、《建设项目环境保护分类管理名录》、《关于执行建设项目环境影响评价制度有关问题的通知》等，从而形成了我国较为完善的环境影响评价制度体系。

环境影响评价主要是指开发建设项目的环境影响评价，是贯彻"预防为主"方针的一项重要环境管理制度。开发建设项目的环境可行性研究应在建设项目的可行性研究阶段进行，并在可行性研究报告审批前完成。环境影响报告书未经审批的建设项目，计划部门不予办理可行性研究报告的审批。也就是说，环境影响评价就是指用一定方法对重大工程建设、区域规划实施后可能影响环境的各种原发的、继发的、短期的、长期的、可恢复的、不可恢复的影响进行分析、预测、评估和跟踪监测，使之指标化和定量化，并提出预防或减轻不良环境影响措施的一种方法和制度。

（2）环境影响评价的目的

环境影响评价的主要目的是为了实施可持续发展战略，运用环境影响技术，预防因规划和投资项目实施后对环境造成的不良影响，解释和传播影响信息，制定出减轻不利影响的对策措施，为项目决策和实施服务，使之达到人类行为与环境之间的协调发展。

（3）环境影响评价的作用

通过我国开展环境影响评价的实践，已初步显示了建立环境影响评价制度对于生产发展和环境保护具有重要意义。其主要作用如下：

①保障和促进国家可持续发展战略的实施，促使产业布局逐渐趋于合理。国家可持续发展战略，不仅要考虑资源、能源、交通、技术、经济、消费等因素，而且还要考虑环境的承受能力。在选址定点时，进行环境影响评价，增加建设方案的可行性与环境目标的一致性，把有害的环境影响减至最小程度，尽可能地避免给环境带来不可逆影响和不可恢复影响，防患于未然，从而使产业结构更趋于合理。

②预防因建设项目实施对环境造成不良影响。预防为主是环境保护的一项基本原则。在进行环境影响评价时，要进行治理污染程度及几种治理方案的论证，既要充分利用环境的自净能力，又不降低环境质量的要求。经过论证，使污染治理方案得到优化。

③促进经济、社会和环境的协调发展。通过环境影响评价，对建设地点周围的环境状况有了一个比较全面而确实的认识，正确地处理好产业发展和环境保护之间的矛盾，从而为制定该区域的经济发展规划和环境保护规划奠定基础，将经济建设、城乡建设、环境建设和资源保护同步规划、同步实施，以达到经济效益、社会效益和环境效益的统一。

6.3.2　环境影响评价的要求

（1）环境影响评价的政策性要求

1）实行环境与经济协调发展的政策

协调发展即经济建设与环境和资源保护相协调，做到"三建设、三同步、三统一"，即经济建设、城乡建设与环境建设必须同步规划、同步实施、同步发展，以实现经济效益、社会效益和环境效益的统一。

2）实行预防为主，防治结合的政策

尽量在生产过程中解决环境问题，而不是等环境污染和资源遭到破坏后再去治理，吸取西方国家所走过的"先污染后治理"道路的深刻教训。

3）实行污染者负担，收益者补偿，开发者恢复的政策。

（2）环境影响评价的业务性要求

1）环境影响评价要符合国家相关政策

①项目的选择要根据产业政策；

②项目用地要符合土地政策；

③所选工艺和污染物排放要符合能源和资源利用政策；

④环境保护措施和技术装备水平要结合现行技术政策；

⑤环境质量要达到环境功能规划和质量指标；

⑥注重资源的综合利用，提供资源利用价值。

2）环境影响评价要有针对性

针对项目的工程特征和所在地区的环境特征进行深入分析，确保环境影响评价真正起到3个基本作用，即：为主管部门提供决策依据，为设计工作制定防治措施，为环境管理提供科学依据。

3）环境影响评价应具有科学性

建设项目的环境影响评价，应当避免与规划的环境影响评价相重复。作为一项整体建设项目的规划，应按照建设项目进行环境影响评价，而不是进行规划的环境影响评价。已经进行了环境影响评价的规划所包含的具体建设项目，其环境影响评价内容可以简化。

（3）环境影响评价的管理性要求

国家建设项目的环境影响评价是根据建设项目对环境的影响程度实行分类管理。建设单位应当按照下列规定组织编制环境影响报告书、环境影响报告表或者填报环境影响登记表（以下统称环境影响评价文件）：

①可能造成重大环境影响的，应当编制环境影响报告书，对产生的环境影响进行全面评价。

②可能造成轻度环境影响的，应当编制环境影响报告表，对产生的环境影响进行分析或者专项评价。

③对环境影响很小，不需要进行环境影响评价的，应当填报环境影响登记表。

《建设项目的环境影响评价分类管理名录》由国务院环境保护行政主管部门制定并公布，对"重大影响"、"轻度影响"、"影响很小"进行明确界定，并对各类建设项目的具体名录进行明列。

6.3.3 环境影响评价的内容与程序

（1）环境影响评价的内容

1）环境要素（或称评价项目）

根据环境的组成特征，建设项目的环境影响评价通常可进一步分解成对下列不同环境要素的评价，即：大气环境、地面水环境、地下水环境、噪声环境、土壤与生态环境、人群健康状况、文物与珍贵景观等，以及日照、热、放射性、电磁波、振动等。建设项目对上述各环境要素的影响评价统称为单项环境影响评价（简称单项影响评价）。

2）环境影响评价的对象

环境影响评价的对象是建设项目。《条例》所称的"建设项目"是指按固定资产投资方式进行的一切开发建设活动，包括国有经济、城乡集体经济、联营、股份制、外资、港澳台投资，以及个体经济和其他各种不同经济类型的开发活动。按计划管理体制，建设项目可以分为基本建设、技术改造、房地产开发（包括开发区建设、新区建设、老区改造）和其他项目共 4 个部分的工程和设施建设。

3）评价适用标准

评价适用标准主要包括环境质量标准、污染物排放标准、总量控制指标 3 类。随着时间的推移，这些标准可能会加以调整。如《地表水环境质量标准》GB 3838—2002、《海水水质标准》GB 3097—1997 等。

4）工程分析

工程分析是环境影响预测和评价的基础，并且贯穿于整个评价工作的全过程，主要任务是对工程的一般特征、污染特征以及可能导致生态破坏的因素进行全面分析，从宏观上掌握建设项目与区域乃至国家环境保护全局的关系，并且从微观上为环境影响预测、评价和消减负面影响的措施提供基础数据。工程分析的主要内容应根据建设项目的特征以及项目所在地的环境条件来确定。对于环境影响以污染因素为主的大多数建设项目而言，其内容通常包括：

①工程概况描述；

②污染影响因素分析；

③污染源分布的调查方法；

④事故和异常排污的分析；

⑤污染因子的筛选；

⑥污染物排放水平的检验；

⑦工程分析用于环境影响的辨识；

⑧环境保护方案和工程总图分析；

⑨对生产过程和污染防治的建议；

⑩工程分析小结。

上述 10 项中，只有工程概况是基于可行性研究报告的建设方案设计，后面 9 项均属于污染影响因素方面的分析。

5）环境影响因素确定及环境影响程度分析

①对自然环境影响。主要是对水、大气、土壤等环境要素的影响。

②对生态环境影响。物种多样性是衡量生态系统的重要指标。

③对美感的影响。美感是一种心理感受状态，对大多数人来说存在公正评价的基础，选择美感环境影响因子，首先要看该因子是否对美感产生影响，美感影响因子的选择可考虑土地、空气、水、生物和人造景物，而人造景物对环境产生影响的主要因素有：拟建项目的设计造型与原有景观是否协调。

④对社会经济环境的影响。通常从四方面选择：对人口影响、对场区服务设施的影响、对经济的影响、对价值观的影响。

6）环境影响因素分析

环境影响因素分析是指对项目在建设过程中破坏环境、生产运营环境中污染环境导致环境质量恶化的主要因素进行分析。

7）环境保护措施

此项内容包括提出治理方案，经比选后，提出推荐方案，并编制环境保护治理设施和设备表，列出用于污染治理所需投资，该投资以可行性研究报告估算值为基础。

（2）环境影响评价的工作程序

环境影响评价的工作程序大体分为以下3个阶段：

1）准备工作阶段

准备工作阶段，其主要工作是研究有关文件，进行初步的工程分析和环境现状调查，筛选重点评价项目，确定各单项环境影响评价的工作等级，编制评价大纲。

2）正式工作阶段

正式工作阶段，其主要工作是进行工程分析和环境现状调查，并进行环境影响的预测和环境影响的评价。

3）报告书编制阶段

报告书编制阶段，其主要工作是汇总、分析正式工作阶段所取得的各种资料、数据、并给出结论，以及完成环境影响评价报告书的编制。

在进行建设项目的环境影响评价时，如需进行多个建址的优选，则应对每个建址分别进行预测和评价。如评价对建址给出否定结论时，对新选建址的评价应按环境影响评价工作的3个阶段的规定重新进行。环境影响评价工作程序如图6-1所示。

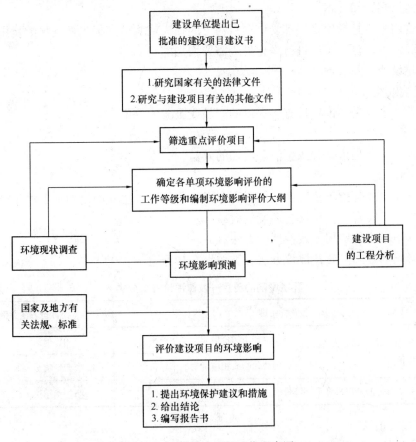

图6-1 环境影响评价工作程序图

（3）我国环境影响评价的管理程序

①确定项目环境影响评价类别；

②编制环境影响评价报告书前要先编写环境影响评价大纲；

③报有审批权的环境保护行政主管部门审批，有行业主管部门的应当先报其预审；

④发生重大变动的项目，建设单位应当重新报批建设项目的环境影响评价文件；

⑤建设单位应当同时实施环境影响评价文件及其审批意见中提出的环境保护对策和措施。

环境影响评价工作报告书的编制，应独立于建设项目建议书和可行性研究报告的编制，其编制应自成体系。

6.3.4　环境影响的费用—效益评价方法

环境影响的费用—效益评价方法除用于宏观区域性的分析外，通常应用较多的是对建设项目的环境影响的分析。

（1）建设项目的费用

1）基本费用

基本费用主要是指投资和运行的费用。

2）辅助费用

辅助费用主要是指为充分发挥该项目的效益的相关费用。

3）社会费用

社会费用主要是指项目外部受该项目污染的损失或为减产损失而支付的费用。如工厂造成的水源污染，自来水厂进行净化处理需要增加的费用等。

（2）建设项目的效益

1）直接效益

直接效益主要是指该项目直接提供的产品或服务的价值。

2）间接效益

间接效益主要是指有关派生活动增加的效益。

3）社会效益

社会效益主要是指改善社会环境后所取得的公益性效益，如建设一个水库对改善局部气候，减少旱涝灾害，美化社会环境的效益等。

（3）环境影响的费用—效益评价方法

环境影响的费用—效益评价方法分类如表 6-10 所示。

环境影响的费用—效益评价方法分类

表 6-10

分 类 标 准		评价方法举例
根据消费环境商品带来的效用来确定环境价值	直接根据市场价值或劳动生产率	1. 市场价值法；2. 人力资本法
	应用替代物或相应货物的市场价值	1. 资产价值法；2. 工资差额法
根据补偿环境恶化的费用来确定环境价值		1. 防护费用法；2. 恢复费用法

1）市场价值法

环境质量的变化导致生产率和生产成本的变化，从而又导致生产的利润和产出水平的变化，而产品的价值、利润是可以利用市场价格来衡量的，市场价值法就是利用因环境质量变化而引起的产品和利润的变化来评价环境质量变化的经济效果。其公式为：

$$S = V \sum_{i=1}^{n} R_i \qquad (6-24)$$

式中　S——环境污染或生态破坏的价值损失；

　　　V——受污染或破坏物种的市场价格；

　　　R_i——某种产品受 i 类污染或破坏程度的损失产量，i 一般分为轻度污染、严重污染和遭到破坏 3 个等级。

2）人力资本法

在人类的生产或生活中，如人类生存环境受到污染，会使原来的环境功能下降，给人类的健康带来损失，这不仅使人们失去劳动能力，而且还给社会带来负担，人力资本法就是对这种损失的一种估算方法。对人体健康方面所造成的损失主要包括：疾病、病休或过早死亡所造成的收入损失；医疗费用的开支增加；精神或心理上的代价。对环境污染引起的经济损失可分为直接经济损失和间接经济损失两大部分。其中，直接经济损失包括：预防和医疗费、死亡丧葬费；间接经济损失包括：病人的误工损失、家属或亲友的护理或陪伴影响工作造成的经济损失。

其评价方法是：通过污染区和无污染区的流行病学调查和对比分析，确定环境污染因素在发病原因中所占的比重，调查患病和死亡人数，以及病人和家属或亲友的误工劳动总工时，再计算环境污染对人体健康影响的经济损失。

3）资产价值法

资产价值法与市场价值法的区别在于，它不是利用受环境质量变化所影响的商品或劳务的直接市场价格来估计环境效益，而是利用替代或相应产品的价格来估计无价格的环境商品或劳务。在工程建设项目的环境影响评价中，常考虑由建设项目引起周围环境质量发生的变化，则附近的房地产价格也受其影响，由此使人们对房产的支付愿望或房地产的效益发生了变化。

其评价方法为：首先确立该房产舒适性价值方程，其变量包括房屋价格、房屋特征、四邻条件和空气污染变量，然后确立支付意愿方法，得出对空气污染边际改善的支付意愿。在其他条件相同时，污染地区的房价会低于清洁地区的房价。

4）工资差额法

工人的工资受多种因素的影响，如工作性质、技术水平、风险程度、周围环境质量等。如果工人可以自由调换工种，则高工资收入可吸引工人到污染地区从事工作，这工资的差异即归因于工作地点的环境质量。因此，工资差异的水平可以用来估计环境质量变化带来的经济损失或效益。影响工资差额的许多职业属性是可以识别的，即生命或健康的风险和城市舒适或不舒适程度，特别是空气污染程度。

5）防护费用法

防护费用法是指运用生产者和消费者愿意承担防护费用时所显示出来的环境质量效益所得到的隐含价值，来评价环境影响的方法。防护费用法已被广泛用于环境影响评价中，如对一个拟建机场的附近住户引起的噪音污染进行损失评价，如住户为避免噪音污染，决定搬迁到一个较为安静的地区，则需要支付一定的费用。在其评价中，如果其效益损失大于租房费、搬迁费和由噪音引起的房价下降，住户可能会选择搬迁，反之，住户可能会留下来忍受噪音。但无论如何，住户所选择的方案都需使总费用降到最低，其费用可作为机场噪音污染引起效益损失的最低估价。

6）恢复费用法

恢复费用法是指由于建设项目或环境管理措施不当造成环境质量下降，以及由此造成其他生产性资产损失，而以恢复环境质量或生产性资产的初始状态所需费用作为估计环境效益损失最低期望值的环境影响评价方法。如水污染引起农业或渔业损失，开矿引起地面下沉而造成建筑物损失等，均可用恢复费用法进行评价。

6.4　社 会 影 响 评 价

6.4.1　社会影响评价的概述

（1）社会影响评价的概念

社会影响评价是指一种对社会意识和社会实践都有实际效用的自觉活动，是项目评价中的一种重要工具和手段。它的主要功能是识别、监测和评估投资项目的各种社会影响，促进利益相关者对项目投资活动的有效参与，优化项目建设实施方案，规避投资项目的社会风险。其在国际组织援助项目及国家公共投资项目的投资决策、方案规划和项目实施中得到广泛应用。

世界银行于 1997 年成立社会发展部门，从而强化了建设项目社会影响评价的作用。把项目评价从单一的财务分析和经济分析，发展到财务、经济、环境和社会等多方面的评价，其中社会影响评价在项目评价体系中已扮演着越来越重要的角色。

（2）社会影响评价的特点

社会影响评价作为项目评价方法体系的重要组成部分，与投资项目的财务分析、经济分析、环境影响分析等相比，存在较大差别。其主要特点有：

1）目标具有多元性和宏观性

财务分析的目标是评价项目的盈利能力及债务清偿能力，经济分析的目标是资源优化配置及社会成员福利最大化，它们的评价目标均比较单一。而社会评价由于涉及的社会因素复杂，目标多元化，包括经济增长目标、国家安全目标、人口控制目标、减少失业和贫困目标、环境保护目标，且目标间都没有共同度量的标准。

2）评价工作具有长期性和周期性

社会评价贯穿于项目周期的各个环节和过程，而且要关注近期或远期与项目运行有关的各种社会发展目标，社会评价考察的时间跨度是几代人、上百年，持续时间相对较长。

3）分析具有多层次性和复杂性

社会评价一般是从国家、地方、社区 3 个不同层次进行分析，使宏观分析与微观分析相结合。社会评价的目标分析层次是多样性的，分析多个社会发展目标、多种社会政策、多种社会效益和多样的人文因素和环境因素。在实际工作中通常使用多目标综合评价法，因为定量分析有一定难度，一般以定性分析为主，从而要求社会评价专业人员必须具有丰富的经验，对各种社会问题具有高度的敏感性，否则将难以胜任社会评价工作。

4）评价指标和评价标准具有差异性

由于行业定向、项目定向，社会评价没有通用的方法，各行业部门，不同类型项目社会评价的内容、方法差异很大，从而增加了社会评价的难度。社会多元化和社会效益本身的多样性也难以用统一的指标和标准来计算和比较。社会评价中通用评价指标少，专用指标多；定量指标少，定性指标多。

（3）社会影响评价的范围和层次

1）社会影响评价的范围

社会评价有助于将项目建设方案的实施与区域性社会发展相结合，有利于社会稳定。任何投资项目都与人和社会有着密切的联系，因而从理论上讲，社会评价适合于各类投资项目。然而，项目的社会评价难度大、要求高，并且需要一定的资金和时间投入，因此也不是任何项目都必须进行社会评价。一般而言主要适用于以下项目：

①社会因素较为复杂或容易引起社会动荡的项目。

②社会影响较为久远的项目。

③社会需要较为显著的项目。

④社会风险较大的投资项目。包括：需要大量移民搬迁或者占用农田较多的项目，如交通和水利项目以及采矿和油田项目；具有明确社会发展目标的项目，如减轻贫困项目、区域发展项目；社会服务项目，如文化、教育和公共卫生项目。

⑤国家或地区的大中型骨干项目和扶贫项目。例如水利灌溉项目、移民和非自愿移民项目、畜牧项目、渔业项目、林业项目以及大型的能源、交通、工业项目。

2）社会影响评价的层次

根据项目周期，可将社会评价分为3个层次：

①项目识别（初级社会评估）：主要考察确定项目利益主体，筛选主要社会因素和风险，确定负面影响。

②项目准备（详细社会分析）：描述影响项目诸多方面的社会形式和过程。

③项目实施（建立监控和评估机制）：在项目实施阶段，测量投入与产出，以此作为衡量项目成功进展的尺度，并随时间的发展衡量项目的社会影响。

（4）社会影响评价的组织形式

社会影响评价的组织形式包括以下3个方面：

1）个人评价

普遍的个人评价是以分散的个人的切身体验、心理、理解能力和社会地位为限，还未达到整体的、系统的评价高度。它代表着社会评价的感性、直觉和直观的水平。由于社会主体成员的普遍介入，他们的评价能够比较直接地反映现象的社会价值效果，因而是理性化的社会评价的感性材料来源，是社会评价不可缺少的基础环节和最迅速的表达形式。

2）社会舆论评价

社会舆论评价包括用各种大众传播形式所表达的人们共同的心理、情感、意志和观念。这种评价形式具有很大的感染力和约束力。它的规模和效力大小，取决于普遍个人评价的广度和深度。从精神形式上来说，社会舆论评价是社会评价的主要形式。

3）权威专家评价

权威专家评价一般分为两种类型：社会代表机构评价和专家评价。前者是从社会管理系统的角度来评价，它往往是着眼于社会全局和实践的评价；后者是从各个特殊的专业角度进行评价。两者的共同点是，它们都代表一定社会评价的最高理性化水平，并且具有付诸实施的指导性和权威性。但是，权威评价的威信和效力，依赖于社会的组织化程度，依赖于它同个人评价和社会舆论评价的联系。

6.4.2　社会影响评价的作用

社会影响评价重在参与、协商和能力建设，强调兼顾经济资本、自然资本、人力资本、社会资本的可持续发展。在投资项目中开展社会影响评价工作的重要作用如下：

（1）有利于贯彻执行可持续发展战略

自然与环境是人类发展与生存的基本条件，资源和生态系统的可持续性是人类持续发展的重要基础。因此，可持续发展是当代社会经济发展的重大课题。项目建设对社会经济发展持续性的影响评价主要体现在资源利用效果、效率、合理性和再生性，以及项目建设对自然系统的破坏及保护等方面。经济发展、社会发展、环境保护是可持续发展相互依赖、相互促进的组成部分，其中社会影响评价强调以人为本的可持续发展，主张从全社会的宏观角度考察项目对社会带来的贡献与影响。

（2）有利于保证项目与所处社会环境的协调发展

建设项目都是在特定社会环境、社会背景条件下投资建设的，因此项目能否成功，与项目所处的社会环境密切相关。一个项目的财务目标、经济目标或环境目标能否实现，也与项目所处的社会环境密切相关。通过社会影响评价，不仅增强投资项目的社会文化与所在地区社会环境的相互适应性，而且对保证投资项目其他目标的实现至关重要。从发展的角度看，社会发展不仅指经济发展，它强调的是社会全面发展。社会影响评价与其财务评价、国民经济评价、环境影响评价互为补充，并为项目与社会环境的协调发展及项目各方面目标的实现提供保证。

（3）有利于完善项目评价理论及方法体系

项目评价的理论和方法体系是不断完善的。在计划经济时代，人们对项目的关注主要侧重于工程技术方面，关心的是项目能否建成，工程技术目标能否实现。随着市场经济体制的建立，人们开始关注项目的投资回报，关心借款能否偿还，强调财务评价的重要性。随着经济的发展、社会的进步，经济学家开始大量参与到项目的投资决策分析活动中，重视资源的优化配置及社会福利的改善，强调利用费用和效益分析的方法进行经济分析。同时，随着发展战略的转变，人们开始强调社会影响评价的重要性。这也是完善项目评价理论及方法体系的客观需要。

（4）有利于加强投资的宏观指导与调控

社会影响评价不仅重视项目本身的可持续性，而且从社会发展的战略高度，分析项目对利益相关者的直接和间接、短期和远期、有形和无形、正面和负面的影响，以及整个社会的可持续发展，力求体现"代际公平"和"代内公平"。在市场经济体制下，政府从公共社会事务管理者的角度进行社会影响评价的宏观调控，则是这种具体宏观指导与调控的有效工具。

（5）有利于吸引外资进入我国市场

世界银行和亚洲开发银行等国际金融机构的贷款项目一般都要求进行社会影响评价，国家对公共投资项目的核准也非常强调社会影响评价。因此，开展社会影响评价，是建设项目评价方法与国际惯例接轨的客观需要，也有利于吸引外资进入我国市场。

（6）有利于促进自然资源合理利用与生态环境保护

人类赖以生存的土地、水、能源等自然资源是有限的，而随着后工业化社会发展，必然会产生环境污染、人口增加、能源危机等日益严重的问题。而开展社会影响评价，有利于社会经济建设合理利用和节约有限的自然资源，保护自然与生态环境，造福人类，实现以人为本的可持续发展战略。

6.4.3　社会影响评价的内容

（1）社会影响评价的内容划分

社会影响评价从内容来看，它有各种专门评价和整体综合评价之分。

1）各种专门评价

社会生活的每一个子系统或分支、侧面，都成为一定的专门领域，如经济、政治、文化、法律、道德、艺术、科学等。在这些专门领域内进行的社会影响评价属于专门评价，例如评价一项技术改造措施的生产经济效益等。

2）整体综合评价

对于一些具有较大社会规模或较关键作用的现象，则需要从社会整体发展的全面作用方面进行综合评价。例如，对于农村和城市经济改革，重大科技成果的应用，一项基础事业（如教育）和新兴事业（第三产业）的评价。这种综合评价不仅需要多种专门评价共同进行，而且需要把所有专门评价作为统一系统加以综合。上述社会综合评价是一种最高的评价组织形式，它是社会代表机构与各方面专家的整体结合，是权威专家评价、社会舆论评价和个人评价联系的枢纽，是社会影响评价的"形成—传播"和"执行—反馈"过程的重要核心内容。

（2）社会影响评价的内容

1）社会影响分析

建设项目的社会影响分析在内容上可分为3个层次3个方面，即从国家、地区、项目（社区）3个层次展开分析，对社会经济、社会环境与可持续发展3个方面的社会影响评价。社会经济的评价包含经济增长和收入分配两个方面。社会环境与可持续发展的评价，主要是对自然与生态环境、自然资源方面进行评价。社会经济、社会环境与可持续发展3个方面的评价，主要分析评价项目对社会环境和社会经济等方面产生的影响，包括正面影响和负面影响。

①项目对所在地区居民收入的影响。其主要是分析预测由于项目实施可能造成当地居民收入增加或减少的范围、程度及其原因，收入分配是否公平，是否扩大贫富收入差距，并提出促进收入公平分配的措施建议。在建设项目实施后，能在多大程度上减轻当地居民的贫困和帮助多少贫困人口脱贫。

②项目对所在地区居民生活水平和生活质量的影响。其主要是分析预测项目实施后居民的居住条件、消费水平、消费结构、人均寿命的变化及其变化的原因。

③项目对所在地区居民就业的影响。其主要是分析预测项目在建设和运营后，对当地居民就业结构和就业机会的影响。其中正面影响是指可能增加就业机会和就业人数，负面影响是指可能减少原有就业机会及就业人数，以及分析由此引发的社会矛盾。

④项目对所在地区不同利益群体的影响。其主要是分析预测项目的建设和运营后，使哪些人受益或受损，以及对受损群体的补偿措施和途径。

⑤项目对所在地区弱势群体利益的影响。其主要是分析预测项目的建设和运营后，对当地妇女、儿童、残疾人员利益的正面影响或负面影响。

⑥项目对所在地区文化、教育、卫生的影响。其主要分析预测项目在建设和运营期间，是否引起当地文化教育水平、卫生健康程度和人文环境变化的有利或不利的影响，并提出减小不利影响的措施建议。例如，对一个在牧业用地和农业用地相结合地带的建设项目来说，如果忽视这两个群体之间原有的历史、文化、教育等相互关系，这个项目就可能很难实施。

⑦项目对当地基础设施、社会服务容量和城市化进程等的影响。其主要是分析预测项目的建设和运营期间，是否增加或者削弱当地的基础设施功效，包括对道路、桥梁、供电、给排水、供气、服务网点的影响及分析产生影响的原因。

⑧项目对所在地区少数民族风俗习惯和宗教的影响。其主要是分析预测项目投资建设时，必须考虑少数民族地区的价值观、风俗习惯、信仰和感知的需要，是否符合国家的民族和宗教政策，是否充分考虑了当地民族的风俗习惯、生活方式或当地居民的宗教信仰，是否会引发民族矛盾、宗教纠纷，影响当地社会的安定等。

2）项目与社会适应性的分析

项目与社会适应性的分析主要是分析预测当地政府、居民对建设项目的支持程度，该项目能否为当地社会环境、社会群体所接纳，考察项目与当地社会环境的相互适应关系。适应性分析的主要内容如下：

①分析项目与国家或地区经济发展政策的适应性。其主要是分析项目是否属于国家或地方的支柱性产业，是否属于高新科技、基础设施、能源、水利等国家或地方产业政策重点扶持、重点倾斜的产业，项目是否列为国家或地方经济发展计划的重点项目。

②分析预测社会不同利益群体对项目建设和运营的态度及参与程度，促使各利益群体以参与方式支持项目建设，对可能阻碍项目建设与发展的因素提出防范措施。因此有必要在项目周期的各个阶段，对社会参与的可行性进行考察和评估。

③分析预测项目所在地区的各类组织对项目建设和运营的态度，分析考察在哪些方面、多大程度上对建设项目给予支持和配合。首先分析当地政府对该项目建设的态度及协作支持的力度。因为项目的建设和运营离不开当地社会的支持，应当认真考察需要由当地提供的交通、电力、通信、供水等基础设施条件，粮食、蔬菜、肉类等生活供应条件，以及医疗、教育等社会福利条件等，国家重大建设项目更要特别注重上述内容与条件的分析。

④分析预测项目所在地区现有技术、文化是否适应项目建设的需要和发展。如为发展地方经济，改善当地居民生产生活条件兴建的水利项目、公路交通项目、扶贫项目等，应分析这些项目与产品是否适应当地人民的需求，有无更好的项目方案。当地居民的教育水平能否保证项目要求的技术条件和实现项目的既定目标。

⑤分析项目承担机构能力的适应性。其主要是考察分析承担项目建设的有关单位与机构的能力，如开发商、承包商、经营者、管理者等的承建组织能力，分析其与项目规模、项目性质、项目水平的适应性，研究是否需要采取措施（如增加力量、委托专业性公司等）增加其承建能力及这些措施可能取得的效果。

3）社会风险分析

项目的社会风险分析是对可能影响项目的各种社会因素进行识别和排序，选择影响面大、持续时间长、容易导致较大矛盾的社会因素进行预测，分析可能出现上述风险的社会环境和条件。对那些可能诱发民族矛盾、宗教矛盾的项目要进行重点分析，并提出合理的对策措施。如：进行大型水利枢纽工程的建设，就要分析项目占地的移民安置和受损补偿问题。如果移民群众的生活得不到有效保障或生活水平大幅降低，受损补偿又不尽合理，群众抵触情绪就会滋生，从而会直接导致项目建设的顺利进行，甚至会给项目预期效益的实现带来较大风险。

6.4.4　社会影响评价的步骤

（1）社会情况调查

主要调查项目所在地区的基本情况和受影响社区的基本社会经济情况在项目影响时限内可能的变化。包括人口统计资料，基础设施与服务设施状况，当地的风俗习惯、人际关系，各利益群体对项目的反映、要求与接受程度，各利益群体参与项目活动的可能性。其调查方法包括：查阅历史文献或统计资料，问卷调查，现场访问或观察，开座谈会等。

（2）社会因素识别

1）影响人们生活和行为因素的识别

主要是指对就业的影响，对收入分配的影响，对社区发展和城市建设的影响，对居民身心健康的影响，对文化教育事业的影响，对社区福利和社会保障的影响等因素的识别。

2）影响社会环境变迁因素的识别

主要是指对自然和生态环境的影响，对资源综合开发利用的影响，对能源节约的影响，对耕地和水资源的影响等因素的识别。

3）影响社会稳定与发展因素的识别

主要是指对人居风俗习惯、宗教信仰、民族团结的影响，对社区组织结构和对地方管理机构的影响，对国家安全和地区威望的影响等因素的识别。

（3）方案优选论证

1）确定评价目标与评价范围

在比选方案时，合理确定项目评价的目标，并分析主要目标和次要目标。评价范围是指项目影响涉及的空间范围和时间范围。

2）选择评价指标

包括各种效益和影响的定性指标和定量指标的选择。所选指标不宜过多（控制在 50 个以内）。

3）确定评价标准

评价标准包括定性标准和定量标准，而定量的评价标准一定要明确给出。

4）列出备选方案

在众多的方案中，初选出部分方案作为备选方案。

5）进行项目评价

首先计算定量指标，根据标准评价优劣，对不能定量计算的各种社会因素进行定性分析，判断对项目的影响程度，揭示社会风险。然后分析定性指标和定量指标的重要程度，赋予权重。最后，计算各指标的得分和项目的综合目标值，并对备选方案进行排序，得分高者中选。

6）专家论证

将选出的最优方案提交专家论证，以便进一步补充和完善该方案。

7）评价总结，编制项目"社会评价报告"

将项目评价的过程和结论，以及方案中的重要问题和有争议的问题写成一定格式的书面报告，并提出项目是否具有社会影响可行性的结论和建议。

6.4.5　社会影响评价的方法

社会影响评价主要是应用社会学和人类学的一些理论与方法，通过系统地调查、收集与项目相关的各种社会因素和数据，分析项目实施过程中可能出现的各种社会问题，提出尽量减少或避免项目负面社会影响的建议和措施，以保证项目顺利实施并使项目效果持续发挥。

建设项目涉及的社会因素、社会影响和社会风险不可能用统一的指标和依据进行评价。在项目决策分析与评价的不同阶段，根据工作深度要求和受时间限制的不同特点，可采用适合的评价方法。在项目前期的准备阶段，可采用的社会影响评价方法主要有快速社会影响评价法与详细社会影响评价法。

（1）快速社会影响评价法

快速社会影响评价法是在项目决策与评价的初期阶段常采用的一种简便方法，它可大致了解拟建项目所在地区社会环境的基本状况，识别主要影响因素，略估预测可能出现的不可确定因素。快速社会影响评价以定性分析为主，主要是分析现有资料和现状，着重于负面社会因素的分析判断。其方法步骤如下：

1）识别主要社会因素

按项目与社会影响因素的影响程度分为一般影响、较大影响和严重影响 3 个等级，但应侧重对严重影响的因素进行分析。

2）确定利益群体

按受损程度，将受损群体划分为一般受损、较大受损和严重受损三级，但应重点分析严重受损群体的人数、结构和他们对项目的态度以及可能产生的矛盾。

3）估计接受程度

根据当地的经济条件和社会因素估计其对项目存在和发展的可接受程度，一般也可分为高、中和低 3 个等级，但应侧重对接受程度低的因素进行分析。

（2）详细社会影响评价法

详细社会影响评价法是指在项目决策分析与评价的可行性研究阶段广泛应用的一种评价方法。详细社会影响评价法是在快速社会影响评价的基础上，进一步研究与项目相关的社会因素，进行详细论证并预测风险程度。详细社会影响评价法采用定量与定性相结合的方法进行，其主要步骤如下：

1）识别社会因素并排序

按对社会因素的影响优劣、时间长短和风险程度进行分组，应着重对持续时间较长、风险较大和负面影响较大的因素进行论证。

2）确定利益群体并排序

按直接受益或受损进行分组，着重分析受益群体与受损群体之间，利益群体与项目之间的利害关系，以及可能出现的社会矛盾等。

3）论证当地社会环境对项目的适应程度

按照好、中、差的等级对项目建设在地方获得支持与配合的程度进行分组，着重研究地方利益群体、地方政府和非政府机构的参与方式及参与意愿，并提出解决矛盾的措施。

4）比选优化方案

在项目评价中，常采用参与式评价方法评选出最佳方案。

（3）定性分析方法与定量分析方法

建设项目的社会影响评价涉及的内容比较广泛，面临的社会问题比较复杂，能够量化的尽量进行定量分析，不能量化的则要根据项目所在地区的具体情况和投资项目本身的特点进行定性分析。对于社会经济和环境方面的评价，现在已经形成了一套比较系统的数量评价指标，而对于社会影响方面的评价，则主要还是以定性分析为主。下面主要介绍社会影响评价中常用的一些分析方法。

1）有无对比分析法

有无对比分析法是根据项目实施的前后进行对比，预测与实际发生值进行对比，有无项目进行对比等，判断并分析其项目实施的综合效果。对房地产企业而言，实施中主要采用前后对比法，即将项目实施前后的情况进行对比，它是确定项目实施后产生效益的一种方法。同时还可将项目前期的可行性研究及评估的预测值和项目实施后的实际运行效果进行比较分析，通过项目实施前后的对比，预测项目建成后对该地区的社会状况改变，以及项目实施后各种影响与效益的性质和程度。

2）利益相关者分析法

利益相关者是指与项目有直接或间接利害关系的人、群体或机构，以及对项目的成功与否有直接或间接影响的相关各方，如项目的收益人、受害人以及与项目有关的政府机构和非政府组织等。首先要确定项目利益群体一览表，然后评估利益群体对项目成功所起的重要作用，并根据项目目标对其重要性做出评价，最后提出在实施过程中对各利益群体应采取的对策与措施。在社会影响评价过程中，要求项目的各利益相关者能够自愿和积极地参与到项目实施的各个环节，调查分析他们对项目建设的态度和意见，将其分析结果作为社会影响评价结论的重要组成部分，并最终为建设项目的投资决策提供依据。

3）成功等级评价法

成功等级评价法也就是所谓的打分评价方法，是以逻辑框架法分析的项目目标的实现程度和经济效益分析的评价结论为基础，以项目的目标和效益为核心所进行的全面评价。首先要确定成功的等级，如完全成功、成功、部分成功、不成功、失败等等级标准，再选择与项目相关的评价指标，并确定其对应的重要性权重，再通过指标重要性分析和单项成功度等级结论进行综合，即可得到整个项目的成功等级指标。

4）调查统计预测法

调查统计预测法分为统计资料整理、统计分析、统计预测 3 个阶段。其方法主要是通过对项目的各种资料的收集和整理，采用统计科学的方法，对项目实施的综合效果运用统计预测原理进行评价。在评价运用中，社会影响评价的方法还很多，如逻辑框架分析法、参与式评价方法等。

6.4.6 逻辑框架法在社会评价中的运用

（1）逻辑框架法（LFA）概述

逻辑框架法是美国国际开发署在 1970 年开发并使用的一种设计、计划和评价的工具。目前已有三分之二的国际组织将其作为计划管理和评价的主要方法。逻辑框架是综合系统地研究和分析问题的一种思维框架。在社会评价中采用这种方法，有助于对关键因素和问题进行合乎逻辑的分析。

1）逻辑框架法的概念

逻辑框架法是用一张简单的框图进行系统地研究和分析拟建项目有关问题的逻辑框架，并将若干个内容相关，但必须同步考虑的动态因素组合起来，通过分析相互间的关系，从而对项目的策划、设计、实施到目标等进行综合评价的一项活动或工作。逻辑框架法为项目计划者提供一种分析框架，用以确定工作的范围和任务，并对项目达到目标所需手段之间的逻辑关系进行分析。逻辑框架法的核心是事物之间的因果逻辑关系，即"如果"提供了某种条件，"那么"就会产生某种结果。这些条件包括事物的内在因素和事物所需要的外部条件。

2）逻辑框架法的综合分析

逻辑框架法是通过对项目设计的清晰描述，更清楚地了解项目的内容，从而改进和完善项目的决策立项、项目准备和评估程序。逻辑框架立足于项目的发展和变化，因为要获得理想的成果，必须在最大成本—效果分析中进行多方案比较。因此，该方法把项目管理的诸多方面融合起来进行综合分析。其综合分析内容和过程主要包括：

①目的和目标分析。立项主要立足于项目的目的和目标分析，具体建设内容的分析是次要的。项目成功与否的测定主要是判断项目目标的实现程度，项目的结果是对取得效益的最好判断。

②系统而全面分析。项目不是孤立的，而是社会系统的一部分。项目的实施必然与外界环境有着关联，与各种机构和其他项目关系密切，对项目的分析应该是全面的。

③目标合同的分析。各种合同的基本特征是相同的，主要包括投入和产出、结果与效益、实现目标的外部条件等。

④原因和后果分析。逻辑框架法的核心是分析事物发生的原因和结果之间的关系，即项目不同层次目标间因果关系明确一些，项目的计划就编得好一些，执行也能顺利一些。

（2）逻辑框架法的模式

逻辑框架法的模式是一个 4×4 的矩阵，基本模式如表 6-11 所示。

逻辑框架法的模式 表 6-11

层次描述	客观验证指标	验证方法	重要外部条件
目 标	目标指标	监测和监督手段及方法	实现目标的主要条件
目 的	目的指标	监测和监督手段及方法	实现目的的主要条件
产 出	产出物定量指标	监测和监督手段及方法	实现产出的主要条件
投 入	投入物定量指标	监测和监督手段及方法	实现投入的主要条件

如表 6-11 所示，逻辑框架法把目标及因果关系划分为以下 4 个层次：

1）目标

通常是指高层次的目标，即宏观计划、规划、政策和方针等，该目标可由几个方面的因素来实现。宏观目标一般超越了项目的范畴，是指国家、地区、部门或投资组织的整体目标。这个层次目标的确定和指标的选择一般由国家或行业部门负责。

2）目的

目的是指"为什么"要实施这个项目，即项目直接的效果和作用。一般应考虑项目为受益目标群带来了什么，主要是社会和经济方面的成果和作用。这个层次的目标由项目和独立的评价机构来确定，指标由项目确定。

3）产出

这里的"产出"是指项目"干了些什么"，即项目的建设内容或投入的产出物。一般要提供项目可计量的直接结果。

4）投入

该层次是指项目的实施过程及内容，主要包括资源的投入量和时间等。

（3）逻辑框架法的逻辑关系

1）垂直逻辑关系

以上 4 个层次自下而上形成了 3 个逻辑关系。第 1 级是如果保证一定的资源投入，且很好地加以管理，并预计有怎样的产出；第 2 级是项目的产出与社会经济的变化之间的关系；第 3 级是项目的目的与整个地区甚至整个国家更高层次目标的关联性。

逻辑框架中的"垂直逻辑"可阐述各层次的目标内容及其上下间的因果关系，如图 6-2 所示。

2）水平逻辑关系

逻辑框架法的垂直逻辑分清了评价项目的层次关系。每个层次的目标水平方向的逻辑关系则由验证指标、验证方法和重要的假定条件所构成，从而形成了逻辑框架法的 4×4 的逻辑框架。水平逻辑的 3 项内容主要包括：

①验证指标

各层次目标应尽可能地有客观的可度量的验证指标，包括数量、质量、时间及人员指标。最后评价时，一般每项指标应具有 3 个数据，即原来预测值、实际完成值、预测和实际间的变化和差距值。

②验证方法

包括主要资料来源（监测和监督）和验证所采用的方法。

③假定条件

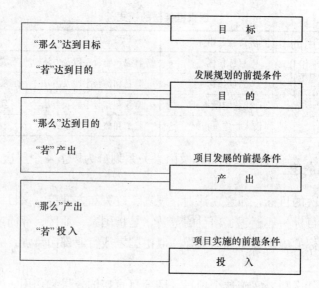

图 6-2　垂直逻辑中的因果关系图

假定条件主要是指可能对项目的进展或成果产生影响，而项目管理者又无法控制的外部条件，如风险等。其风险主要是指变化无常的天气影响修建工作无法正常进行，致使工程建设彻底失败。这类风险还包括地震、洪水、台风等，以及政府在政策、计划、发展战略等方面的失误或变化给项目建设带来的严重影响。如果原材料价格不稳定或者起伏较大，即使项目的设计和实施完成得再好，也不可能获得丰厚的经济效益。

（4）逻辑框架法的具体应用

逻辑框架法是国际上通用的一种方法，已广泛应用于建设项目的策划、设计、评估、风险分析、实施检查、监测评价和可持续性分析等的实践中。

1）关于问题树和目标树的建立

为了建立逻辑框架法中的目标层次，可用"问题树"和"目标树"的方法来表示。在后评价中建立目标树的目的是为了分析问题，找出问题间的因果关系，分清各目标的层次关系，确定项目的主要目标。而解决问题是项目的目的，因此可以与问题树一一对应地建立一棵目标树。有些问题可能与项目没有直接的关系，但项目的目标一旦实现，问题就可以解决，关键取决于其他外部条件或风险，需要从战略上采取措施。当然这些措施不可能由项目自身来实现，而需要对项目的工作进行严密的监督和监测，甚至作为贷款条件来限定。

问题树和目标树的建立是编制逻辑框架法结构的基础，可以作为后评价分析的一个步骤。目标树的建立可分为以下两步：

①问题分析

问题分析的步骤包括：记录所有的问题并选择核心问题，在核心问题下列出问题的直接原因，在核心问题上列出问题的直接效果，在直接原因下和直接效果上列出间接原因和间接效果。这样就构成了以核心问题为中心的"树"和"树枝"。

②目标分析

用上述同样的方法建立目标树，项目的目的一般应在设计文件中有所表述。项目要解决的主要问题应是目标树的核心，要按因果关系来确定目标的层次。在目标树中应以达到目的和目标所需采用的手段的逻辑来表示其因果关系。

2）编制项目评价的逻辑框架

项目评价的主要任务之一是分析评价项目目标的实现程度，以确定项目的成败。项目评价通过应用逻辑框架法来分析项目原定的预期目标，包括各种目标的层次、目标实现的程度和原因，用以评价项目的效果、作用和影响。

①指标对比

它与项目计划的逻辑框架法不同，项目评价逻辑框架法的客观验证指标，一般应反映出项目实际完成情况及其与原预测指标的变化或差别。因此，在应用项目评价的逻辑框架法之前应设立一张指标对比表，以求出在逻辑框架法中应填写的主要内容。指标对比如表6-12所示。

项目期间逻辑框架法指标对比示意表   表6-12

	原预测指标	实际实现指标	变化和差距
宏观目标和影响			
效果和作用			
产出			
投入			

②评价对象

建立项目评价逻辑框架法的目的是依据其中的资料，确立目标层次间的逻辑关系，用以分析评价项目的效率、效果、影响和持续性。

a. 效率

主要反映项目投入与产出的关系，即反映项目把投入转换为产出的程度，也反映项目管理的水平。效率分析的主要依据是项目监测报表和项目完成报告（或项目竣工报告）。而改进效率所提供的信息反馈（即项目完成报告），主要反映项目实现产出的管理业绩。分析和审查项目的监测资料和完成报告，则是后评价的一项重要工作，也是进行效率分析的基础。

b. 效果

主要反映项目的产出对目的和目标的贡献程度，效果分析是项目评价的主要任务之一。项目的效果主要取决于项目对象对项目活动的反映，项目对象对项目的行为是分析的关键。在进行项目效果分析时要找出并查清影响产出与效果的主要因素，特别是重要的外部条件。

c. 影响

项目的影响评价主要反映项目的目的与最终目标间的关系。影响分析评价应包括项目对外部经济、环境和社会的作用和效益。在影响分析评价时，应能分清并反映出项目对当地社区的影响和项目以外因素对社区的影响。一般项目的影响分析应在项目的效率和效果评价的基础上进行，有时也可推迟几年单独进行。

d. 持续性

持续性分析主要是通过项目的产出、效果、影响的关联性，找出影响项目持续发展的主要因素，以及满足这些因素的条件和可能性，提出需重新建立项目持续性评价的逻辑框架法，以便在新的条件下对各种逻辑关系进行重新预测。在持续性分析中，风险分析是其中一项重要的内容，逻辑框架法就是风险分析的一种常用方法，它可把影响发展的项目内在因素与外部条件区分开来，明确项目持续发展的必要的政策环境和外部条件。

在项目准备阶段，采用逻辑框架法可以明确项目的目的和目标，确定考核项目实施结果的主要指标，分析项目实施和运营中的主要风险，从而加强项目的实施和监督管理。因此，国际上已普遍采用逻辑框架法对拟建项目进行评估。

6.4.7　参与式评价方法在社会评价中的运用

（1）参与式评价方法概述

1）参与式评价方法的概念

参与式评价方法是指通过一系列的方法或措施，促使拟建项目的相关群体积极地、全面地介入实施过程（包括决策、实施、管理和利益分享等），并参与评价的一种方法。通过这些方法或措施的运用，使当地人和外来者一起对当地的社会、经济、文化、自然资源进行分析评价，对所面临的问题和机遇进行分析，对计划和行动作出监测评价，最终使当地人从项目的实施中得到收益。参与式方法有利于提高项目方案的透明度和决策民主化，有助于取得项目所在地各有关利益相关者的理解、支持与合作，有利于提高项目的成功率，减少不良社会后果。一般来说，参与程度越高，项目的社会风险越小。但此法也存在着一些无法克服的缺点：如需要投入大量时间和资金；可能会与当地的一些法规或管理条例相冲突；由于人员的广泛参与难以保证参与人员的代表性；拟订的方案可能呈现多样性，不便于管理；得出的结果有时难以给出"科学性"的解释等。

2）参与式评价方法的理念

在社会评价中应用参与式方法必须重视的几个基本理念：

①外部的支持固然重要，但当地人在一般情况下有能力认识和解决自己的问题。

②每一个人，不论是当地人还是咨询专家，他们都具有自己特有的知识和技能，这些知识和技能在社会经济的发展中都应该同样地得到充分尊重和运用。

③分享知识，共同决策，共同行动，共同发展。

3）参与式评价方法的原则

在行动与态度上，参与式评价方法的应用要求尊重每个人以及其所拥有的知识，充分利用每个人的力量。工程项目咨询评估人员不能将自己看成专家，所有的参与人员都应视为处在完全平等的位置上。在应用参与式方式时，社会评价人员应坚持以下原则：

①尊重每个人；

②尊重每个人以及每个群体的知识；

③站在当地人的观点和角度看问题；

④理解当地不同人群所面临的困难、问题及需求。

投资项目社会评价人员在应用参与式方法时应关注公平、公正、公开等问题，并重视倾听弱势人群的声音。此外，还要注意了解和理解政府机构的决策过程和决策机制，理解他们的决策语言；尽量理解当地人的文化、生计、经济状况，以及他们面临的问题、需求和需要的帮助；对于需要采取行动的项目，虽然由于资源有限而无法满足当地人的所有需求，但是可以通过相关群体的相互协调、共同探讨来提高资源利用的效率，尽量满足当地人的需求。

(2) 参与式评价方法在社会评价中的必要性和作用

1) 参与式评价方法在社会评价中的必要性

在社会评价中引入并使用参与式方法的必要性，主要体现在以下方面：

①当地人的参与，有利于对当地情况的深刻了解，减少社会评价出现偏差的可能性。

②当地人的参与，为评价人员提供把自己的知识与当地的知识结合在一起的机会，使获得的信息更加充分和完整。

③当地人的参与，并使其知识得到充分尊重，有利于帮助当地人树立信心，使项目的积极影响得到进一步发挥。

④通过当地人的参与，获得的他们对项目的理解和支持是项目成功的基础，使得以项目为依托的发展干预活动更适合社区和项目实际使用者的需求。

2) 参与式评价方法在社会评价中的作用

参与式方法在社会评价中的作用主要体现在以下方面：

①相关群体的参与，可增强人们对项目的了解和拥有感，有助于项目的成功。

②在决策体系中，每个人的知识是有限的，更多人知识的贡献有助于减少决策失误。

③参与式工具的使用有助于提高人们参与的热情和意识。

④参与式方法的运用，有助于增强项目的透明度和公平性、公正性。

应用参与式社会评价方法的主要目的是为了最大限度地降低项目投资的社会风险，确保项目能够获得成功。参与式方法的有效利用，使得社会评价在考虑专家意见的同时，考虑到当地人群的意见，使得社会评价更加全面、完整和更具有针对性，所提出的社会评价建议更易被当地群众接受，为项目的成功运营创造良好的条件。因此，在社会评价中采用参与式方法，不仅可以使社会评价所获得的信息更具有准确性和实用性，而且可以有效地降低项目可能出现的社会风险。

(3) 参与式评价方法的内容与相关问题

1) 参与式评价方法的内容

①分析项目社区中不同利益相关者参与项目活动的重要性。

②分析对当地人群的参与有影响的关键社会因素。

③分析在项目社区中是否有一些群体被排除在项目设计之外，或在项目的设计中没有发表意见的机会。

④找出项目地区的个人参与项目的设计、准备及实施的适当的方法和形式。

2) 参与式评价方法的相关问题

在具体的项目社会评价中可以提出以下一些问题进行参与式分析：

①社区领导特别是高层领导对项目的反应如何？他们参与项目活动的积极性如何？他们组织群众参与项目的积极性如何？

②社区各利益相关者对参与项目活动持什么态度？有无影响群众参与项目活动的问题？如何解决这些问题？

③社区领导与群众对参与项目活动的方式、时间有何要求？

④用什么方式听取社区各利益相关者对项目的意见和要求？比如开座谈会、访谈等。

⑤项目周期各阶段社区群众参与项目的不同方式、时间、人数如何安排？可能的成效

如何？如何制定项目参与规划？

（4）参与式评价方法的具体应用

1）参与式评价活动

参与式评价是指调查当地人的期望、态度和偏好的一种重要方法，是在项目设计和实施阶段对当地社会情况和利益相关者的态度进行调查，识别所存在的社会问题，促进当地社会成员参与的一种重要手段，而且也是沟通项目规划者、实施者和利益相关者的重要桥梁和纽带。这种方法所强调的理念和过程在农村和城市项目中都得到广泛应用，并且可以在项目周期各个阶段得到应用，而不仅限于项目评价。参与式评估方法重点强调以下活动：

①通过个人与家庭会面、召开小组讨论会或社区会议等方式，就与项目相关的问题展开讨论。

②使用各种绘图工具，包括绘制个人、社区和机构图等方式，辅助各种讨论，以便让文化层次较低的农村群众参与到项目中去。

③对问题、喜好和财富进行排序。

④趋势分析，一般采用历史图表、季节历法、日常活动表等工具分析有关社会经济特征及其变动趋势。

2）半正式访谈

进行参与式评价的基本方法就是开展半正式访谈。这种访谈可以在主要知情者和群体之间展开。访谈的提纲或形式应根据所调查问题的不同而有所不同。通过这种方式可以发现他们对一般性和敏感性问题的独特见解，还有可能收集一些一般公众访谈得不到的信息。这种访谈要想取得成功，必须要让被访者坚信他所提供的信息将会被认真对待，这取决于他对访谈者的熟悉程度和信任情况。

在谈话过程中，主要是激发被访谈者讲出对项目建设相关信息的了解和见解。在进行半正式访谈时，要遵循以下原则：

①访谈小组应由 2~4 人组成，每人有不同的专业背景，并安排一人做记录（但要轮流做）。

②让每一小组成员完成他们的提问（不能中断）。

③以传统的问候开始访谈，要向访谈者解释你到那儿是为了了解情况。

④以轻松的方式进行半正式的访谈，把问题集中起来进行讨论，并以"提及的某人或某事"来打开话题。

⑤访谈要坦诚和客观，进入敏感话题时要谨慎。

⑥注意非口头暗示。

⑦避免引入访谈者自己的主观判断。

⑧避免提问只能用"是"或"否"回答的问题。

⑨个人访谈应不超过 45min。

⑩群体访谈应不超过 2h。

3）参与者图表

参与者图表是指用图表的形式表示有关社区的物理特征、社会经济状况以及被访谈者对一些问题的看法。在参与式评价方法中，经常使用的图表主要有：

①个人图表，用于表示社区中不同群体的不同观点（例如已婚女性和未婚女性，富人和穷人）。

②社会图表，用于表示社区中不同的社会经济特征，以及用于表示不同利益相关者的相对财富、资源水平、在社区组织中的身份等。

③历史图表，用于表示时代的变迁，环境变化或人口迁移等情况。

4）问题排序

对问题进行排序的方法有多种，其中最简单的就是让参与者识别出他们认为地区中最重要的问题，并按重要程度排列这些问题。经常采用问题卡片的形式对问题进行系统排序。进行这项活动时，参与者每人拿两张卡片，并选出他们认为比较而言问题最为严重的那张卡片，并记下不同参与者的选择结果，最后通过比较被选择次数来进行问题排序。

5）偏好排列

偏好排列的方法类似于问题排序，一般需要绘制一个矩阵图，纵向表示受访者的判断，横向列示各种选项。要求参与者根据自己的评价来确定相应的选项，其目的不是为了决定谁是获胜者，而是为了得到一个比较图表，并从中判断参与者对不同选项的偏好，为群体讨论提供一个基础，也有助于更好地区分群体中的不同观点。

6）财富排列

财富排列用于分析社区内不同群体的财富状况并进行排序，用以调查当地人对财富的观点，分析不同人群在社会经济发展中所处的层次。这种排序可以为抽样调查的分层抽样提供依据，也可用于识别贫困家庭，为制定消除贫困的措施提供依据。

财富排序可以从小组讨论开始，在这个过程中，参与者被要求描述富有家庭和贫困家庭的状况，并定义富有家庭的标准。这将涉及当地关于富有和贫困标准的讨论。要求参与者给每个家庭打分，通过直接对比不同参与者对财富等级的评分，计算出每一个等级的平均分，对不同家庭进行财富排序。进行财富分析时应遵循下列程序：

①和参与者一起列出所有需要排序的家庭。

②把每个家庭的名字分别写在不同卡片上。

③要求参与者把卡片分别放到几堆里，每一堆代表社区中不同的财富群体，让参与者决定分成多少堆。通常，参与者选择两至三堆分别代表"富有的和贫困的"或者"富有的、中等的和贫困的"，参与者还可以选用更详细的排序方法，以使他们所分的等级更准确。

④对卡片进行分类的同时要读出每一户的名字，以便没有文化的人也可以参与。

⑤在活动的最后要求参与者核对一下所分的堆数，并可以按照他们的意愿进行调整。

⑥询问参与者对家庭进行分类的依据，询问他们把卡片放到特定堆里的原因，以及把一个家庭从某一堆里转到另一堆的原因。

⑦用财富等级作为抽样的依据，在每个等级中让参与者选出两到三个典型户，作为抽样样本，以便调查组今后对其进行跟踪访问。

⑧记录根据财富特征进行排序的结果和住户的姓名，以便以后需要时查询。

（5）受益人评估

受益人评估强调从受益人的角度观察对有关问题的看法。受益人的信息可以通过抽样调查进行系统地收集。受益人评估主要采用4种方法：面谈、集中讨论、参与者观察、受益者监测与评估。当面交流在前面已有阐述，这里主要介绍集中讨论、参与者观察和受益者监测与评估。

1）集中讨论

集中讨论是在拥有相同利益的参与者之间举行的讨论。会议由一个经验丰富的组织者主持，由一个当地调查组人员陪同，对一个共同的主题进行调查，7～10人被认为是最佳规模，组织者引导小组成员围绕主题进行讨论，并确保每个成员都有发言机会。举行小组讨论时应注意以下问题：

①有供讨论的明确论点，这些论点是依据一些重要问题提出的。

②尽可能从以前的参与活动中确定参与者。为了消除偏见，参与者应该来自不同利益相关者。

③应尽可能在方便的时候举行小组讨论，并预先通知。

④选择一个舒适的会场，安排好饮料和点心。

⑤简要解释会议目的。

⑥保持讨论集中于议题，鼓励所有人发言。

⑦区分哪些问题是所有人都关心的，哪些问题是敏感的，对于敏感性问题最好采用单独交流的方式进行。

⑧让所有潜在的发言人尽量发言，以便对各组所关心的不同问题展开进一步的讨论。

2）参与者观察

这一方法要求调查组成员亲自在某一社区中生活一段时间，大约几周至几个月。调查者应像当地人一样参加日常活动，通过对部分案例的研究（通常5～10个）获得相关信息，以便能够详细记录日常生活中发生的社会和经济事件。

参与者观察的方法在社会人类学研究领域被普遍使用，它要求调查者通过在项目所在地停留一段时间，以便建立与社区的友好关系，进而能够洞察人们的动机和态度，寻找机会调查一些敏感话题，对比人们对生活的描述，从而提高研究结果的准确性。参与者观察法应注意以下几点：

①确保每个人都知道调查者留在村子里的理由。

②认真选择住所，以便不和某一群体靠得太近。

③除了和主要群体建立密切关系，还要培养和不同群体的密切关系。

④不要被认为和某一群体太密切，但要平易近人。

⑤选择5～10户人家定期拜访，以便获得详细的研究案例资料。

⑥向被调查者询问有关项目的问题，这些人可能在实地调查时被选为向导。

⑦参与所有重要的活动和组织会议，以便被当作社区的参与者而不是外来者。

⑧在参与中应保持独立。

⑨通过文字、图表、照片和目标样本等系统记录所观察到的所有细节。

3）受益者监测与评估

受益者监测与评估要求从项目的方案设计阶段就开始介入，并贯穿于项目周期全过程，对项目建设和实施中涉及的利益相关者的情况进行监测和评估。它和一般的监测和评估的一个重要区别就是利益相关者不仅为监测评估提供信息，而且也负责收集和分析信息，因此有助于提高目标群体的维权意识。受益者监测与评估强调交互式方式，要求利益相关者自身参与到项目的监测和评估全过程，提出哪些问题应该检查。在监测和评估过程中往往需要很多阶层的利益相关者进行合作，包括社区目标群体个人和各类机构（如私人企业等），实施机构中的政府工作人员，以及相关政府部门的沟通合作，以便对项目的实施效果进行评价。

小　　结

本章主要讲述财务评价、国民经济评价、环境影响评价和社会影响评价的概念、评价原则、评价内容和评价方法等，现将其基本要点归纳如下：

（1）财务评价主要内容

1）财务评价是指对企业财务活动的过程和结果进行分析与评价，对业主的投资决策、金融机构提供贷款和上级主管部门的审批都具有十分重要的作用。由提出课题，明确目的；搜集资料，了解情况；选择企业财务评价的方法；计算指标，进行不确定分析；撰写报告，做出结论5个步骤组成。建设项目的财务评价应遵循企业的微观利益与国民经济的宏观利益协调一致原则，以动态分析为主的原则，基础数据确定中的稳妥原则。

2）财务评价涉及的价格体系有3种，即固定价格体系、实价体系和时价体系，也同时涉及3种价格，即基价、实价和时价。财务评价的参数，包括判断项目盈利能力参数中的财务基准收益率、总投资收益率、权益资本净利润率和判断项目偿债能力参数中的利息备付率、偿债备付率、资产负债率、流动比率、速动比率等，但最重要的基准参数是判别内部收益率是否满足要求的基准参数，也可称财务基准收益率或最低可接受收益率。

3）财务评价是项目经济评价的重要组成部分，根据所得到的基本财务数据，可编制现金流量表、损益表、资金来源与运用表、资产负债表、外汇平衡表等基本财务报表。反映企业盈利能力评价的财务指标主要有：主营业务利润率、成本费用利润率、总资产报酬率、净资产收益率、社会贡献率和社会积累率。企业偿债能力评价可以分为短期偿债能力和长期偿债能力两类评价。

（2）国民经济评价主要内容

1）进行国民经济评价首先要对项目的费用和效益进行识别和划分。判断项目合理性的国民经济评价的依据是将其所带来的收益与其费用进行比较，以分析项目对国家经济的贡献，所以我们必须正确评判项目在国民经济评价中的效益和费用。因此，我们在识别国民经济费用与效益时，凡是能给国民经济做出贡献的就是社会效益，而凡是会给国民经济带来损失的就是社会成本即费用。

2）国民经济评价的参数主要有社会折现率、影子汇率、影子工资等通用参数和各种货物服务、土地、自然资源等影子价格两大类。

（3）环境影响评价主要内容

1）环境影响评价是指用一定方法将重大工程建设、区域规划实施后可能影响环境的各种原发的、继发的、短期的、长期的、可恢复的、不可恢复的影响进行分析、预测、评估和跟踪监测，使之指标化和定量化，并提出预防或者减轻不良环境影响的对策和措施的一种方法制度。

2）环境影响评价工作大体分为准备阶段、正式工作阶段和报告书编制三个阶段。环境影响的费用—效益评价方法常采用市场价值法、人力资本法、资产价值法、工资差额法、防护费用法、恢复费用法等。

（4）社会影响评价是一种对社会意识和社会实践有实际效用的评价，具备社会整体性的自觉活动，是项目评价中的一种重要工具和手段。社会影响评价作为项目评价方法体系的重要组成部分，与投资项目的财务分析、经济分析、环境影响分析等相比，存在较大差别。其主要特点有：目标具有多样性和宏观性，评价工作具有长期性和周期性，分析具有多层次性和复杂性，评价指标和评价标准具有差异性。

通过本章的学习应了解财务评价、国民经济评价、环境影响评价和社会评价的概念、作用、评价原则和评价步骤，熟悉上述各种评价的工作内容和步骤，重点掌握上述各种评价的主要分析与评价方法。

复 习 思 考 题

1. 什么是财务评价？其价格体系有哪几种？评价时应编制哪些财务报表？
2. 什么是国民经济评价？其评价范围是怎样划分的？评价时应编制哪些基本报表？
3. 什么是环境影响评价？它包括哪些具体工作内容？简述其工作步骤。
4. 什么是社会影响评价？它包括哪些具体工作内容？简述其工作步骤。
5. 分析比较财务评价和国民经济评价的作用有什么异同？
6. 环境影响评价和社会影响评价的作用有什么异同？
7. 财务盈利能力和偿债能力的分析有哪些方法？这些方法有何特点？
8. 国民经济评价的费用效果分析有哪些方法？这些方法有何特点？
9. 环境影响的费用—效益评价有哪些基本方法？这些方法有何特点？
10. 逻辑框架法在社会影响评价中是如何具体运用？简述参与式方法的内容和步骤。

第7章 价 值 工 程

7.1 价 值 工 程 概 述

价值工程（Value Engineering）简称 VE，是由美国通用电器公司工程师迈尔斯首先研究提出。他从满足产品的功能入手，并通过产品的功能分析，找出不必要的费用，努力降低成本，从而实现节约资源和降低成本的目的，以便取得好的经济效果。迈尔斯等人通过大量的研究与实践，总结出一套在保证同样功能的前提下降低成本的方法，之后又在其内容方面进行了丰富发展与完善，逐步形成了目前所称的价值工程。价值工程从材料代用开始发展到产品设计、工艺改进等领域，它在世界各地得到了广泛应用，已经成为一种降低成本和取得好的经济效益的有效方法。

20 世纪 80 年代初，价值工程开始引进到我国，很快被许多企业采用。1985 年在全国政协会议上，委员们在提案中要求我国迅速推广 VE 的科学管理方法。1987 年我国颁布了《价值工程基本术语和一般工作程序》的国家标准。从开始推广至今 VE 已为国民经济的发展创造了数以亿计的经济效益。

7.1.1 价值工程的基本概念

价值工程是指以最低寿命周期成本，为可靠地实现产品或作业的必要功能所进行的，着重于功能分析的有组织的科学管理方法。它是提高产品功能、降低产品成本的一种有效技术。价值工程着重从功能分析入手，力求以最低的寿命周期成本，实现包括产品、工作和劳务等必要功能的有组织的创造性活动。

（1）功能（F）

功能是指某种产品的用途、功用。一种产品往往会有几种不同的功能，为了便于功能分析，需要对功能进行分类，但不论怎样分类，功能分析的目的在于确保必要功能，消除不必要功能。

1）必要功能和不必要功能

必要功能是物品为满足使用者的需求而必须具备的功能。不必要功能是物品所具有的，但与满足使用者的需求无关的功能。

2）基本功能和辅助功能

基本功能是指与产品的主要目的直接有关的功能，是决定产品性质和存在的基本因素。辅助功能是指为了更有效地实现基本功能而附加的功能。一般来说，基本功能是必要的功能，辅助功能有些是必要的功能，有些可能是多余的功能。例如传真机的基本功能是收发数据电文，辅助功能有复印等功能。收发数据电文是传真机的必要功能，复印功能对于没有复印机的用户来说是必要功能，但对已有专门复印机的用户来说就是不必要功能。

3）使用功能和品位功能

使用功能是指产品所具有的与技术经济用途直接有关的功能。品位功能是指与使用者的精神感觉、主观意识有关的功能，如贵重功能、美学功能、外观功能、欣赏功能等。使用功能和品位功能对一种产品来说往往是兼而有之，但根据用途和消费者的要求不同而有所侧重。例如地下电缆、地下管道、设备基础等主要是使用功能，工艺美术品、装饰品等主要是品位功能。

4）不足功能和过剩功能

不足功能是指产品尚未达到满足使用者需求的必要功能。过剩功能是指产品所具有的，且超过使用者需求的功能。不足功能和过剩功能具有相对性，同样一件产品对甲消费者而言，可能功能不足，而对乙消费者而言，功能却已过剩了。

对同一类产品而言，不同的消费者要求的功能是有差异的，为了使每件产品到达用户手中时，其功能都是满足消费者需要的必要功能，通常生产厂家需要对不同的目标消费群体进行分类，将产品开发成系列，达到增加销量的目的。对同一类消费者而言，生产厂家应对市场进行细分，对目标消费群进行定位，尽可能减少产品的功能过剩或功能不足，使特色产品得到消费者满意，达到占领目标市场的目的。

（2）寿命周期成本（C）

寿命周期成本是指在产品的经济寿命周期内，为实现和使用产品的功能所支付的全部成本。寿命周期成本主要包括两个部分：一是建设成本 C_1，二是在使用过程中支付的能耗、运输、销售、储存、使用、维护等费用所构成的成本 C_2，如图 7-1 所示。

价值工程中的建设成本曲线 C_1 与使用成本曲线 C_2 叠加起来的曲线即是寿命周期成本曲线，在曲线中的成本最低点所对应的功能

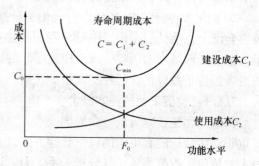

图 7-1 寿命周期成本与功能水平的关系图

就是产品的必要功能，功能最低点所对应的成本则是最低的寿命周期成本，产品的必要功能与产品最低寿命周期成本的比值就是产品的价值。价值工程是为了降低寿命周期成本，实现产品的必要功能，从而最大限度地提高产品的价值，使消费者在拥有该产品或方案时，真正感到物超所值。

（3）价值

价值工程中的"价值"是指产品（或工艺、劳务等对象）的功能与获得该功能所花费的全部费用之比。它是评价某一对象所具备的功能与实现其功能所需耗费相比的合理程度（或尺度）。这里的"对象"可以是产品，也可以是工艺、劳务等。对产品来说，价值计算公式如式（7-1）所示：

$$V = \frac{F}{C} \tag{7-1}$$

式中 V——价值；

F——功能；

C——成本。

上式中的价值既不是对象的使用价值，也不是对象的交换价值，而是对象的比较价

值。价值的大小取决于功能和成本。产品的价值高低表明产品合理有效地利用资源的程度。产品价值高其资源利用程度就高；反之，价值低的产品其资源未得到有效地利用，就应设法改进和提高。由于"价值"的引入，产生了对产品新的评价形式，即把功能与成本、技术与经济结合起来进行评价。"物美价廉"不仅是广大消费者的价值观，也是企业和国家利益的要求。

从消费者的角度来讲，如果需要购买某种消费品，首先要看该商品的用途，它的质量如何，再看需要多少钱，然后两者比较一下，看是否值得购买。如果质量很好，价格也可以，或质量一般，价格便宜，就认为值得购买。从企业的角度来讲，评价一种产品时，通常把 C（成本）看成是制造该产品所投入的人力、物力等资源，即"输入"；把 F（功能）看成是产品能满足用户的效用，即"输出"；则 V（价值）就是从产品中所获得的经济效益。由此可见，根据功能与成本的比值来判断产品的经济效益，其目的是提高产品的价值，它既是消费者利益的要求，也是企业和国家利益的要求。

（4）实现价值提高的主要途径

根据式（7-1）可知，价值取决于功能和成本两个因素，因此提高价值的途径如下：

①保持产品的必要功能 F 不变，降低产品的成本 C，以提高产品的价值。

②保持产品的成本 C 不变，提高产品的必要功能 F，以提高产品的价值。

③成本 C 稍有增加，但必要功能 F 大幅度增加，使产品价值提高。

④在不影响主要功能 F 的前提下，适当降低一些次要功能，大幅度降低产品成本 C，提高产品价值。

⑤运用高新技术，进行产品创新，既提高必要功能，又降低成本，大幅度提高价值。

至于每个企业究竟采用哪一种途径，这要从企业的实际条件确定，如加强市场调查，分析消费者心理，以及满足对产品的特殊要求等，才能作出正确的决策。

7.1.2 价值工程及其特点

价值工程是着重于功能分析，力求用最低的寿命周期成本可靠的实现必要功能的一种有组织的创造性活动。从价值工程的概念来看，它具有以下特点：

（1）价值工程是以功能分析为核心。

价值工程中的功能是指功用、效用、能力等，是指对象能够满足某种需求的属性。功能是产品最本质的东西，正因为产品具备了功能才能得以使用和存在下去。人们购买产品实际上是购买这个产品所具有的功能。例如，人们需求住宅，实质是需求住宅的"提供生活空间"的功能。价值工程的特点之一就是研究并切实保证用户要求的功能。

但是，由于设计制造等方面的原因，产品在具备满足用户需求的特有功能的同时，存在一些多余的功能，这个必将造成产品不必要的成本。因此，必须通过分析，确定哪些功能是产品的必要功能，去掉或削弱产品的多余功能，改进产品设计，降低成本。

（2）价值工程所要实现的目标是寻求建立可靠实现产品或作业的必要功能基础上最低的寿命周期成本。

任何事物都有其产生、发展和消亡的过程。事物从产生到其结束为止即为其寿命周期。就建筑产品而言，其寿命周期是指从规划、设计、施工建设、使用、维修，直到报废为止的整个时期。建筑产品的寿命包括 2 种，一种是自然寿命，另外一种是经济寿命。

建筑产品在整个寿命周期过程中所发生的全部成本，称为寿命周期成本，它包括建设成本和使用成本两部分。建设成本是指建筑产品从筹建直到竣工为止的全部成本，包括勘察设计费、施工建造等成本。使用成本是指用户在使用过程中所发生的各种成本，包括维修成本、能源消耗成本、管理成本等。对于用户来说，建筑产品寿命周期成本 C 是建设成本 C_1 和使用成本 C_2 之和，即：

$$C = C_1 + C_2 \tag{7-2}$$

建筑产品的寿命周期费用与建筑产品的功能有关。从图 7-1 可以看出，随着建筑产品的功能水平的提高，建筑产品的使用成本降低，但是建设成本就会增高，反之，使用成本增高，建设成本降低。但是，粗心设计且施工中偷工减料的工程质量一定低劣，使用成本中的维修费用就一定较高。建设成本、使用成本与功能水平的变化规律决定了寿命周期成本呈图 7-1 所示的马鞍形变化，决定了寿命周期成本存在最低值。建设成本 C_1 的曲线和使用成本 C_2 的曲线的交点对应的寿命周期成本才是最低的，最低寿命周期成本 C_{min} 所对应的功能水平 F_0 是从费用方面考虑的最为适宜的功能水平。

（3）价值工程是有组织的创造性活动。

价值工程是有组织的创造性活动，这是因为它不同于一般的合理化建议，需要进行系统的研究、分析。产品的价值工程涉及设计、工艺、采购、加工、管理、销售、用户、财务等各个方面。它需要调动各方面的积极性，发挥集体智慧，大家提供信息，共同协作。

7.1.3 价值工程的工作程序

开展价值工程的过程实际上是一个发现问题、分析问题和解决问题的过程。针对价值工程的研究对象，逐步深入提出一系列问题。并通过回答问题寻求答案，使问题得以解决。

（1）价值工程实施中涉及的主要问题

价值工程实施中，所提出的问题通常包括以下内容：

①VE 的对象是什么？

②它是干什么用的？

③它的成本是多少？

④它的价值是多少？

⑤有无其他方法可以实现同样的功能？

⑥新方案的成本是多少？

⑦新方案能满足功能要求吗？

⑧偏离目标了吗？

（2）价值工程的工作程序

价值工程的工作程序，一般划分为准备工作阶段、分析问题阶段、方案创新阶段与方案实施阶段等 4 个阶段，以及工作对象的选择、信息搜集、功能定义、功能整理、功能成本分析、功能评价、确定改进范围、方案创造、概略评价、调整完善、详细评价、提出方案、方案审批、实施与检查和成果鉴定等 15 个具体工作步骤，如表 7-1 所示。

1）准备工作阶段

准备工作主要是指制定工作计划和资料搜集，包括确定价值工程的研究对象，找出需要改进的产品、部件或问题，以及按照选定的对象搜集必要的信息资料。

价值工程的工作程序   表 7-1

工作阶段	设计程序	工作步骤		对应问题
		基本步骤	详细步骤	
准备工作	制定工作计划	确定目标	1. 工作对象的选择	1. 这对象是什么
			2. 信息搜集	
分析问题	规定评价（功能要求是想实现程度标准）	功能分析	3. 功能定义	2. 它是干什么用的
			4. 功能整理	
		功能评价	5. 功能成本分析	3. 它的成本是多少
			6. 功能评价	4. 它的价值是什么
			7. 确定改进范围	
方案创新	初步设计	制定改进方案	8. 方案创造	5. 还有其他方法能实现这一功能吗
	评价各设计方案，对方案进行改善、优选		9. 概略评价	6. 新方案的成本是多少
			10. 调整完善	
			11. 详细评价	
	书面化		12. 提出方案	7. 新方案能满足功能要求吗
方案实施	检查实施情况并评价活动成果	实施评价成果	13. 审批	8. 偏离目标了吗
			14. 实施与检查	
			15. 成果鉴定	

2）分析问题阶段

分析问题是指将选定的对象进行功能分析，弄清对象具有哪些功能？这些功能哪些是必要的及这些功能之间有何关系？价值工程是以功能为中心来分析问题，一般是采用功能分析方法，它包括功能定义、功能整理等，并在功能分析的基础上进行功能评价，以对价值工程对象的功能、成本、价值进行定量、定性分析，从而为价值工程对象的改进提供科学依据。

3）方案创新阶段

方案创新是指依据集体智慧，提出各种改进方案和方案创新的设想，在此基础上进行技术、经济、社会等各方面的综合评价，选择出具有价值的创新方案，并使其具体化。通过试验并证实后选出最佳方案，以作为正式提案送交有关部门研究审批。

4）方案实施阶段

方案实施是指正式提交的最佳方案在经有关部门审批后，才能进行实施，并应检查方案实施情况和评价其活动成果，以及实施成果的鉴定，评价是否达到预期目标或偏离了目标。

上述仅是价值工程的一般工作程序，由于价值工程应用范围广泛，其活动形式也不尽相同。因此在实际应用中，可以参照这个工作程序，并根据对象的具体情况，正确应用价值工程的基本原理与方法，以确定具体的实施措施和方法步骤。但作为这个工作程序的核心，即方案的实施阶段以及关键的功能分析与评价，则是方案创造不可缺少的内容。

7.1.4 应用价值工程的重要意义

价值工程是既能提高产品功能，又能降低产品成本的一种现代管理技术。对于涉及产品和费用等领域的价值工程的应用都具有重要意义。

（1）价值工程的应用可提高经济效益和促进企业管理

企业要提高生产技术和管理水平，必须改变落后的生产技术和管理模式，而运用价值工程则是改变企业技术落后和经营管理落后的一种重要手段。因为价值工程能够帮助企业进行产品定位，在保证产品必要功能的基础上，摒弃产品的不必要功能，使产品的成本最低。另外，结合 IE 和 QC 方法，使企业的管理进一步加强，并在保证和提高产品质量的过程中，降低企业各个环节的成本，做到人尽其才，物尽其用。在加强全面质量管理和全面经济核算的同时，搞好综合管理，从而带动各方面管理水平的提高。

（2）价值工程的应用可推动企业的技术与经济工作

在实际工作中，企业往往将技术与管理两者分割开来，在注意产品质量的提高，追求技术上的先进性的同时，却忽视了产品成本的降低和价格的合理；注意了产品成本的降低，却又忽视了产品质量的提高。这些片面的做法影响了经济效益的提高。而价值工程则强调要对产品的技术方案进行经济效益的评价，既要考虑技术上的先进性和可行性，又要考虑经济上的合理性和现实性，从而避免由于工作的片面性所带来的不良后果。

（3）价值工程的应用可为企业经营和发展决策提供依据

价值工程的应用是坚持用户第一的思想上进行的，通过市场调查，随时掌握市场动态，不断开发新产品，改进原有产品，寻求以最低的生产成本来满足用户对产品功能的需求，使自己的产品适销对路，取得最佳经济效益。这些都将为企业作出正确的经营决策打下基础。

7.2 对象选择与情报收集

7.2.1 对象选择

价值工程的应用首先要确定对象，其对象是生产中存在的问题，它可以是一个系统、一种产品、一台设备或一项工程，也可以是它们中的某些组成部分。就建筑产品而言，其种类繁多，如质量、成本、施工工艺和方法等，且各不相同，工程项目建设中要经历评估立项、设计、招投标、施工、竣工验收等各个阶段。勘察设计、施工建造、物资供应等多方面，都可能受到人、财、物、施工技术水平和管理水平等系列因素的综合影响。因此，不可能把构成建筑产品或服务的所有环节作为价值工程的改善对象。为了节省资金，提高效率，只能精选其中一部分来实施价值工程。

（1）价值工程选择对象的原则

1）保持与社会目标相适应的原则

在考虑与社会目标相适应时，价值工程选择对象应优先考虑国家急需的重点工程（产品），社会需要量大的工程项目（产品），以及国家工程项目建设急需的短缺产品、公害治理和污染严重的环保项目等。

2）保持与发展目标相适应的原则

在考虑与社会目标相适应时，价值工程选择对象应优先考虑研制中的产品，需要更新改造的设备，拟定改革的工艺流程，竞争激烈的产品，用户意见大的产品，开辟新市场的产品和出口外销的产品等。

3) 保持与利益目标相适应的原则

在考虑与利益目标相适应时，价值工程选择对象应优先考虑成本高、利润低的产品，材料贵、耗用量大的产品，能耗高、性能差、技术水平低的产品，生产周期长、占用资金多的产品，笨重、结构复杂的产品等。

4) 价值提高的可能性原则

在实际工作中，企业经营目标的实现，大幅度提高价值，不仅取决于产品本身的价值改善潜力大小和难易程度，还要取决于企业在分析研究时的人力、物力、财力等一系列的客观条件。只有价值工程工作小组在一定时间内，通过运用新材料、新结构、新工艺、新技术，将能够改进见效的，具有较大改善潜力的产品选为价值工程对象，对它们进行改进，才有利于实现企业的经营目标。

(2) 价值工程选择对象的方法

1) 经验分析法

经验分析法又称因素分析法。这种方法是组织有丰富实践经验的专业人员和管理人员对已收集掌握的情报资料做详细而充分的分析讨论，在此基础上选择价值工程对象，因此，它是一种定性分析方法。运用这种方法时要对各种影响因素进行综合分析，区分主次轻重，既考虑需要，也考虑可能，以保证对象选择的合理性。这种定性分析方法，其优点是简便易行，节省时间；缺点是缺乏定量分析依据，不够准确。在目标单一，产品不多或问题简单的情况下，用于初选阶段是可行的。

运用此法选择对象时，可以从设计、施（加）工、制造、销售和成本等几方面进行综合分析。因为任何产品的功能和成本都是由多方面的因素构成的，关键是要找出主要因素，即抓住重点。具有下列特点的一些产品或零部件可以作为价值分析的重点对象：

①产品设计年代已久，技术已显陈旧；

②产品重量、体积很大，制造增加材料用量和工作量；

③质量差、用户意见大或销售量大、市场竞争激烈的产品；

④成本高、利润低的产品；

⑤组件或加工复杂，影响产量的零部件；

⑥成本占总费用比重大，功能不重要而成本高的产品。

总之要抓住主要矛盾，应选择成功概率大、经济效益高的产品和零部件作为价值工程的重点分析对象。

2) ABC 分析法

ABC 分析法是指根据"关键的少数，次要的多数"的原理，对复杂事物的分析提供一种抓主要矛盾且简明有效的定量分析方法。这是意大利经济学家帕莱特在研究人们收入规律时总结出来的。他发现占人口百分比不大的少数人收入占总收入的极大部分，而占人口百分比大的多数人收入却占总收入的极小部分。类似这种现象在社会生活中也屡见不鲜。如在进行成本分析时发现，数量占零部件总数的 10% 的零部件，其成本却占总成本的 70% 左右；另有占数量 20% 的零部件，其成本占总成本的 20%；而有 70% 的零部件的成本仅占总成本 10%。我们将占总成本 70% 的那部分零部件划为 A 类，将占 20% 的划为

B类，将占10％的划为 C 类。此即为 ABC 分析法。此法将成本百分比表示在纵坐标轴上，产品或零部件占有的数量百分比表示在横坐标轴上，绘制 ABC 分类图。

应用 ABC 分析法选择价值工程对象的步骤如下：

①将一种产品或全部产品的零部件按成本高低依次排列。

②按排列的累计件数求占零部件总数或总产量的百分比。

③根据零部件或产品的累计成本求出所占总成本的百分比。

④按 ABC 分析法将零部件或全部产品分为 A、B、C 三类，首选 A 类为价值工程对象。

【例 7-1】 某产品由 42 种共 100 件零部件组成，根据零部件成本高低依次排列，经过计算，即可分得 A、B、C 三类，如表 7-2 所示。

某产品 ABC 分类计算表 　　　　　　　表 7-2

零件序号 (1)	件数 (2)	累计		成本 (元) (5)	累计		备注 (8)
		件数 (3)	占零件总数的百分比（%）(4)		金额 (元) (6)	站全部成本的百分比 (元) (7)	
001	1	1	1	40	40	20	A
002	2	3	3	38	78	39	
003	1	4	4	16	94	47	
004	2	6	6	15	109	54.5	
005	2	8	8	14	123	61.5	
006	3	11	11	12	135	67.5	
007	2	13	13	9	144	72	
008	4	17	17	8	152	76	B
009	4	21	21	8	160	80	
010	2	23	23	7	167	83.5	
011	1	24	24	6	173	86.5	
012	1	28	28	4	177	88.5	
013	3	31	31	3	180	90	
…	…	…	…	…	…	…	
041	1	98	98	1	199	99	C
042	2	100	100	1	200	100	
合计	100			200			

为了更直观地表示分类情况，还可以将分类结果以 ABC 分类图的形式展示出来，如图 7-2 所示。

从图 7-2 可以直观的看出 A 类是"关键的少数"，是重点分析对象。

ABC 分析法的优点是抓住重点，突出主要矛盾，在对复杂产品的零部件作分析对象选择时，常用它作主次分类。价值工程工作小组可以结合自身的人力、财力、时间要求，略去"次要的多数"，抓住"关键的少数"，卓有成效地开展工作。

3）价值系数法

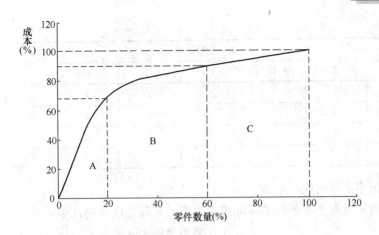

图 7-2 ABC 分类图

价值系数法是根据价值系数大小判断各个零部件的价值，将价值低者作为 VE 对象，价值系数 V 的计算式如下：

$$价值系数（V）=\frac{某零部件的功能重要系数}{某零部件的成本系数} \tag{7-3}$$

这种方法除用于选择对象外，还可以用于进行功能评价和方案评价。现用以下实例来说明其具体步骤。

【例 7-2】 假设某产品由 A、B、C、D、E 等 5 个零部件组成，其成本费用分别为 1.8、0.8、0.8、1.1、2.5 万元。总成本为 7 万元。试确定其 VE 对象及分析顺序。

【解】

（1）求出零部件的功能重要性系数

①确定打分方法：首先，对每个零部件的功能重要性进行评价打分，其打分方法很多，如强制确定法（FD 法）中的 01 评分法、04 评分法，这里仅以 01 评分法为例。

②评分规则：邀请 5～15 个对产品生产熟悉的人员参加，各自评分，然后取其平均值；所有零部件两两对比，分别评价功能的相对重要性，功能重要者打 1 分，相对不重要者打 0 分；两个零部件比较，不允许认为两者同样重要都打 1 分，也不允许认为同样不重要都打 0 分。

③评分过程：首先将 5 个零部件按任意顺序填入表 7-3 中，然后根据用户要求评价零部件的功能重要性；A 与 A 相比较没有意义，用 × 表示，A 比 B 重要打 1 分，B 打 0 分，以此类推。然后按式（7-4）计算功能重要性系数：

$$功能重要性系数=\frac{某零部件得分数}{全部零部件得分数之和} \tag{7-4}$$

功能重要性系数表   表 7-3

零部件名称	一对一比较结果					得分	功能重要性系数
	A	B	C	D	E		
A	×	1	0	1	1	3	0.3
B	0	×	0	1	1	2	0.2

续表

零部件名称	一对一比较结果					得分	功能重要性系数
	A	B	C	D	E		
C	1	1	×	1	1	4	0.4
D	0	0	0	×	0	0	0
E	0	0	0	1	×	1	0.1
合计						10	1.0

（2）求出零部件的成本系数

成本系数是指每个零部件的实际成本占产品实际总成本的比值，其计算式如下：

$$成本系数 = \frac{某零部件实际成本}{产品实际总成本} \tag{7-5}$$

各个零部件的成本系数如表 7-4 所示。

（3）求出价值系数。

价值系数计算表如表 7-4 所示。

价值系数计算表　　　　　　　　　　　　　　　　　表 7-4

零部件名称	功能重要系数 (1)	现实成本（万元） (2)	成本系数 (3) = (2)/7	价值系数 (4) = (1)/(3)	对象选择顺序
A	0.3	1.8	0.26	1.154	4
B	0.2	0.8	0.11	1.818	3
C	0.4	0.8	0.11	3.636	1
D	0	1.1	0.15	0	—
E	0.1	2.5	0.36	0.278	2
合计	1.00	7.00	1.00	—	

（4）判断与确定 VE 对象

①当价值系数 $V < 1$ 时，说明零部件的功能重要性较差而相应花费的成本较大，若选为 VE 对象，则可提高其价值。

②当价值系数 $V > 1$ 时，说明零部件的功能重要性较高而成本较小，这些零部件也可列为 VE 对象，进一步增大其价值。

③当价值系数 $V \approx 1$ 时，说明其功能重要性与成本比重相当，可不作为 VE 对象。

④当价值系数 $V = 0$ 时，说明零部件不重要。

根据表 7-4 所列的价值系数 V 偏离 1 的程度，可确定 VE 活动对象的顺序为 C、E、B、A。

FD 法简单易行，比较实用。当零部件数量不多，零部件功能重要程度差异比较均衡时，该方法比较有效。选择 VE 对象的方法除上述方法外，还有比重分析法、倍比确定法和区域法等。

7.2.2　情报信息的搜集

价值工程的目标是提高价值，为了实现目标所采取的任何决策，都与掌握的情报信息多少有关。通过情报信息搜集与整理可对产品进行对比分析，从而发现问题，找出差距，确定解决问题的方向。另外，掌握相当数量的情报，还往往可使人受到启发，拓展思路。因此，情报信息是价值工程实施过程中进行价值分析、比较、评价和决策的依据。对于价值工程来讲，情报信息是资源，价值工程所能取得的成果，很大程度上取决于所搜集情报信息的质量、数量和适宜的时间。

（1）情报信息搜集的原则

①情报信息搜集应遵循生产全过程的原则

应将产品从研制、生产、流通、交换到消费全过程的情报信息搜集起来，并加以归纳、整理、分析，使情报信息得到充分的利用。

②情报信息搜集应注意情报特性的原则

情报信息在搜集的过程中，应注意情报信息的广泛性、目的性、可靠性、时间性、经济性，而实际应用中应统筹兼顾。

③情报信息搜集应力求及时高效的原则

应力求以较短的时间、较快的速度、较低的成本、较高的质量完成情报信息的搜集工作。

（2）情报信息搜集的内容

情报信息从范围上来说，有企业内外和国内外信息资料，一般包括以下几个方面内容：

1）用户要求方面的情报信息

①用户使用产品的目的，使用环境和使用条件

②用户对产品性能方面的要求

a. 产品使用功能方面的要求：如汽车的载重量、电视机的图像、手机通话的清晰程度等。

b. 对产品的可靠性、安全性、操作性、保养维修性及寿命的要求，如产品过去使用中的故障、事故情况与问题。

c. 对产品外观方面的要求：如造型、体积、色彩等。

③用户对产品价格、交货期限、配件供应、技术服务等方面的要求

2）销售要求方面的情报信息

①产品产销数量的应变，目前产销情况与市场需求量的预测。

②产品竞争的情况，如目前有哪些竞争的厂家和竞争的产品，其产量、质量、销售、成本，利润情况；同类企业和同类产品的发展计划，拟增加的投资额、重新布点、扩建、改建或合并调整的情况。

3）科学技术方面的情报信息

①现产品的研制设计历史和演变。

②本企业产品和国内外同类产品的有关技术资料，如图纸、说明书、技术标准、质量调查等。

③有关新结构、新材料、新技术、标准化和三废处理方面的科技信息资料。

4）企业生产方面的情报信息

①产品加工方面的情报信息，如生产批量、生产能力、加工方法、工艺装备、生产节

拍、检验方法、废品次品率、厂内运输方式、包装方法等情况。

②原材料及外构件的种类、质量、数量、价格、材料利用率等情况。

③供应与协作单位的布局、生产经营情况、技术水平与成本、利润、价格等情况。

④厂外运输方式及运输经营等情况。

5）成本方面的情报信息

包括产品及零部件的定额成本、工时定额、材料消耗定额、各种费用定额、材料、配件、自制半成品、厂内劳务的厂内计划价格等。

6）政府和社会有关部门法规、条例等方面的情报信息

关于政府及有关部门法规、条例等方面情报信息的搜集，应注意情报信息资料的目的性、计划性、可靠性、适时性。搜集情报信息要事先明确目的，避免无的放矢；要力争无遗漏又无浪费地搜集必要的情报信息。情报信息是行动和决策的依据，错用了就会导致决策失误，不准确的情报信息是达不到预期的效果，只有准确的情报信息才能作出正确的决策。

7.3 功能分析与评价

功能分析是价值工程活动的核心内容，对 VE 对象进行的功能分析，不仅使生产成本评价有了客观依据，还可以发现哪些功能是不必要的，哪些功能是过剩的，哪些功能是不足的，从而在该方案中删除不必要的功能，降低过剩功能，补充、提高不足功能，使产品有一个合理、平衡的功能结构，以达到降低成本，提高价值的目的。

它通过分析信息资料，正确表达各对象的功能，明确功能特性要求，绘制功能系统图。在此基础上，依据掌握的用户的功能要求，对功能进行定量评价，以确定提高价值的重点改进对象。功能分析包括功能定义、功能分类、功能整理和功能评价 4 部分内容。

7.3.1 功能定义

功能定义就是将 VE 对象及其组成部分所具有的功能做出明确的表述。在这一表达中应明确功能的本质，限定功能的内容，并能与其他功能概念有所区别。功能定义的表述应做到准确、简洁、明了，通常用一个动词和一个名词进行表述。要求动词和名词宾语把功能简明扼要的定义出来，主语是被定义的对象。例如，基础的功能是"承受荷载"，这里基础是功能承担者；电线的功能是用动词"传导"和名词"电流"组合成"传导电流"；钟表的功能是"指示时间"等。功能定义可以使 VE 小组成员明确产品设计的依据，可以开阔设计思路，有利于功能评价。

在功能定义时应注意以下几个方面：

（1）在定义功能时应力求拓展或概括一些，尽可能抽象化，以便有可能打开思路，广泛探求实现这种概念的新方案。若要提高功能定义抽象化程度，就要使用限定性较少的动词。例如吸尘器的功能定义为"除掉灰尘"，而不宜为"吸掉灰尘"，因为实现"除掉灰尘"这一功能有多种方法，如冲洗、气吹、静电吸附等。

（2）功能定义时应注意，名词要尽量用可测量的词汇，以便定量化。例如，电线功能定义为"传电"就不如"传递电流"好。其次，动词要采用扩大思路的词汇。例如，定义一种在零件上作孔工艺的功能，用"作孔"比用"钻孔"思路开阔得多。

（3）在功能定义时，还必须了解那些可靠地实现功能所需要的条件，这些条件可以归纳为"5W2H"，即：功能承受对象是什么（What）？为什么要实现（Why）？由谁来实现（Who）？在何时实现（When）？在何地实现（Where）？功能实现程度是多少（How much）？实现功能的手段是什么（How to）？尽管在功能定义时省略了这"5W2H"的条件，但是在具体活动中却不能忽视这些制约条件，否则就不能准确地把握实现功能的最本质的内容。

7.3.2 功能分类

任何产品，包括工序、作业、构件、构配件等都具有相应的功能，如果产品不具备应有的功能，则该产品将失去存在的价值。不同的产品具有不同的功能，即使同一产品也常常可能具有几种功能。产品的功能分类一般可以分为以下 4 个方面：

（1）基本功能

基本功能是决定产品性质和存在的基本因素，即这种产品使用目的所不可缺少的功能和必要的功能。例如承重外墙的基本功能是承受荷载，室内间隔墙的基本功能是分隔空间。

（2）辅助功能

辅助功能是对实现产品基本功能起着辅助作用的功能，即为了更有效地实现基本功能而附加的因素。例如隔声、隔热是墙体的辅助功能；又如夜光表的基本功能是指示时间，而夜光只在晚上使用，只是辅助功能。通常来讲产品的基本功能所花的成本费用，总是要大于产品辅助功能的成本费用。

（3）使用功能

使用功能是每个产品包括建筑产品都必须具有的使用价值，它包括产品的可靠性、有效性、安全性、保养性（即维修性）。它是通过产品的基本功能和辅助功能表现出来的。

（4）外观功能

外观功能又称为美观功能。很多产品除在性能上满足要求外，还应按照用户的要求在造型、图案、样式等方面加以美化，如建筑产品美观功能一般包括建筑物的造型、样式、色彩、图案等。

（5）必要和不必要功能

必要功能是指对象为满足使用者的需求所必须具备的功能，或者说是用户要求对象具有的功能。不必要功能是指对象所具有的与满足使用者的需求无关的功能，或者说是用户完全不需要的功能。

一般来说，任何产品包括建筑产品都应着重满足其基本功能和使用功能的要求，但是也不能忽视产品的辅助功能和外观功能，其具体要求取决于社会消费水平和产品的性质等因素。

7.3.3 功能整理

一件产品通常由许多零部件组成，各个零部件各有其功能，这些功能可以组成有关体系。所以一个产品除具有结构体系外，客观上同时存在一个功能体系。功能整理就是按照一定的逻辑关系，将 VE 对象各个组成部分的功能相互连接起来，形成一个有机整体，并对定义出的功能进行系统的分析、整理，明确功能之间的关系，分清功能类别，建立功能系统图，如图 7-3 所示。功能整理的过程就是建立功能系统图的过程。

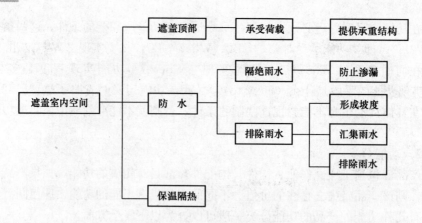

图 7-3 平屋顶功能系统图

通过功能整理，能够审查功能定义的正确性，从而确认用户所需求的功能，发现不必要的功能，或目的不明确的功能，或重复的功能；可正确掌握和区分功能区域，并为对象提出改进措施，以大幅度改善功能与成本的比值；明确功能级别，可以有目的的选择级位高的功能作为改善产品的方向。

7.3.4 功能评价

功能评价是指对产品功能的价值进行测试和评定，是对产品功能进行的定量分析。即在产品功能分析的基础上，应用一定的科学方法，进一步求出实现某种功能的最低成本（或称目标成本），并以此作为功能评价的标准，亦称功能评价值，通过与实现该功能的现实成本（或称目前成本）相比较，求出两者的比值即为功能价值；两者差值为成本改善期望值，也就是成本降低幅度。其计算公式如下：

$$V = \frac{F}{C} \tag{7-6}$$

式中　V——功能价值（或价值系数）；

　　　F——功能评价值；

　　　C——功能的现实成本（即目前成本）。

$$功能成本改善期望值 = C - F \tag{7-7}$$

在通常的情况下，功能评价值 F 是功能的最低成本，此时功能评价值，常常作为功能成本降低的奋斗目标，亦称目标成本或标准成本。可从功能评价的数据中，将那些功能价值低、改善期望值大的功能作为开展 VE 的重点对象。

功能评价的基本程序是：计算功能的现实成本（目前成本）；确定功能的评价值（目标成本）；计算功能的价值（价值系数）；计算成本改善期望值；选择价值系数（即 V）低、成本改善期望值大的功能区域作为重点改进对象。

（1）计算功能的现实成本（目前成本）

在产品中的一个零部件往往具有几种功能，而一种功能也往往通过几个零部件才能实现。因此，计算功能的现实成本，就需要把零部件的成本转移分配到功能上去，计算功能的现实成本可通过填表进行。

【例 7-3】 某产品具有 $F_1 \sim F_5$ 等 5 项功能，由 A、B、C、D 等 4 个零部件实现，其功能现实成本计算，如表 7-5 所示。

各功能的现实成本计算表　　　　　　　　　　　　　　　　　表 7-5

零部件			功能或功能区域				
序　号	名　称	成本（元）	F_1	F_2	F_3	F_4	F_5
1	A	500	△200		△100		△200
2	B	300		△100		△100	△200
3	C	150	△50		△100		
4	D	80	△30			△50	
合计		1030	280	100	200	150	300

首先是确定每个零部件对实现哪些功能有贡献。例如：上表中的零部件 A 可以用来实现 F_1、F_3 和 F_5 功能，就在相应的格子内作记号"△"。

然后确定每个零部件对各功能所起作用的比例，并按比例将零部件的成本分配到各功能上。如零部件 A 对 F_1、F_3 和 F_5 功能，所起作用的比例为 2：1：2，则将其成本 500 元分配给 F_1 功能为 200 元，F_3 功能为 100 元，F_5 功能为 200 元。

再将各功能从各零部件分配到的成本合计起来，即为各功能的现实成本。例如 F_1 功能的成本为 280 元。

（2）计算功能评价值

计算功能评价值的方法比较多，如反推法、实际调查法、理论计算法、经验估算法和功能重要性系数评分法等，现就功能重要性系数评分法举例介绍如下：

1）确定功能重要性系数

计算和确定功能重要性系数的方法，除有 01 评分法（该方法前面已讲述）、04 评分法以外，还有倍数确定法。04 评分法与 01 评分法基本相同，不同的是打分标准有所改进。现重点介绍倍数确定法。

倍数确定法，又称为 DARE 法。这种方法是利用评价因素之间的相关性进行比较，从而计算确定出重要性系数，并据此选择最佳方案。其计算确定步骤如下：

①根据各评价对象的功能重要程度（或现实难度），按上高下底的原则排序（即 F_1 功能得分为 9，F_2 功能得分为 6，F_3 功能得分为 3，F_4 功能得分为 1）。

②从上到下对相邻的两个评价对象的功能重要性程度（或现实难度）进行比较，如表 7-6 所示。

③令最后一个评价对象得分为 1，按上述各对象之间的相对比值计算其他对象的得分。

④用各评价对象的得分除以总分，计算出各评价对象的功能重要性系数。

DARE 法确定功能重要性系数计算表　　　　　　　　　　　　表 7-6

评价对象	相对比值	得分	功能重要性系数
F_1	$F_1/F_2=1.5$	9.0	9/19＝0.47
F_2	$F_2/F_3=2.0$	6.0	6/19＝0.32
F_3	$F_3/F_4=3.0$	3.0	3/19＝0.16
F_4	—	1.0	1/19＝0.05
合计		19	1

2) 确定功能评价值

确定功能评价值，其计算分新产品设计和老产品改进设计两种情况。

①新产品设计

在新产品设计前，根据国家计划、价格政策、市场预测等情况，已大致确定了产品的目标成本。所以，当功能重要性系数确定后，就可将产品的目标成本按功能重要性系数加以分配。假设预计总目标成本为 800 元，则根据 DARE 法计算确定功能重要性系数，求出各功能的评价值，如表 7-7 所示。

新产品功能评价值计算表 表 7-7

功能区域	功能重要性系数	功能评价值
F_1	0.47	$0.47 \times 800 = 376$
F_2	0.32	$0.32 \times 800 = 256$
F_3	0.16	$0.16 \times 800 = 128$
F_4	0.05	$0.05 \times 800 = 40$
合计	1	800

②老产品改进设计

一般情况，在老产品改进设计前已有了目前成本（假设为 300 元），可以将已知的现实成本分摊到各功能上，再根据功能评价值求出价值系数及成本降低值，具体计算如表 7-8 所示。

老产品功能评价计算表 表 7-8

功能区域 (1)	功能重要性系数 (2)	现实成本 (3)	重新分配的功能区域成本 (4)=(2)×300	功能评价值 (5)	价值系数 (6)=(5)/(3)	成本改善期望值 (7)=(3)-(5)
F_1	0.47	80	141	80	1	—
F_2	0.32	130	96	96	0.74	34
F_3	0.16	48	48	48	1	—
F_4	0.05	42	15	15	0.36	27
合计	1	300	300	239	—	61

按照表 7-8 的计算，在确定功能评价值时，有以下 3 种情况：

a. 如功能区域新分配的成本大于现实成本时，则以现实成本作为功能评价值，如 F_1。

b. 如功能区域新分配的成本等于现实成本时，则以现实成本作为功能评价值，如 F_3。

c. 如功能区域新分配的成本小于现实成本时，则以新分配成本作为功能评价值，如 F_2、F_4。

③计算出价值系数和成本改善期望值

如表 7-8 所示。

④确定 VE 改进对象

在选择改进对象时，主要应考虑价值系数大小和成本改善期望值的大小。其具体确定原则如下：

a. 价值系数值低的功能区域。计算出来的价值系数值小于 1 的功能区域，基本上都应作为改进对象，特别是价值系数值比 1 小得多的功能区域，力求通过改进使价值系数值等于 1。

b. 成本改进期望值大的功能区域。当几个功能区域的价值系数同样低时，要优先选择成本改善期望值大的功能区域作为重点改进对象。

7.4 方案创造与评价实施

上述功能评价明确了 VE 对象及其目标成本，解决并回答了"它的成本是多少？"问题，而方案创造与评价实施，则主要是解决回答"有无其他方法来实现原有功能？"、"新方案的成本是多少？"、"新方案能否满足要求吗？"等问题。

7.4.1 方案创造

创造可以理解为"组织人们通过对过去经验和知识的分析与综合以实现新的功能"。价值工程能否取得成功，关键是功能分析评价之后能否构思出可行的方案。为了提高产品的功能和降低成本，达到有效地利用资源，因此需要寻求最佳的代替方案。寻求或构思这种最佳方案的过程就是方案的创造过程。这也是一个创造、突破、精制的过程。

方案创造是针对应改进的具体目标，它是依据已建立的功能系统图、功能特性和功能目前成本，通过创造性的思维活动，提出各种不同的实现功能的方案。为了实现产品的基本功能、辅助功能、使用功能、外观功能，任何设想都可以提出来。在提出各种设想时，不应受任何时间和空间的限制，不要受任何权威意见的干扰，只要是符合这些功能的设想，都可以放开思想、大胆提出。

(1) 头脑风暴法

头脑风暴法又称为 BS 法。这种方法是邀请若干个熟悉产品设计和生产过程的人员参加研讨会，通过会议主持人的启发和引导，使到会人员在无拘无束、敞开思想、集思广益的气氛中，提出各自的提案并做好记录。然后再邀请有关专家进行评价，对有价值的提案建议加以补充和完善，这样就可以从中精选出一些优秀的提案作为进一步研究的方案。

(2) 哥顿法

哥顿法又称为模糊目标法，它是美国人哥顿（Gordon）在 1964 年提出的一种方法。这种方法的指导思想是把要研究的问题适当抽象，以利于开拓思路。在组织召开研究改进的专题会议上，主持人只提出一个抽象的功能概念，要求参加人员提出各种设想，方案也就可以提得更多。会议主持人要善于引导，即用各种类比的方法提出问题，等到合适的时候，才把要解决的问题揭开，便于进行方案的对比选择。

(3) 德尔菲法

德尔菲法又称为专家函询法。它是由美国咨询机构兰德公司率先采用的一种方法。这种方法是将所要提出的方案分解为若干内容，并把这些内容送给提案专家，经专家审阅评价后，整理出各种建议方案，在集中各位专家的分析意见中，再选择出比较实用的方案交给各位专家审查分析。经过这样 3 次或多次的反复研究分析，最后确定可行的最佳方案。由于这种方法具有匿名性，提案人员互不见面，可以在避免不必要的顾虑下提出各自的意见，而且方案是通过反复修改，逐步集中形成的，因此最后的结果具有最佳方案的特性。

7.4.2 方案的评价与选择

经过方案创造过程得到大量的提案，但是必须从大量可供选择的设想方案中进行筛选，因此要对这些方案作出评价。方案评价一般分为概略评价和详细评价两种。概略评价可采用定性分析法对方案进行初选，舍弃明显不合理的方案。详细评价是对经过筛选后的各提案和原案进行经济性、技术性、社会性评价，最后选择出满意的最佳方案。

方案的概略评价和详细评价都包括技术评价、经济评价、社会评价和综合评价。方案评价框图如图 7-4 所示。

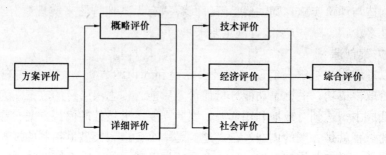

图 7-4　方案评价框图

（1）技术评价

技术评价是指对主要评价方案能否实现所要求的功能，以及方案本身在技术上能否实现。它包括：功能实现程度（如性质、质量、寿命等）、可靠性、可维修性、安全性、整个系统的协调、与环境条件的协调性能等。技术评价可以通过现场试验、模型试验、理论试验等方法进行。

（2）经济评价

经济评价是指从经济效益上评价改进方案经济上的合理性。它包括：成本、利润、企业经营需要、适用期限和数量、实施改进方案所需的费用等。经济评价的方法包括前面有关章节已介绍过的总额法、差额法、盈亏平衡分析法、现金流量法等。

（3）社会评价

社会评价是指考核改进方案实施后对社会产生的影响及企业利益能否一致。它包括：方案的功能条件与国家的技术改善和科学发展规划是否一致，方案的实施与社会环境、公害污染、能源耗费以及国家的法律、法规、条例等是否一致。

（4）综合评价

综合评价是指在技术评价、经济评价和社会评价的基础上进行的整体评价，它可以找出一个在技术、经济、社会 3 个方面彼此协调的最优方案。方案综合评价是一个多目标决策问题，常用的方法有加法评分法、连乘评分法和加权评分法等。

1）加法评分法

加法评分法是指按照评价的项目规定若干等级，并按项目的重要程度规定不同的评分标准。重要程度高的评分值标准定得高些，反之定得低些。然后，根据各方案对各评价项目的实现程度按规定标准打分。最后汇总各方案的得分总数，按总分多少评定方案的优劣，如表 7-9 所示。

某新产品开发的综合评价表   表7-9

评价项目	评价等级	评分标准	评价方案 A	B	C	D
功能	很好地满足用户所需功能	30	30			
	基本满足用户所需功能	20		20		20
	尚能满足用户所需功能	10			10	
销路	销路大，范围大	15	15			
	销路中等，范围一般	10		10	10	
	销路小，范围小	5				5
生命期	导入期	15	15			
	成长期	10			10	10
	成熟期	7		7		
盈利能力	30%以上	20	20			
	25%以上	15		15	15	
	20%以上	10				10
生产可能性	利用现有条件可成批生产	10				10
	增加若干设备	8		8	8	
	需要大量投资	4	4			
合计		90～36	84	60	53	55

2）连乘评分法

连乘评分法是把各评价项目所得分数相乘，按乘积的大小评价方案的优劣。由于总分是由连乘所得，故不同方案的总分差距很大，比较醒目，便于选择。

3）加权评分法

加权评分法的具体计算步骤如下：

①确定评价加权系数，并利用FD法（或DARE法）确定各评价项目的加权系数 W_j，如表7-10所示。

利用FD法确定加权系数   表7-10

j	评价因素	灵敏度	可靠性	耐冲击	尺寸	外观	成本	评分值	加权系数 W_j
1	灵敏度	×	0	0	1	1	1	3	0.200
2	可靠性	1	×	1	1	1	1	5	0.333
3	耐冲击	1	0	×	1	1	1	4	0.266
4	尺寸	0	0	0	×	1	0	1	0.067
5	外观	0	0	0	0	×	0	0	0.000
6	成本	0	0	0	1	1	×	2	0.133
	合计							15	1.000

②分别就每个评价项目，利用FD法确定出每个方案 i 对项目 j 的满足系数 S_{ij}，如表7-11所示。

方案综合评价表　　　　　　　　　表 7-11

评价因素		方案 1		方案 2		方案 3		方案 4		方案 5	
项目	W_j	S_{ij}	$W_j S_{ij}$	S_{ij}	$W_j S_{ij}$	S_{ij}	$W_j S_{ij}$	S_{ij}	$W_j S_{ij}$	S_{ij}	$W_j S_{ij}$
灵敏度	0.200	0.0	0.000	0.3	0.06	0.1	0.020	0.4	0.080	0.2	0.040
可靠性	0.333	0.0	0.000	0.4	0.133	0.3	0.100	0.1	0.033	0.2	0.066
耐冲击	0.266	0.2	0.053	0.4	0.1067	0.3	0.080	0.1	0.026	0.0	0.000
尺寸	0.067	0.1	0.0067	0.2	0.0132	0.3	0.020	0.4	0.026	0.0	0.000
外观	0.000	0.1	0.000	0.4	0.000	0.3	0.000	0.2	0.000	0.0	0.000
成本	0.133	0.2	0.026	0.1	0.013	0.4	0.053	0.3	0.039	0.0	0.000
$T_i = \sum_{j=1}^{n} W_j S_{ij}$			0.086		0.326		0.273		0.204		0.106

③按以下公式计算方案 i 的加权评分总值 T_i，如表 7-11 所示。

$$T_i = \sum_{j=1}^{n} W_j S_{ij} \tag{7-8}$$

④最佳方案应选取加权评分总值 T_i 为最大值的方案。即选择表 7-11 中的方案 2 为最佳方案。

7.4.3　方案实施与成果评价

（1）提案审批

经过评价后而选定的最佳方案，在尚未实施前必须对其进行必要的试验与验证，试验通过后方可以正式提案上报审批，方案试验与论证内容包括产品结构、零部件、新材料、新工艺、新方法、样机或样品的性能、使用要求等。

为使提案能被接受，应将产品的技术经济指标、使用要求、存在的主要问题、提高价值的措施、预计达到的目标等作出具体说明，并附上功能分析、改进依据、试验数据、设计图纸、预计效果等资料，报主管部门审批。

（2）提案实施

在方案实施的过程中，VE 小组要跟踪检查，并对方案实施负责，若发现方案内容有不合适的地方，VE 小组应再次进行研究与修改。

（3）成果评价

开展价值工程的目的在于提高产品的价值，取得好的经济效益。通过功能分析、方案创造和方案实施等一系列活动，实际取得的技术经济效果如何？因此，必须认真进行成果评价总结。

价值工程活动成果的总结，就是将改进方案的各项技术经济指标与原设计进行比较，以考查方案（活动）所取得的综合效益。

价值工程活动评价工作是在保证产品质量、性能，以及功能的前提下，在方案实施以后，应对 VE 活动成果进行以下的评价：

1）技术评定

技术评定可以通过价值改进系数来进行，即改进后的产品价值 V_2 和改进前的产品价值 V_1 之差与改进前的产品价值 V_1 之比，称为价值改进系数，以 ΔV 表示。即：

$$\Delta V = \frac{V_2 - V_1}{V_1} \qquad (7\text{-}9)$$

当 $\Delta V > 0$ 时，说明价值工程活动的技术性良好，ΔV 值越大，效果就越好；

当 $\Delta V < 0$ 时，说明价值工程活动的技术性不好。

2）经济评定

经济评定包括以下指标的计算：

$$成本节约率 = \frac{改进前成本 - 改进后成本}{改进前成本} \times 100\% \qquad (7\text{-}10)$$

$$全年节约额 = (改进前成本 - 改进后成本) \times 全年产量 - 价值工程年活动费用 \qquad (7\text{-}11)$$

$$投资效率 = \frac{全年净节约额}{价值工程年活动费用} \qquad (7\text{-}12)$$

$$达到目标比率 = \frac{改进后成本}{节约目标额} \times 100\% \qquad (7\text{-}13)$$

3）社会效益评定

通过价值工程活动，产品满足了用户的需求，企业取得了经济效益；并且填补了国内外科学技术空白，满足了国家经济和国防建设的需要；降低了能耗，减少了污染；增加了就业和外汇收入等。以上情况说明了社会效益良好，反之则说明社会效益不佳。

7.5　价值工程在建筑设计方案优选中的应用案例

在建筑设计中，即使同一建设项目、同一单项工程或单位工程，都可以有各种不同的设计方案，由于设计方案的不同，工程造价也就会有较大的差异。这时，设计人员可以通过价值工程活动对设计方案进行优选。价值工程不仅可用于建设项目设计方案的分析选择，也可用于单位工程设计方案的分析选择。现就在建筑设计中如何应用价值工程，进行住宅设计方案的优选，以说明价值工程在建筑设计中的应用。

7.5.1　对象选择

由于建筑设计单位承担的设计项目种类繁多，应选择哪些项目作为价值工程的分析对象呢？建筑设计单位可以依据最近几年承担的设计项目建筑面积的统计数据，运用百分比法来选择价值工程的研究对象。建筑设计单位最近几年承担各类设计项目建筑面积所占比例，如表 7-12 所示。

某建筑设计单位设计项目情况统计表　　　　　　　　　　　　　　　表 7-12

工程类别	比例（%）	工程类别	比例（%）
住宅	38	图书馆	1
综合楼	10	商业建筑	2
办公楼	9	体育建筑	2
教学楼	5	影剧院	3
车间	5	医院	5
宾馆	3	其他	17

通过对上表的分析，价值工程研究人员决定，将设计项目比例最大的住宅工程作为价

值工程的研究分析对象。

7.5.2 信息资料

通过优选确定了价值工程分析对象之后，价值工程人员应进行以下资料的收集：

①通过工程回访，收集广大用户对住宅的使用意见。

②对地质情况和基础形式不同的住宅，进行定期的沉降观察，以获取地基方面的第一手资料。

③了解有关住宅施工方面的情况。

④收集大量有关住宅建设的新工艺及新材料的性能、价格和使用效果等方面的资料。

⑤分地区按不同的地质、基础形式和设计标准，统计分析近年来住宅建筑的各种技术经济指标。

7.5.3 功能分析

功能分析活动是价值工程人员组织设计、施工和建设单位等有关人员，对住宅的各种功能进行定义、整理和评价分析，参与人员应按适用、安全、美观和其他方面，对住宅功能进行分析研究。就适用功能而言，可以具体分为平面布置、采光通风和层高层数等功能。就安全功能而言，可以具体分为牢固耐用、"三防"设施等功能。就美观功能而言，可以具体分为建筑造型、室外装修、室内装修等功能。就其他方面而言，可以具体分为环境、便于施工等。在功能分析中坚持把用户的意见放在第 1 位，结合设计、施工单位的意见进行综合评价（打分），一般是把用户、设计和施工单位三者意见的权数，分别定义为 70%、20% 和 10%。如表 7-13 所示。

住宅功能重要系数表　　　　　　　　　　　　　　　　表 7-13

功 能		用户评分		设计人员评分		施工人员评分		功能重要系数
		得分 F_a	$0.7F_a$	得分 F_b	$0.2F_b$	得分 F_c	$0.1F_c$	$(0.7F_a+0.2F_b+0.1F_c)/100$
适用	平面布置 F_1	41	28.7	38	7.60	43	4.30	0.406
	采光通风 F_2	16	11.2	17	3.40	15	1.50	0.161
	层高层数 F_3	4	2.80	5	1.00	4	0.40	0.042
安全	牢固耐用 F_4	20	14.0	21	4.20	19	1.90	0.201
	"三防"设施 F_5	4	2.80	3	0.60	3	0.30	0.037
美观	建筑造型 F_6	3	2.10	5	1.00	3	030	0.034
	室外装修 F_7	2	1.40	3	0.60	2	0.20	0.022
	室内装修 F_8	7	4.90	6	1.20	5	0.50	0.066
其他	环境、便于施工等 F_9	3	2.10	2	0.40	6	0.60	0.031
	合计	100	70	100	20	100	10	1.00

7.5.4 方案设计与评价

建筑设计单位，根据收集整理的信息资料及上述功能重要程度的分析结果，设计人员集思广益，对某郊区住宅设计了十几个不同的方案。价值工程人员对所设计的十几个方案，先采用优缺点列举法进行分析筛选后，保留了 5 个较优方案作进一步筛选。5 个备选方案的主要特征及单方造价如表 7-14 所示。

某住宅备选方案表　　　　　表 7-14

方案名称	主要特征	造价（元/m²）
A 方案	7 层混合结构，层高 3m，240 内外墙，钢筋混凝土预制桩基础，半地下室作储藏间，外装修一般，内装修较好，室内设备较好	784
B 方案	7 层混合结构，层高 2.9m，240 内外墙（120 砖非承重内墙），钢筋混凝土条形桩基础（地基经过真空预压处理），装修一般，室内设备中等标准	596
C 方案	7 层混合结构，层高 3m，240 内外墙，沉管灌注基础，外装修一般，内装修好，半地下室作杂放间，室内设备中等水平	740
D 方案	5 层混合结构，层高 3m，空心砖内外墙，钢筋混凝土满堂基础，装修及室内设备一般，屋顶无水箱	604
E 方案	层高 3m，其他特征与 B 方案相同	624

按照从备选的 5 个方案中选出优选方案的原则，价值工程人员可从技术与经济二者综合的角度选择确定其最佳方案。最佳方案的综合评价与优选步骤如下：

①计算各方案的功能评价系数，其结果如表 7-15 所示。

②计算各方案的成本评价系数，其结果如表 7-16 所示。

③计算各方案的价值系数，其结果如表 7-17 所示。

④根据计算结果，按其价值系数大小选择最佳方案。

由计算可得，B 方案的价值系数最高，为 1.112，故 B 方案为最佳方案。

功能评价系数计算表　　　　　表 7-15

评价因素		方 案 名 称				
功能因素	重要系数	A	B	C	D	E
F_1	0.406	10	10	9	9	10
F_2	0.161	10	9	10	10	9
F_3	0.042	9	8	9	10	9
F_4	0.201	9	9	9	8	9
F_5	0.037	7	6	7	6	6
F_6	0.034	9	7	8	6	7
F_7	0.022	7	7	7	7	7
F_8	0.066	9	6	8	7	7
F_9	0.031	9	7	8	7	7
方案总分		9.449	8.881	8.912	8.553	8.990
功能评价系数		0.211	0.198	0.199	0.191	0.201

（"方案满足分数 S" 标注于表格左侧方案列）

各方案成本评价系数计算表　　　　　表 7-16

方案名称	A	B	C	D	E
单位造价（元）	784	596	740	604	624
成本评价系数	0.2342	0.1780	0.2210	0.1804	0.1864

价值系数计算表　　　　　　　　　　　　　　　　　表 7-17

方案名称	A	B	C	D	E
功能评价系数	0.211	0.198	0.199	0.191	0.201
成本评价系数	0.2342	0.1780	0.2210	0.1804	0.1864
价值系数	0.901	1.112	0.900	1.059	1.078

小　结

本章主要讲述价值工程的产生和发展，价值、功能、成本等基本概念，价值工程的特点，应用价值工程的重要意义，价值工程的工作步骤，以及价值工程在建筑设计方案优选中的应用等。现将本章的基本要点归纳如下：

（1）价值工程是指从功能分析入手，力求以最低的寿命周期成本，以实现包括产品、工作和劳务等必要功能的有组织的创造性活动。而价值工程中的"价值"是指产品（或工艺、劳务等对象）的功能与获得该功能所花费的全部费用之比。它是评价某一对象所具备的功能与实现其功能所需耗费相比的合理程度（或尺度）。这里的"对象"可以是产品，也可以是工艺、劳务等。

（2）价值工程的工作步骤

①首先要进行价值工程对象的选择和信息情报的搜集，而选择价值工程对象的方法，包括经验分析法、ABC 分析法、价值系数法等。

②进行产品功能分析与评价是价值工程的核心内容，它包括功能定义、功能分类、功能整理和功能评价。而计算功能评价值的方法，主要包括经验估算法、实际调查法和功能重要性系数评分法（其中包括 01 评分法、04 评分法和倍数确定法等）。

③进行价值工程方案创造、实施与评价。方案创造的方法主要包括头脑风暴法、哥顿法和德尔菲法等。方案评价与选择的方法主要包括加分评分法、连乘评分法、加权评分法等。

④在优选的最佳方案实施后，再从技术、经济、社会效益等方面进行成果评价。

通过本章的学习，应了解价值工程的基本概念、特点、应用的重要意义，熟悉价值工程的工作步骤，掌握价值工程对象的选择、功能分析与评价，以及方案创造、实施与评价的具体方法等。

复 习 思 考 题

1. 什么是"功能"？"功能"是如何分类的？
2. 什么是"寿命周期"、"寿命周期成本"？
3. 什么是"价值"？提高价值有哪些途径？
4. 什么是"价值工程"？"价值工程"有何特点？
5. 功能分析的目的是什么？功能系统图的要点是什么？
6. 什么是功能评价？常用的评价方法有哪些？
7. 怎样选择价值工程的对象？其选择方法有哪些？
8. 应用价值工程进行产品优选有何重要意义？
9. 简述价值工程的工作步骤。

10. 某产品由 13 种零部件组成，各种零部件的个数和每个零部件的成本如表 7-18 所示，试用 ABC 分析法选择 VE 目标，并绘出 ABC 分析图。

各种零部件个数和每个零部件成本表　　　　　表 7-18

零部件名称	a	b	c	d	e	f	g	h	i	j	k	l	m
零部件个数	1	1	2	3	18	1	1	1	1	1	1	2	1
每件成本（元）	3.42	2.61	1.03	0.80	0.10	0.73	0.67	0.33	0.32	0.19	0.11	0.05	0.08

11. 利用 01 评分法对复习思考题 10 的产品进行功能评价，评价后各零部件的平均得分见表 7-19 所示，利用价值系数法，若取价值系数最小作为 VE 目标，应选择哪一种零部件？

各零部件的功能评价平均得分表　　　　　表 7-19

零件名称	a	b	c	d	e	f	g	h	i	j	k	l	m
平均得分	8	8	3	4	5	11	10	8	6	11	1	3	1

12. 根据表 7-20 中的数据，试计算功能区域的功能价值和成本改善期望值，并确定各功能区域改进的先后顺序。

各区域功能价值和成本改善期望值计算表　　　　　表 7-20

功能区域	功能现实成本 (C)	功能评价值 (F)	功能价值 $V = F/C$	成本改善期望值 ($C-F$)	功能改进顺序
F_1	45	30			
F_2	60	28			
F_3	120	90			
F_4	75	75			
F_5	20	12			
合计					

13. 某工厂研究人员对建筑测量仪器提出了三种方案，评价人员确定的各个方案对各功能的满足系数和各功能的加权系数，如表 7-21、表 7-22 所示。试利用加权评分法选择最佳改进方案。

各功能满足系数表　　　　　表 7-21

方案名称	准确程度	防震	防水	防磁	夜光	样式新颖	价格低廉
A	0.90	0.90	0.90	0.95	0.00	0.90	0.80
B	0.80	0.85	0.80	0.80	0.90	0.85	0.90
C	0.70	0.75	0.70	0.70	0.00	0.90	1.00

各功能加权系数表　　　　　表 7-22

功能名称	准确程度	防震	防水	防磁	夜光	样式新颖	价格低廉
功能加权系数	0.30	0.09	0.10	0.04	0.04	0.27	0.16

第8章 工程技术经济分析与评价

工程技术经济分析与评价的主要任务，就是对建设项目的可行性，设计、施工的各种设计方案，技术措施，技术政策和经济效益进行计算、比较、分析与评价，以便为最佳的可行方案选择提供科学依据。

8.1 建设项目可行性研究与评价

8.1.1 可行性研究的概述

（1）可行性研究的概念

可行性研究（Feasibility Study）首先是从美国 20 世纪 30 年代开发田纳西河流域时发展起来的，我国于 20 世纪 70 年代末引进。

可行性研究是指运用多种科学手段（包括技术科学、社会学、经济学及系统工程等）对一项建设工程进行技术经济分析、评价和论证的综合科学。

（2）可行性研究的基本任务

可行性研究的基本任务是指通过广泛的调查研究，综合论证一个工程项目在技术上是否先进、实用和可靠，在经济上是否合理，在财务上是否盈利，为投资决策提供科学的依据。同时，可行性研究还能为银行贷款，合作者签约，工程设计等提供依据和基础资料，它是决策科学化的必要步骤和手段。

（3）建设项目实施的主要过程

一个建设项目的实施一般要经历投资前期、建设时期及生产经营时期三个阶段，其全过程如图 8-1 所示。

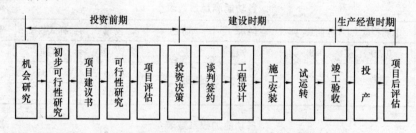

图 8-1　建设项目可行性研究阶段过程图

投资前期是决定建设项目经济效果的关键时期，是我们研究和控制的重点。如果在实施中发现工程费用过高，投资不足，或原材料不能保证等问题，将会给投资者造成巨大损失。因此，无论是工业发达国家还是发展中国家，都把可行性研究视为工程建设的首要环节。投资者为了排除盲目性、减少风险、在竞争中取得最大利润，宁肯在投资前花费一定的代价，也要进行投资项目的可行性研究，以提高投资获利的可靠程度。

8.1.2 可行性研究的工作阶段

可行性研究分为机会研究、初步可行性研究和可行性研究三个阶段。

（1）机会研究（Opportunity Study）

在机会研究阶段，政府机构或行业主管部门根据国家、地区、部门的经济发展战略和市场要求提出投资意向。企业根据这种意向，结合企业发展和经营规划，提出投资项目的设想。

机会研究比较粗略，主要根据积累的已有工程数据和情报资料提出投资意向。

（2）初步可行性研究（Pre-feasibility Study）

通过机会研究，认为项目有生命力值得继续研究时，才进行初步可行性研究。

初步可行性研究的主要目的是：分析机会研究的结论，并在现有详细资料的基础上作出投资决定；决定是否需要进行下一步的可行性研究；确定有哪些关键问题需要进行辅助性的专题研究等。

工程项目的初步可行性研究着重研究以下几个方面：

①市场研究和对产品的需求研究。

②原材料及所需资源的供应及价格变动趋势的研究。

③工艺技术的中间情况分析。

④厂址方案的选择。

⑤企业规模的研究。

⑥生产设备的选择等。

初步可行性研究结束后，一般要向主管部门提交项目建议书。

（3）可行性研究（Feasibility Study）

可行性研究和初步可行性研究的基本内容相同，只是研究的详细程度、深度与精度不同，有时可合并或省略一个，尤其是中小型项目更是如此。

可行性研究完成后，主管部门或银行要组织专家进行评估，以进一步提高决策的科学性。

8.1.3 可行性研究的主要作用和内容

（1）可行性研究的主要作用

①编制和审批设计文件，签订协作合同的依据。

②筹资和融资（向银行申请贷款）的依据。

③与建设项目有关的各部门签订协作合同的依据。

④作为从国外引进技术、引进设备、与国外厂商谈判和签约的依据。

⑤编制新技术、新设备需用计划和大型专用设备生产预安排的依据。

（2）可行性研究的内容

①为什么要建设这个项目？

②市场及资源情况如何？建设规模如何？

③厂址选在哪里最佳？

④采用何种工艺技术？

⑤需要的外部条件如何？

⑥建设时间多长？需要多少资金？建成后的经济效益和社会效益如何？

⑦能否筹（融）集到所需资金。

可行性研究工作的具体内容如图 8-2 所示。

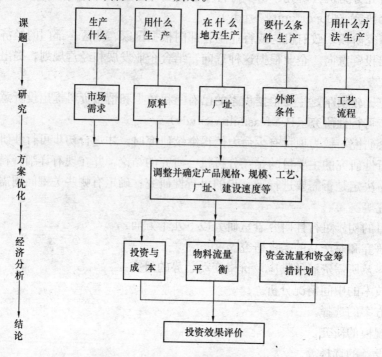

图 8-2　可行性研究工作内容示意图

8.2　设计方案的技术经济分析

在通过项目可行性研究之后，为建成拟定的项目，可以实施多种不同的设计方案，然而采取不同的方案显然会产生不同的经济效益。为此，应该进行工程技术经济分析，以获得最优的实施方案。

8.2.1　设计方案技术经济分析的内容

（1）设计方案技术经济分析的目的

设计是工程建设计划的具体化，是工程建设前期工作的重要内容。设计质量的优劣，不仅决定着建设投资的多少和建设工期的长短，影响建设施工的目标和人力、物力的投入，而且决定着项目建成以后的使用价值和经济效果。由于建筑产品的一次性投资大，建成后可变性差，因此做好设计方案的技术经济分析，选择最佳的设计方案，消除方案选择中的盲目性，可以节省大量的人力、物力和财力，需尽量提高设计方案的经济效益和社会效益。

（2）设计方案技术经济分析的内容

设计方案的技术经济分析，贯穿整个设计工作的始终。在设计过程中，通过技术经济分析，可提高设计方案的经济性。其具体内容如下：

①凡能进行定量分析的设计内容，均要通过计算，用数据说话。功能要求和设计标准要统一，安排要适度。

②在设计时应充分考虑施工的可能性和经济性，尽量使项目投入使用后的经常性费用和维修保养费用最省。

③要特别注意所选用的建筑设备和材料的经济性，将建设需要与材料设备价格的高低、加工难易、使用效果、维护要求、耐久性能等相关因素协调起来。

④尽量采用标准化设计，这对提高效率，节约人、财、物，推广科技成果，保证工程质量等有重要意义。

总之，建设项目的设计过程，其实质是使功能、技术和经济达到最佳匹配的过程。

在同一工程项目的设计中，在满足实用功能的前提下，可以采用不同的材料、不同的结构形式，设计出众多的方案。为了选出最佳方案，一般应作 2～4 个设计方案，然后进行技术经济分析，用科学的定量数据，论证设计方案在技术上的先进性、经济上的合理性，以作为方案决策的依据。

8.2.2 设计方案技术经济评价的基本要求及程序

（1）设计方案技术经济评价的基本要求

1）适用、美观与经济的统一

"适用、经济，在可能的条件下注意美观"是指导工程设计的方针，也是评价工程设计的根本尺度。适用，在评价工程项目的诸要素中，居首位，占主导地位。评价一项工程是否经济，首先要看他是否适用。适用性与经济性的统一，必须以适用性为前提。一项不适用的工程项目，要么因为妨碍生产而增加成本，要么因为影响使用而降低效益，要么因为不坚固、不可靠而危及使用，要么因为存在缺陷而使维修费用增加、使用寿命缩短，因此这些情况均难以达到经济的目的。

2）要有可比性

在技术方案相互之间进行经济效果比较时，为了全面和正确反映比较方案的相对经济性，必须使各技术方案具有满足需要可比性、消耗费用可比性、价格可比性、时间可比性，以及在原始材料和数据整理上具有可比性等。

3）要突出主要指标

对不同的设计方案进行技术经济分析时，要突出主要的评价指标。分析和评价方案的技术经济指标很多，其中有些是主要指标，有些是辅助指标，评价时不能等同视之，应分清主次，权衡其重要性程度的大小。

（2）设计方案技术经济评价的一般程序

①按照使用功能的要求，结合工程项目所在地的客观实际情况，探讨和建立可能的设计方案。

②从所有可能的设计方案中筛选出 2～4 个各方面均比较满意的方案作为比选方案。

③根据方案评价的目的，明确评价的任务和范围。

④确定能反映方案特征并能满足评价目的的指标体系。

⑤计算各项指标及对比参数。

⑥进行方案分析与评价：根据方案评价的目的，可将方案的指标分为主要指标和辅助指标；确定评价标准；通过评价指标的分析计算，排出方案的优劣次序，并提出推荐方案。

⑦综合论证，进行方案选择。

8.2.3　设计方案的技术经济指标体系

(1) 设计方案的技术经济指标分类

在对建设项目的各个设计方案进行分析评价时，需要设置一系列完整的评价指标体系。该指标体系按不同标准、不同应用范围、不同表现形态和不同使用要求，可进行以下分类：

1) 按指标应用范围分类

按指标应用范围，可分为综合指标与局部指标。综合指标是概括整个设计方案的经济性指标，如建筑总用地范围、总建筑面积、工程总投资等。局部指标则只表明某个方面的经济性指标。

2) 按指标表现形态分类

按指标表现形态，可分为实物指标和货币指标。实物指标是指以实物形态反映该方案的经济效果的指标。实物指标能直接地、较为准确地反映经济效益，但由于实物形态千差万别，不同质的实物在数量上难以相互比较，故受到一定的限制。货币指标又称为价值指标，它可综合反映工程项目在建设和使用过程中所必需的社会必要劳动消耗，在数量上有可比性。

3) 按指标使用要求分类

按指标使用要求，可分成消耗量指标和费用指标。消耗量指标是应用在工程建设阶段，表示工程建造过程中的一次性消耗指标，如人工耗用量、材料耗用量、机械台班耗用量等。费用指标是在工程交付使用后，直至其经济寿命终了时的全部使用过程中的经济性消耗指标，如工程造价、维护维修费、能源消耗费用等。

4) 按指标表述形式分类

按指标表述形式可分为定量指标和定性指标。建筑设计经济评价指标是以定量指标为主，如造价、材料耗用量等，但定性指标也是不可缺少的，如对建筑产品美学功能的评价、美化环境功能的评价和对精神文明建设的影响等。

(2) 居住区规划设计的技术经济评价指标

居住小区设计方案的技术经济分析，其核心问题是提高土地的利用率，所以经常用几项密度指标来衡量，主要的技术经济指标如下所示：

1) 用地面积平衡指标

用地面积平衡指标规定了居住区内居住房屋、公共建筑、道路、工程管网等各占建设用地面积的比例。它是提高居住区建设用地利用率和经济效果的重要指标。

2) 居住建筑面积密度

居住建筑面积密度是指居住区内居住建筑总面积与居住区内居住建筑用地面积之比，其计算公式如式 (8-1) 所示：

$$\text{居住建筑面积密度} = \frac{\text{居住区内居住建筑总面积}}{\text{居住区内居住建筑用地面积}} \times 100\% \qquad (8\text{-}1)$$

3) 居住面积密度

居住面积密度是指居住建筑中居住总面积与居住区内居住建筑占地面积之比，其计算公式如式 (8-2) 所示：

$$居住面积密度 = \frac{居住总面积}{居住建筑占地面积} \times 100\% \qquad (8\text{-}2)$$

4）建筑毛密度

建筑毛密度指居住小区内全部居住和公共建筑占地面积与居住区总占地面积之比，其计算公式如式（8-3）所示：

$$建筑毛密度 = \frac{居住区内全部居住和公用建筑占地面积}{居住区总占地面积} \times 100\% \qquad (8\text{-}3)$$

5）居住建筑净密度

居住建筑净密度是指居住建筑基底面积与居住建筑用地面积之比，其计算公式如式（8-4）所示：

$$居住建筑净密度 = \frac{居住建筑基底面积}{居住建筑用地面积} \times 100\% \qquad (8\text{-}4)$$

6）居住人口毛密度

居住人口毛密度是指在居住区总用地面积内容纳的居住总人数，其计算公式如式（8-5）所示：

$$居住人口毛密度 = \frac{居住总人数}{居住区总用地面积} \times 100\% \qquad (8\text{-}5)$$

7）居住人口净密度

居住人口净密度是指居住建筑总用地面积内容纳的居住总人数，其计算公式如式（8-6）所示：

$$居住人口净密度 = \frac{居住总人数}{居住建筑总用地面积} \times 100\% \qquad (8\text{-}6)$$

除以上指标外，还可计算居住区平均住宅层数、住宅间距、每人居住面积等经济技术指标。

居住建筑净密度是衡量用地经济性和保证居住区必要的卫生条件的主要经济技术指标。它与建筑层数、房屋间距、层高、房屋排列方式有关。为节省建设用地，降低成本，应在满足采光、通风、防火、交通安全的基本需要的前提下，适当提高建筑密度。

居住人口密度是一个反映建筑布置、平面设计与用地之间关系的重要指标。影响居住人口密度的主要因素是房屋的层数。层数增加则其值增大，有利于节约土地、道路、管线的费用。

（3）住宅建筑设计的技术经济评价指标

评价指标体系包括建筑功能效果指标和社会劳动消耗指标两部分。

住宅建筑功能是指住宅满足居住者对适用、安全、卫生等方面基本要求的程度的总和。社会劳动消耗是指为取得建筑功能而付出的全部社会劳动消耗量。

评价指标由一级指标和二级指标构成，一级指标为控制指标，二级指标为表述指标。按原建设部《住宅建筑技术经济评价标准》JGJ 47—1988 规定：一级指标规定的评价项目各地均应采用；二级指标规定的评价项目，各地可根据本地区的具体情况酌情增减，但也必须做统一规定。

住宅建筑设计方案评价指标体系如表 8-1 所示。

住宅建筑设计方案评价指标体系表　　　　　　　　　　　　　　　　表 8-1

序号	指标类型	一级指标	二级指标
1	建筑功能效果	平面空间布局	平面空间综合效果
2			平面每套卧室、起居室数
3			平面每套良好朝向卧室、起居室面积
4			家具布置
5			储藏设施
6			楼梯、走道
7			阳台设置
8			公用设置
9		平面指标	平面每套建筑面积
10			使用面积系数
11			平均每套面宽
12		厨卫	厨房布置
13			卫生间布置
14		物理性能	采光
15			通风
16			保温（隔热）
17			隔声
18		安全性	安全措施
19			结构安全
20		建筑艺术	立面效果
21			室内效果
22	社会劳动消耗	主要指标	造价
23			工期
24			房屋经常使用费
25			使用能耗
26		辅助指标	钢材
27			木材
28			水泥
29			劳动量消耗

平面空间综合效果是一项衡量住宅平面空间设计效果的综合指标。它反映每套住宅的房间配置是否合理，交通联系是否方便，分区是否明确，布置是否紧凑等。该指标带有明显的综合性，体现了住宅在平面空间布置方面的综合效果。

使用面积系数 K 反映居住面积和辅助面积（厨房、厕所、走道、楼梯等）的有效利用率，其计算公式如式（8-7）所示：

$$K = \frac{使用面积}{建筑面积} \times 100\% \qquad (8-7)$$

每户面宽指标是指建筑物主要朝向面长度与标准层户数之比，运用这项指标可控制每户面宽，有利于节约建设用地，其计算公式如式（8-8）所示：

$$平均每户面宽 = \frac{建筑物主要朝向面长度}{标准层户数} \qquad (8-8)$$

除此以外，还有一部分不能直接通过计算数值定量反映事物特征的指标，这就是定性指标，它以平面尺度适宜，设备及其他布置合理为目标。如家具布置以起居室、卧室的平面尺度适宜，门窗位置（采暖地区尚需考虑散热器位置）适当，墙面完整而利于灵活布置家具的程度确定分值，以高分值为优。

此外，还有户型和户室比，层高和层数，每户进深，自重等指标可辅助表示住宅的功能。

（4）公共建筑设计方案的技术经济评价指标

公共建筑是指商业楼、体育馆、影剧院、旅馆、医院、科研楼、教学楼、办公楼、图书馆等建筑。由于它们的使用功能各不相同，因此，除了在设计方案中的具有共性的技术经济指标外，还有与各自功能相关的特殊指标。

1）具有共性的技术经济指标

公共建筑虽然类型繁多，但技术经济指标有一定的共性，常用的指标有：用地面积、建筑面积、使用面积、建筑体积、使用年限、平均每人建筑面积、平均每人使用面积、建筑密度（建筑基底面积与用地面积之比）。

体育馆、影剧院、餐馆等按座位计算建筑面积或使用面积，即 m^2/座；旅馆、医院等按床位计算单位建筑面积和单位使用面积，即 m^2/床；教学楼、办公楼则按人数计算单位建筑面积和单位使用面积，即 m^2/人。此外还有单位面积造价、材耗等指标。

2）具有特性的技术经济指标

公共建筑的使用功能差别较大，常用的技术经济指标不能完善地分析各方面的经济效果，所以还要有一系列能反映其建筑物功能的特性指标。比如，旅馆建筑的特性技术经济指标有：客房间数、总床位数、每床的建筑面积、每床的客房面积、每床的交通面积、每床的公用面积、每床的辅助面积、每床的餐厅面积、每床的厨房面积、每床的设备用房面积等。

（5）工业建筑设计方案技术经济评价指标

工业建设项目的技术经济分析与评价，常用的主要技术经济效果指标包括：建设投资效果系数、单位生产能力投资额、建设工期、建设质量、建设成本、劳动生产率、单位产品成本、生产年限、投资回收期等。

1）工业建筑设计的主要评价指标

工业建筑设计方案在具体评价中，主要采用下列指标：

①建筑面积

②建筑系数：它反映土地的使用率，是综合说明建筑设计的经济价值的指标，一般用百分数形式表达，其计算公式如式（8-9）所示：

$$建筑系数 = \frac{建筑物、构筑物、堆置场地的占地面积}{厂区总占地面积} \times 100\% \qquad (8-9)$$

③厂区占地面积：一般指各生产车间、各种仓库、生产动力的建筑物、堆场以及供运输成品和材料的道路、铁路和美化厂区的绿化用地等。

④总产值：是以货币表现的工业企业生产的成品价值总量，它是各种产品的产量与价格相乘的总和，其单位为：元/年。

⑤总产量：工业产品以实物单位表示的产品量（实物量）。即以适合产品的特征、性能并能体现其使用价值的计量单位所表示的产量，其单位为：产品产量/年。

⑥全厂总投资：指全厂基本建设项目和费用的总概算。

⑦利润

⑧产品成本：为生产产品而支出的各种费用，是综合反映经济效果的一个重要指标。计算公式如式（8-10）所示：

$$产品成本 = \frac{资金利润率 \times 固定资金}{年产量} \tag{8-10}$$

另外还有主要原材料消耗、全厂用水、用电、用气量、全年货物运输量、全厂设备数量等指标。

评价土建设计方案的优劣，应将建筑方面的适用性指标和经济指标综合起来考虑。适用性指标主要指占地面积、建筑面积、使用面积、建筑体积、生产车间使用面积及其在总建筑面积中所占比例等。土建设计方案的经济指标可参照民用建筑的经济指标。

2）工业建筑总平面设计方案的评价指标

工业建筑总平面设计方案的经济合理性，对于整个设计方案是否合理有极大的影响。正确合理的总平面设计，可以大大减少建筑工程量，节省建设投资，加快建设速度，并为企业创造良好的生产、经营环境。

评价总平面设计的技术经济指标有：

①建筑密度：是指工业场地内部建筑物、构筑物的占地面积与工业场地总占地面积之比。计算公式如式（8-11）所示：

$$建筑密度 = \frac{F_2 + F_3}{F_1} \times 100\% \tag{8-11}$$

式中　F_1——工业厂区总占地面积；

　　　F_2——建筑物及构筑物占地面积；

　　　F_3——露天仓库、堆场、操作场地面积。

建筑密度是工业建筑总平面设计中比较重要的技术经济指标，它可以反映总平面设计中，用地是否紧凑合理。建筑密度高，表明可节省土地和土石方工程量，又可以缩短管线长度，从而降低建厂费用和使用费。

②厂区利用系数：是指工业场地内建筑物、构筑物、露天场地、铁路、道路、广场占地面积与工业场地总占地面积之比。计算公式如式（8-12）所示：

$$厂区利用系数 = \frac{F_2 + F_3 + F_4 + F_5}{F_1} \times 100\% \tag{8-12}$$

式中　F_4——铁路、道路、人行道占地面积；

　　　F_5——地下、地上工程管线占地面积。

厂区利用系数比建筑密度更能全面反映厂区用地的情况。

③绿化系数：指厂区内绿化面积与厂区占地面积之比。计算公式如式（8-13）所示：

$$绿化系数 = \frac{绿化面积}{厂区占地面积} \times 100\% \tag{8-13}$$

④实物工程量：反映总平面及运输部分的建设实物量，包括场地平整土方工程量、铁路长度、道路和广场铺砌面积、排水工程量、围墙长度及绿化面积等。

⑤生产经营费用：它反映企业生产经营期间，总平面部分的经营费用，包括每年的铁路及道路运输经营费、每吨货物运费、铁路和道路及其构筑物的维修养护费用以及厂区绿化费用。

8.2.4 设计方案技术经济评价方法

设计方案技术经济评价的方法很多，主要有多指标评价法、单指标评价法、模糊数学综合评价法、总换算费用评价法、"全寿命"费用分析法等。以下仅介绍几种常用方法。

（1）多指标评价法

多指标评价法是指选用一些适用的指标体系，将方案的指标值列出，然后逐一进行对比分析，根据指标的高低判断其优劣。

在进行评价时，首先需要将对比指标分成主要指标和辅助指标。主要指标是确定设计方案经济效果大小、优劣和取舍的主要依据。辅助指标是主要指标的补充，如果设计方案大部分指标的经济效果比较显著，则整个方案基本上就可以得到肯定。

该方法的优点是指标全面、分析确切。缺点是不便于对某一功能进行评价，也不便于定量的综合分析。由于是多指标，就可能出现某一方案的有些指标较优，另一些指标稍差，而另一方案则正好相反，这样就使分析工作比较复杂。

（2）单指标评价法

单指标评价法主要运用评分法。评分法就是根据各指标的重要程度给以一定的权数，然后按方案满足于各项指标的程度评分，最后以总分的高低来判别方案的优劣，其计算公式如式（8-14）所示：

$$R_i = \sum_{j=1}^{n} C_j W_j \tag{8-14}$$

式中　R_i——优劣分值；

　　　C_j——各方案中指标的分值（$j=1，2，…，n$）；

　　　W_j——各指标的权重数值（$j=1，2，…，n$）。

【例8-1】某建筑工程有4个设计方案，按适用性、平面布置、经济性、美观度4项指标评定。各项指标的权重值（权重值总计为1）、分值（每项指标最低为1分，最高为10分）及所得总分值如表8-2、表8-3所示，由表8-3可知，A方案总分值最高，故A方案为最优方案。

各方案权重值及分值　　　　　　　　　　　　　　表8-2

分值＼指标＼权重值＼方案	适用	平面布置	经济	美观
	0.4	0.2	0.3	0.1
A	9	8	9	7
B	8	7	7	9
C	7	8	9	8
D	6	9	8	9

各方案总分值计算　　　　　　　　　　　　　　　　　　表 8-3

方　案	计　算　式	总分值 R_i
A	$0.4×9+0.2×8+0.3×9+0.1×7=8.6$	8.6
B	$0.4×8+0.2×7+0.3×7+0.1×9=7.6$	7.6
C	$0.4×7+0.2×8+0.3×9+0.1×8=7.9$	7.9
D	$0.4×6+0.2×9+0.3×8+0.1×9=7.5$	7.5
最佳方案	$R_{max}=8.6$，即 A 方案最佳	

评分法的优点在于避免了多指标评价法可能发生相互矛盾的现象，并且由于是定量分析，故可以利用计算机求解。但缺点是权重值的确定和评分难免存在主观臆断的成分，同时，分值是相对的，因而不能直接判断各方案的各项功能。

（3）"全寿命"费用分析法

建筑物的"全寿命"费用是指建筑物在规划、设计、施工及使用期内发生的全部费用，主要包括一次投资费用和经常发生费用。"全寿命"费用分析法是我国设计方案技术经济评价经常应用的一种方法。具体计算公式如下：

$$L = N + R \tag{8-15}$$

式中　L——全寿命费用；

　　　N——一次投资费用，包括购地、顾问咨询、勘察设计、施工、筹建等一次投资，同时包括借贷、短期利息等筹资费用；

　　　R——经常发生费用，包括在建筑物使用期内（寿命期内）的管理费用，设施和设备的修理、更换、改善费用，功能使用费用以及残值费用。

一次投资费用和经常发生费用都要按规定的建筑物寿命年限、利息、年偿债基金率等折算为"现值"（即费用乘以相应的贴现系数，这里"贴现率"是方案选择的关键，它取决于借贷利率和投资还本率）。

"全寿命"费用分析法运用"总现值法"计算出建筑物的全寿命费用总现值，最后选择总费用最小者为最佳经济方案。"全寿命"费用分析法的基本步骤如下：

① 明确目标。

② 提出方案。

③ 规定建筑物寿命年限。

④ 选择必须考虑的费用。

⑤ 确定评价方法。

⑥ 进行分析，提出结论意见。

美国建筑师学会 1977 年编制的《全寿命费用分析—建筑师指南》中提供了建筑物和设备寿命期的计算年限（如表 8-4、表 8-5 所示）及其他计算系数。

建筑物寿命期的计算年限　　　　　　　　　　　　　　　　　　表 8-4

建筑物类型	寿命期的计算年限 （年）	建筑物类型	寿命期的计算年限 （年）	建筑物类型	寿命期的计算年限 （年）
公寓	40	住宅	45	农村建筑	25
银行	50	工厂	45	汽车库	45

建筑物类型	寿命期的计算年限（年）	建筑物类型	寿命期的计算年限（年）	建筑物类型	寿命期的计算年限（年）
粮仓	60	办公楼	45	公共设施	10
旅馆	40	商店	50	现场改善	20
商业办公	50	剧院	40		
机械车间	45	仓库	60		

设备寿命期的计算年限　　　　表 8-5

设备类型	寿命期的计算年限（年）	设备类型	寿命期的计算年限（年）	设备类型	寿命期的计算年限（年）
一、空调系统		三、其他设备		三、其他设备	
1. 大型（200 冷吨以上）	20	1. 运货电梯	20	9. 焚烧炉	14
2. 中型（50～200 冷吨）	15	2. 客运电梯	20	10. 变压器	25
3. 小型（50 冷吨以下）	10	3. 火警系统	25	11. 遮篷	5
二、采暖系统		4. 照明灯具	15	12. 时钟	15
1. 锅炉	20	5. 上下水配件	25	13. 纱窗	10
2. 天然气燃烧装置	16	6. 屋面沥青	20	14. 遮阳	5
3. 油燃烧装置	10	7. 水箱、金属容器	25	15. 百叶窗	8
4. 散热器	25	8. 水井、水泵	25		

【例 8-2】 运用"全寿命"费用分析法对某建筑物的两个设计方案进行综合经济比较。

方案甲：建筑总造价为 500000 元，购地费 100000 元，年运转费为 15000 元，部分设备及建筑装修每 20 年更新一次，需 60000 元，其他设备每 30 年更换一次，需 80000 元。

方案乙：建筑总造价为 650000 元，购地费 100000 元，年运转费为 12000 元，部分设备及建筑装修每 20 年更新一次，需 40000 元，其他设备每 30 年更换一次，需 50000 元。

两方案的建筑寿命均为 60 年，年利率为 6%。

【解】 方案甲的总现值

$$P_甲 = 100000 + 500000 + 15000 \times \frac{(1+0.06)^{60}-1}{0.06 \times (1+0.06)^{60}} + 60000 \times [(1+0.06)^{-20} +$$
$$(1+0.06)^{-40}] + 80000 \times (1+0.06)^{-30} = 880892 \text{ 元}$$

方案乙的总现值

$$P_乙 = 100000 + 650000 + 12000 \times \frac{(1+0.06)^{60}-1}{0.06 \times (1+0.06)^{60}} + 40000 \times [(1+0.06)^{-20} +$$
$$(1+0.06)^{-40}] + 50000 \times (1+0.06)^{-30} = 696004 \text{ 元}$$

计算表明方案甲的总现值大于方案乙，因此方案甲的经济效果较好。

8.2.5　提高设计方案技术经济效果的主要途径

提高设计方案技术经济效果的主要途径是节约建设用地和降低工程造价。

（1）节约和合理用地的一般要求

①工程项目的布点和占地应在区域规划和城市规划的控制下进行,不得破坏已有整体规划任意布点占地或扩大用地。

②在满足生产及使用要求的前提下,应尽量少占良田好地,多利用山地、坡地、荒地和劣地。

③实行城市综合开发,实行统一规划、统一征地、统一开发、统一建设,提高土地的利用效率。

(2) 民用建筑设计中节约建设用地的措施

1) 增加建筑层数,提高居住面积密度

据有关资料统计,居住建筑由一层增至四层时节约用地效果显著;六层以上继续增加层数时,节约用地的数量明显减少。因为层数增加后,住宅之间的日照间距也相应增加,基地面积在每户建筑面积中所占比重逐步减少,所以节约用地的效果也逐步下降。

2) 适当降低层高

因层高影响建筑物间距的大小,故降低层高有利于节约用地。

3) 改进平面设计

在平面设计中,进深增大,则用地省。在不妨碍使用要求的前提下,应尽可能加大房屋进深;适当增加建筑物的长度,也可以节约用地,这是因为减少了房屋山墙间距所占的用地。

4) 提高建筑密度

适当集中公共设施,合理布置道路,充分利用小区的边角用地,以提高建筑密度。

5) 合理确定建筑间距

合理确定建筑间距是节约用地不可忽视的因素。在保证建筑功能要求以及居民环境质量的前提下,降低建筑间距,便能提高建筑面积净密度,达到节约用地的效果。

6) 建筑群体空间多样化

建筑群体布置形式对用地的影响也不可忽视。通过采取高低搭配、点条结合、前后错列以及局部东西向布置、斜向布置或拐角单元等手法节省用地,同时可突破枯燥单调的行列式格局,创造出多样化的建筑群体空间。

(3) 民用建筑设计中降低工程造价的措施

1) 平面形状力求规则

平面形状越是简单,它的单位造价就越低,因为规则的平面形状,既可减少外墙周长,又方便施工。

2) 提高平面系数,借用建筑用地

在建筑面积相同的情况下,提高面积利用率,增加使用面积,相应地降低了造价。提高平面系数,关键是在满足使用要求的前提下,合理布置门厅过道、走廊、楼梯及电梯井等交通联系面积。

3) 降低层高

适当降低层高,既可节约用地,又能降低工程造价。

4) 合理确定建筑层数

对多层住宅来说,提高层数可以降低平均每户造价1%左右。但对高层住宅来说,由于要设置电梯和加压水泵等,其造价则相应上升。而且,高层住宅的使用功能和环境质量较多层住宅差，因此一般应控制高层住宅的建造，只有在大城市的特定地区，当高层住宅节约用地显著时，才可以建造少量高层住宅。

（4）工业建筑设计中节约建设用地的措施

① 改进生产工艺流程，采用车间合并措施，即采用联合车间形式，将狭长形平面改为方形平面，组合建造车间，可大大节约用地。

② 改单层厂房为多层厂房，变水平工艺流程为垂直工艺流程。

③ 车间的平面外形应尽量规整、简单，既节约用地，也便于施工。

④除运输量特别大的工厂外，在场内采用汽车运输、架空运输、机械运输和管道运输，尽量不采用曲率半径大、占地面积多的铁路运输形式。

8.3 施工方案的技术经济分析

施工方案的技术经济评价，就是为实现最优设计方案，从若干可行的施工方案中，分析、比较和评价诸方案的经济效益，从中择优选择实施的施工方案。施工方案的优劣，在很大程度上决定施工组织的质量和施工任务完成的好坏。施工方案制定得好，就为施工任务的顺利完成创造了条件，否则会给建筑施工带来损失，因此施工方案是施工组织的根本。

8.3.1 施工方案技术经济分析的内容

在工程施工阶段进行技术经济分析时，主要是对施工技术方案（包括采用新工艺、新材料等）和施工组织方案的技术经济分析。施工技术方案是单位工程或建筑群施工组织设计的核心，是编制施工进度计划、施工平面图的重要依据。施工方案技术经济分析与评价主要包括以下内容：

（1）施工技术方案的分析内容

1）分部（分项）工程和工种工程施工技术的分析

主要包括主体结构工程、基础工程、安装工程、装饰工程、水平运输、垂直运输、大体积混凝土浇筑、混凝土运输以及模板支撑方案等，其具体方法是通过上述内容相关的各项经济指标的比较进行分析与评价。

2）采用新技术、新工艺的技术方案分析

主要包括采用新技术、新工艺和先进的施工方法，如升板、滑模、工具式模板现浇等，这些比较先进的施工方法，可以加快施工进度，提高劳动生产率和产品质量。其具体内容是对上述所取得的经济效果进行分析与评价。

3）施工机械设备的技术方案分析

为了提高机械化水平和经济效益，应随着机械设备（机具）数量的增加和质量的提高，尽量采用先进和高效能的机械设备。主要是对提高机械设备的生产量、机械利用率、机械完好率、降低台班费、加强机械设备的综合配套等效果的分析与评价。

4）采用新结构、新材料的技术方案分析

在施工中所采用新结构、新材料的问题，实际上仍属于施工技术方案的问题。因此，应对采用新结构、高效能的新材料及制品，提高装配化水平和现浇能力等进行分析与评价。

（2）施工组织方案的分析内容

1) 施工组织方法的分析

主要包括对单位工程或若干个工程的建筑群体的施工组织及效果的分析与评价，如流水施工、平行流水与立体交叉作业、施工工期和工程成本等。施工组织方案包括施工组织总设计、单位工程施工组织设计和分部（分项）工程施工组织设计。

2) 施工管理方法的分析

主要包括对改善施工作业管理和整顿好物资技术供应，运用网络计划和电子计算机进行施工管理、调度和通信联系，改进施工管理机构，实行施工企业的联合化和专业化，精简行政机构，减少非生产职工人数等的分析与评价。

3) 科学劳动组织方法的分析

主要包括改进劳动组织和工资，实行科学劳动管理，提高劳动生产率和产量。为此，对所采用先进的劳工组织方法，施工中挖掘工作时间的潜力，采用和推广经济核算，改进劳动工资制度等的分析与评价。

通过对施工方案的技术经济分析与评价，包括对施工技术方案和施工组织方案，以及采用新工艺、新技术等的技术经济分析，既可以为选择最佳施工方案提供事前分析的依据，也可以为施工方案实施后的经济效果进行评价，以及为进一步提高施工方案的技术经济效果指明方向和途径。

8.3.2 施工方案技术经济分析的指标体系

(1) 施工工艺评价指标

施工工艺方案是指分部（分项）工程和各工种的施工方案，如主体结构工程、基础工程、垂直运输、构件安装、大体积混凝土浇筑、混凝土运送以及模板支撑方案等。其施工工艺方案的评价指标有：

1) 技术性指标

技术性指标主要反映方案的技术特征或适用条件。技术性指标可用各种技术性参数表示，例如现浇混凝土工程总量、安装构件总量、构件最大尺寸、构件最大质（重）量、最大安装高度、模板型号数、各种型号楼板的尺寸、模板单位经济性指标等。

2) 经济性指标

经济性指标主要反映为完成工程任务所需要的各种消耗。

① 工程施工成本：包括人工费、材料费、机械设备使用费、施工设施的成本或摊销费等。

② 主要专用机械设备需要量，包括配备台数、使用时间、总台班数等。

③ 施工中主要资源需要量，如施工设施所需的枕木、道轨、道砟、模板材料、工具式支撑、脚手架材料和不同施工工艺方案引起的结构材料消耗的增加量等。

3) 效果指标

① 工程效果指标，如工程工期。

② 经济效果指标，如成本降低额或降低率，材料资源节约额或节约率。

4) 其他指标

其他指标主要有额外增加的材料资源量，施工安全性、对环境的影响以及施工临时占用的建筑红线以外的场地面积等。

以上指标并不是每一个工艺方案评价时都要具备的，而应根据评价方案的具体情况加以设置。

（2）施工组织评价指标

1）技术性指标

① 占地面积。

② 技术工作、工程质量保证体系。

③ 施工均衡性。

$$主要工种施工不均衡系数 = \frac{计划期高峰工程量}{计划期平均工程量} \tag{8-16}$$

$$主要材料、资源消耗不均衡系数 = \frac{计划期高峰材料、资源耗用量度工程量}{计划期平均材料、资源耗用量} \tag{8-17}$$

$$劳动消耗量的不均衡系数 = \frac{计划期高峰劳动消耗量度}{计划期平均劳动消耗量} \tag{8-18}$$

2）经济性指标

① 施工单位的固定资产和流动资金的占用量。

② 工程成本，包括人工费、材料费、机械设备使用费、施工现场管理费等。

③ 主要专用设备需要量。

④ 主要材料资源耗用量。

⑤ 三大材料（钢材、木材、水泥）的节约。

⑥ 劳动生产率。

3）效果指标

效果指标如工程总工期，即从主要项目开工到全部项目投产使用为止的时间，其中包括施工准备期。

4）其他指标

反映施工组织方案特点的其他指标有：

$$机械化施工程度 = \frac{机械化施工完成工作量}{总工作量} \times 100\% \tag{8-19}$$

$$工厂化施工程度 = \frac{预制加工厂完成的工作量}{总工作量} \times 100\% \tag{8-20}$$

$$临时工程投资比例 = \frac{全部临时工程投资额}{建筑安装总投资} \times 100\% \tag{8-21}$$

通过技术经济比较，可以得到各种施工方案的经济规律，应分别制成表格或统计曲线以供查用。因此，建筑企业要掌握大量原始经济资料，以供方案比较分析时使用。

总之，建筑工程的设计和施工方案的选择，直接关系到投资的经济效益，必须对技术的先进性和经济的合理性进行评价，为科学的投资决策提供依据。

8.3.3 新结构、新材料的技术经济评价

（1）采用新结构、新材料的技术经济效果

① 改善建筑功能，如改善保温、隔热、隔声等功能，以及扩大房屋的有效使用面积等。

② 减轻建筑物自重，节约运输能力，降低工程造价。

③ 有利于缩短施工工期，加快施工的机械化、装配化、工厂化，从而加快了施工速度。

④ 有利于利用废渣、废料，节约能源。

⑤ 减轻施工劳动强度，改善施工作业条件，提高机械化程度，实现文明施工。

（2）新结构、新材料的评价指标

① 工程造价：是反映方案经济性的综合指标，一般用预算价格计算。

② 主要材料消耗量：指钢材、水泥、木材、砖等消耗量。

③ 施工工期：指从开工到竣工的全部日历时间。

④ 劳动消耗量：反映活劳动消耗量，现场用工与预制用工应分别计算。

⑤ 一次性投资额：指为了采用某种新结构、新材料，建立相应的材料加工厂、制品厂等所需的基建投资。

（3）辅助指标

① 建筑物自重（kg/m²）：指采用新结构、新材料后，单位建筑面积建筑物的自重。

② 能源消耗量：指采用新结构、新材料后，在生产制造、运输、施工、安装、使用过程中的年能源消耗量。

③ 工业废料利用量：指采用新结构、新材料后，每 m² 建造面积可利用工业废料的数量。

④ 建筑使用年限。

⑤ 经常使用费：指采用新结构、新材料后，每年的日常使用费及维护修理费等。

在进行方案评价时，应以主要指标为基本依据。在主要指标间发生矛盾时，应着重考虑造价和主要材料消耗量指标。当主要指标相差不大时，则需分析辅助指标，作为方案评价的补充论证。

8.3.4 施工方案的技术经济分析实例

【例 8-3】 某工程的钢筋混凝土框架中竖向钢筋的连接，可采用电渣压力焊、帮条焊及人工绑扎 3 种方案，试分析各方案的主要经济效果。

【解】 表 8-6 是对 3 个方案中所使用的钢材、焊接材料、人工、电量消耗的数量及经济效果计算的结果。可以看出，电渣压力焊与帮条焊比较，各项指标都有节约，每个接头节约 4.133 元；而电渣压力焊与人工绑扎比，虽然增加了电焊材料和电力费用，但由于钢材和人工都有节约，总的经济效果仍较好，每个接头节约 0.68 元。所以电渣压力焊是最好的方案，应优先选用。

三方案的技术指标及经济效果计算结果　　　　　　　　　　表 8-6

项 目	电渣压力焊		帮条焊		人工绑扎	
	用量	金额（元）	用量	金额（元）	用量	金额（元）
钢材	0.189kg	0.095	2.04kg	1.02	3.1kg	1.55
人工	0.14 工日	0.28	0.2 工日	0.4	0.025 工日	0.05
耗电	2.1kW·h	0.168	25.2kW·h	2.016	—	—
焊接材料	—	0.4	—	1.64	—	0.023
合计	—	0.943	—	5.076	—	1.623

【例 8-4】　某工程建筑面积 9000m²，预算造价 85.6 万元。现有 2 种施工方案，一种是用常规办法安排施工，另一种是用统筹法组织施工并进行了优化，各项指标列于表8-7，试比较两个方案的优劣。

【解】　对表 8-7 的几个主要指标进行一一对比，可见用统筹法安排施工，各项指标均取得了较好效果，因此应采用统筹法组织施工方案。

两方案的各项指标　　　　　　　　表 8-7

指标名称		单位	第1方案 （常规）	第2方案 （统筹）	比较 （二方案比一方案）
工期		天	178	155	−23
单方用工		工日/m²	3.2	2.9	−0.3
主要材料节约	钢材	kg	2350	2350	0
	木材	m²	8	8	0
	水泥	kg	47504	47504	0
大型吊装机械单方台班数		台班/m²	0.014	0.012	−0.002
降低成本额		元	36500	56000	+19500
降低成本率		%	4.26	6.54	+2.28

小　　结

本章主要讲述建设项目可行性研究的功能、作用、内容与评价；设计方案技术经济分析的内容、程序、指标体系、评价方法和提高效果的主要途径，以及施工方案技术经济分析的内容、评价指标、新结构及新材料的技术经济分析等。现将其基本要点归纳如下：

（1）建筑工程技术的先进性与其经济的合理性两者之间既一致又存在一定的矛盾。建筑工程技术不断发展的过程，就是其经济效果提高的过程，人们也越来越能够用较少的人力、物力，获得更多更好的建筑产品或劳务凡是先进的技术，一般总是有较高的经济效果。

（2）我们采用的建筑工程技术不能离开具体的自然和社会条件，无论这种技术系统的设计多么精良，一旦生产的产品或服务不为消费者满意，它的经济效果就会很低，并非一切先进的技术都是经济合理的。因此，为了保证建筑工程技术很好的服务于经济，最大限度地满足社会的需要，就必须研究在一定条件下采用哪一种技术才是适合的。这个问题显然不是单单由技术是先进和落后能够决定的，而必须通过经济效果的计算和比较才能解决。

（3）建设技术的经济效果是人们在使用建筑技术的工程实践中所得与所费的比较。由于劳动具有有效性和创造新价值的特性，因此，经济效果不同于物理学的技术效果（率），它可能大于 1，而且在建筑工程技术活动中我们也要求它大于 1，这是开展建筑工程技术活动的基本要求。而对技术方案经济效果评价的基本原则的了解有助于大家对技术经济评价方法的理解和掌握。

(4) 本章所研究的对象就是建设项目可行性研究与评价,设计方案和建筑工程技术方案、技术规划和技术政策等技术实践活动的经济效果与评价。本章较为详细的阐述了假定技术方案在未来其结果完全确定和不确定的两种情况下,如何运用正确的评价方法、准确的计算经济效果评价指标,进行技术方案优选。

通过本章的学习,应了解建设项目可行性研究的内容与评价;熟悉设计方案技术经济分析的内容、指标体系和评价方法;掌握施工方案技术经济分析的内容、评价指标与评价方法,施工方案的技术经济评价是建筑工程技术经济分析的最后阶段,即施工方案的决策依据,这部分内容是本章的重点,且较难掌握。

复习思考题

1. 为什么在技术实践活动中要讲经济效果?

2. 技术经济分析的基本程序是什么?

3. 技术方案经济效果评价的基本原则是什么?

4. 什么是建设项目可行性研究?可行性研究的工作阶段和相应的研究内容是什么?

5. 设计方案技术经济评价的基本要求和程序是什么?

6. 建筑工程设计和施工方案技术经济评价的指标是怎样分类的?

7. 居住区规划设计的技术经济评价指标有哪些?

8. 住宅建筑设计的技术经济评价指标有哪些?

9. 公共建筑设计的技术经济评价指标有哪些?

10. 施工方案技术经济分析的内容有哪些?

11. 多指标评价法和单指标评价法各有何特点?

12. 施工方案技术经济评价的指标包括哪些内容?

13. 某施工方案服务年限8年,第一年净利润10万元,以后每年递减0.5万元,若年利率为10%,相当于每年等额赢利多少元?

14. 某建设项目一次性投资130万元,使用年限6年,每年销售收入100万元,年经营成本50万元,税金15万元,期终无残值,部门基准收益率为15%,试用投资内部收益率指标进行评价。

15. 某工厂建设方案实现后,生产一种产品,单位产品变动成本60元,售价150元,年固定成本120万元,问该厂最低年产量应是多少?如果产品产量达到年设计能力30000件,那么每年获利又是多少?假如再扩建一条生产线,产量增加10000件,每年增加固定成本40万元,但可降低单位成本30元,市场产品售价下降10%,问此扩建方案是否可行?

16. 某施工企业急需一设备,如果购置需一次投资25000元,使用15年,届时残值4000元,每年维修费2800元,运转费50元/台班;如果租赁,租金50元/台班,运转费50元/台班,设年利率10%,问应该采取投资购置还是租赁?

17. 某土石方公司考虑配备一种施工机械,该机械的定额年产量为5000个单位,据测算,需一次性投资20万元,年运营费用5万元,使用年限10年,期末无残值。预计该机械单位产量的收益为18元,设基准收益率 $i=12\%$,以投资内部收益率为评价指标的分析对象,选择一次性投资、年经营费用、年收益、使用年限为影响评价指标的主要变量因素,假定每种因素的变化幅度分别是增加20%和减少20%,试进行敏感性分析。

18. 今有甲、乙两种设备可供选择,甲设备需投资70000元,乙设备投资20000元,两种设备的使用寿命都为5年,利率10%,但年经营费不能确定,有以下资料可供判断(如表8-8所示),试进行设备选择。

年经营费用表　　　　　　　　　　　　　　　　　表 8-8

甲 设 备		乙 设 备	
年经营费（元）	出现概率	年经营费（元）	出现概率
2000	0.17	2000	0.17
3000	0.50	15000	0.33
5000	0.33	20000	0.33
		30000	0.17

第 9 章 建筑设备更新技术经济分析

9.1 建筑设备的磨损及其补偿方式

包括建筑设备在内的机械设备，随着使用时间的不断延长，它的技术状况会逐渐劣化，其价值和使用价值也会随着时间逐渐降低，使其发生这些变化的原因统称为磨损。磨损分为有形磨损和无形磨损两种形式。

9.1.1 设备的有形磨损

（1）设备有形磨损的概念

设备有形磨损又称为物理磨损或称为物质磨损，它是以设备发生实体性磨损，并使其使用价值降低或丧失为特征。有形磨损按其产生的原因，又分为因使用运转产生的磨损和因停放闲置而产生的磨损，前者称为第 1 类有形磨损，后者称为第 2 类有形磨损。

①第 1 类有形磨损

第 1 类有形磨损是指机械设备在运转过程中，由于在机械力等外力的作用下，其零部件发生摩擦、振动和疲劳现象，从而引起机械设备实体发生的磨损。其磨损通常表现为：机械设备零部件的原始尺寸发生改变，形状发生变化，公差发生改变，加工精度降低，使用效率下降或零部件损坏，甚至整机毁坏而无法运转使用。当这种磨损到一定程度时，整个设备功能就会下降并可能发生事故，从而导致设备使用费用剧增，甚至难以正常工作，丧失使用价值。这类磨损程度取决于使用时间及负荷强度，也与设备自身质量、安装好坏、维修程度、操作规程和管理水平有关。

②第 2 类有形磨损

第 2 类有形磨损是指由于设备在闲置中受日晒、雨淋、风吹以及外界温度、湿度变化等自然力的作用，使其设备生锈、腐蚀及塑料件老化，从而引起使用价值降低或丧失。这类磨损程度取决于闲置时间的长短，外界自然力作用的大小以及设备的防腐性能和保养程度，这类磨损程度与生产过程中的使用无关。

有形磨损将使设备的使用价值降低或丧失，要消除设备的有形磨损，使之局部或完全恢复使用价值，必须付出相应的补偿费用，以抵偿贬值的部分，这类有形磨损又称为可消除性有形磨损。

（2）有形磨损的经济度量

设备磨损的经济度量是指用经济指标来度量设备的磨损程度，即设备因磨损而产生的价值贬值程度。

对于可消除有形磨损，可以通过修理或更换部分零部件使其使用价值得以恢复，由此需要增加一笔修理或更换零部件的费用度量。因此，可以在确定个别零部件磨损的基础上，确定整机的平均磨损程度，其有形磨损程度的计算公式如下：

$$a_P = \sum_{i=1}^{n} a_i K_i \Big/ \sum_{i=1}^{n} K_i \qquad (9\text{-}1)$$

式中 a_P——设备整机平均磨损程度;

K_i——零部件 i 的价值;

n——设备零部件总数;

a_i——零部件 i 的磨损程度。

也可以用修理或零部件更换费用与设备的重置费用的比值来表示:

$$a_P = R \Big/ K_1 \qquad (9\text{-}2)$$

式中 R——修理或更换全部磨损零部件所需的费用;

K_1——设备的重置费用。

9.1.2 设备的无形磨损

(1) 设备无形磨损的概念

设备的无形磨损又称为经济磨损、精神磨损或技术磨损。无形磨损不是因为在生产过程中的使用或自然力的作用造成的,所以并不表现为设备实体的变化和使用价值的降低,而是表现为设备原始价值的贬低。产生无形磨损的根本原因是科学技术的不断进步和发展。无形磨损按其特点,也可分为第1类无形磨损和第2类无形磨损。

①第1类无形磨损

第1类无形磨损是指由于设备制造工艺不断改进,成本不断降低和劳动生产率不断提高,生产同种设备所需的社会必要劳动耗费减少,即设备的再生产费用减少,因而设备的市场价格降低,原有设备的价值相应贬值。第1类无形磨损不改变原有设备的技术特性和功能,不影响原有设备的使用,即原有设备的使用价值并不发生变化。

②第2类无形磨损

第2类无形磨损是指由于技术进步,市场上出现了结构更先进、技术更完善、生产效率更高、耗用原材料和能源动力更少的新型设备,使原有设备价值降低,而且会使原有设备局部或全部丧失其使用价值。因为原有设备的使用期虽然尚未达到其物理寿命,还能正常工作,但由于技术上更先进的新设备应用,将使原有设备的生产效率大大低于社会平均生产效率,如继续使用原有设备,就会使产品成本大大高于社会平均成本,所以使用新设备比使用原有设备在经济上更划算,因此,原有设备应当及时更新。

(2) 无形磨损的经济度量

机械设备的无形磨损可用机械设备再生产费用的变量与原设备购置费的比值进行度量,其计算公式如下:

$$a_1 = \frac{K_0 - K_1}{K_0} = 1 - \frac{K_1}{K_0} \qquad (9\text{-}3)$$

式中 a_1——机械设备无形磨损的程度;

K_0——原设备的原始价值;

K_1——等效设备的重置费用,应当反映技术先进的设备。

9.1.3 综合磨损

机械设备在使用期内,既会产生有形磨损,又会遭受无形磨损,当两类磨损同时作用于同一台机械设备上称为综合磨损。

有形磨损和无形磨损都同时引起机械设备原始价值的贬值和影响其正常使用，尤其是有形磨损严重时，机械设备在修理之前往往不能继续工作；而无形磨损，即使是磨损严重，机械设备仍然可以使用，只是使用它生产产品时，其经济效果比较差。因此，当机械设备遭受综合磨损时，必须分析考虑该机械设备继续使用是否划算，需要计算机械设备的综合磨损程度，其计算公式如下：

$$a = 1 - (1 - a_p)(1 - a_i) \tag{9-4}$$

式中　a——机械设备综合磨损程度；

a_p——机械设备有形磨损程度；

a_i——机械设备无形磨损程度。

机械设备在任何时期遭受综合磨损后的净值计算公式如下：

$$K = (1 - a)K_0 = [1 - 1 + (1 - a_p)(1 - a_i)]K_0$$
$$= \left(1 - \frac{R}{K_1}\right)\left(1 - \frac{K_0 - K_1}{K_0}\right)K_0$$
$$= K_1 - R \tag{9-5}$$

式中　K——机械设备净值（综合磨损后的剩余价值）；

K_0——机械设备的原始价值；

R——修复全部磨损零部件的费用；

K_1——等效机械设备的重置费用。

从式（9-5）可以看出，机械设备在遭受综合磨损后的净值，等于等效机械设备的重置费用减去修复全磨损零部件的费用。

9.1.4　机械设备磨损的补偿方式

由于机械设备综合磨损的形式不同，其补偿的方式也不一样，补偿方式可分为局部补偿和完全补偿。如机械设备可消除性有形磨损的局部补偿是修理；机械设备无形磨损的局部补偿是现代化改装；不可消除性有形磨损和无形磨损的完全补偿是更换。机械设备磨损形式与补偿方式之间的相互关系如图 9-1 所示。

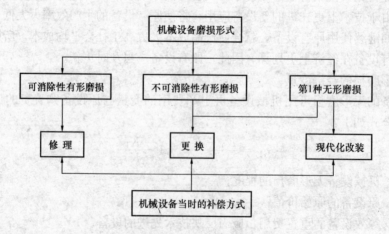

图 9-1　机械设备磨损形式与补偿方式之间的相互关系

9.2 技术改造的技术经济分析

9.2.1 技术改造的概念

社会经济的发展和物质增长，其途径主要包括两个方面：一方面是实行外延扩大再生产，另一方面是实行内涵扩大再生产。外延扩大再生产是指把增加的投资用于建设新的生产项目（即新的企业），而内涵扩大再生产则是把增加的投资用于生产技术进步，生产要素的质量改善，从而提高劳动和生产资料的效率以实现生产规模的扩大。对现有生产企业进行技术改造，就是内涵扩大再生产的主要方式。

技术改造是指在科学技术进步的前提下，把科学技术成果应用于企业生产的各个环节，用先进的生产技术改造落后的技术，用先进工艺和装备取代落后的工艺和装备，实现以内涵为主的扩大再生产，达到增加品种、提高质量、节约能源、降低材料消耗，全面提高综合经济效益的目的。就一个具体的技术改造项目而言，对老工厂（企业）进行技术改造比新建工厂（企业）具有下列的优点：

①可以充分利用现有厂房、公用设施、外部运输等的潜力，从而节约建设投资。

②可以不占或少占日益珍贵的土地资源。

③可以不增加或少增加甚至减少熟练劳动力。

④可以缩短建设时间并利用成熟的生产经验使企业提前达到预期生产目标。

⑤可以调动企业自筹资金的积极性，从而扩大建设投资的来源。

当然，对老工厂（企业）进行技术改造也有一些不足之处，如进行技术改造时施工比较复杂，可能或多或少、或长或短地影响正常生产，以及难以实现全套设备自动化等。

9.2.2 技术改造项目的类型

按照技术改造方式和内容的不同，可以分为以下几种类型：

(1) 调整和加强生产流程中的薄弱环节

在生产流程中，由于各个工序生产效率发展的不平衡，很多生产企业都存在这方面的薄弱环节。因此，调整各工序之间的关系，加强薄弱环节（工序）的技术改造，对提高质量、扩大产量，以及取得很好的投资效果等起着重要作用。

(2) 采用新工艺

按照企业发展的需要，采用新的生产工艺，可以扩大产量、降低成本、改善环境、提高质量和管理水平。

(3) 增加新的工序

在生产流程中，增加新工序大都是为了提高产品的内在质量，改善产品的外观与包装，以适应市场特别是国际市场的需要。

(4) 实行设备更新

设备更新是指由于设备陈旧需要将原型号的设备更新成新型号的设备，以扩大产量、提高质量、降低成本和改善劳动条件。

(5) 生产设备现代化

生产设备现代化是指应用现代化的技术成就和先进经验，根据企业生产的需要改变现有设备的结构，改善原有设备技术性能和使用性能，使其达到生产设备的现代化水平。

9.2.3　技术改造项目的特点

（1）与企业存量基础密切相关

生产项目的技术改造是在企业原有基础上进行的，技术改造所增加的投资及其形成的资产，都必须与企业的原有资产相结合并发挥作用。因此，生产项目的技术改造与企业的原有资产密切相关，需要对企业的资产存量进行深入的调查、分析和评估。

（2）着眼于增量效益

生产项目的技术改造是通过增加投资，对现有企业进行以内涵扩大再生产为宗旨的设备更新或改建、扩建，其最终目的是为了增加经济效益。所以，在对生产项目技术改造进行经济分析时，必须着眼于技术改造项目投资的增量效益。

（3）效益与费用多样

由于生产发展要求的不同，实施方法也有很大的不同，如有可能只改进或更换一台设备，也可能全部重建等。因此，导致技术改造项目的效益好坏可能是某一方面，也可能是多方面的，如扩大产量、增加品种、提高质量、减少消耗、降低成本、提高劳动生产率、改善环境、改进劳动条件等。生产项目技术改造的费用是多方面的，它不仅包括技术改造项目本身的投资，还包括项目在技术改造后新增加的运行费用，而且还应包括项目在技术改造过程中对企业带来的影响，如造成企业暂时停产或减产的损失。

（4）经济评价难度大

由于技术改造项目涉及对企业原有资产存量的计算和处理、新增投资的分析、新增经济效益的评价，以及项目在技术改造过程中对正常生产的影响等问题，所以技术改造项目的经济效果计算及评价的难度，要比新建项目的经济效果计算和评价的难度大得多。

9.2.4　技术改造项目的评价方法

技术改造项目具有一般工程项目建设的共性，故对一般工程项目建设的评价方法都适用于技术改造项目。但是，技术改造项目毕竟是在企业原有基础上进行的，所以在具体评价方法上具有自身的基本特点，如在经济评价时，必须计算项目的增量效益和增量费用，并用计算得到的增量评价指标，来判断和评价技术改造项目的可行性。

（1）总量法

技术改造项目的财务评价，不是技术改造前与技术改造后的情况对比，而是技术改造项目的未来情况与没有进行技术改造项目的未来情况的对比。用总量指标对技术改造项目进行评价只能使用价值型指标，如净现值等，而不能使用效率型指标，如内部收益率等。

总量法是指可以先计算项目没有进行技术改造情况下的净现值，再计算技术改造后情况下的净现值，然后加以进行对比。在上述情况下进行方案（如净现值）对比时应注意以下问题：

① 进行对比时，项目在没有进行技术改造情况下的效益和费用，计算期内可能增加，可能减少，也可能保持不变。必须预测这些趋势，以避免人为地低估或夸大项目的效果。

② 要使计算期保持一致，应以进行技术改造项目的计算期为准，并对没有进行技术改造项目的计算期进行调整。

③ 由于技术改造而使部分原有资产不再有用并能转让出售或作其他有价处理时，应把转让资产的收入视作现金流入。

【例 9-1】 某技术改造项目原有资产的重估值为 200 万元,其中 100 万元的资产将在改造后被拆除变卖,其余的 100 万元资产继续留用。改造的新增调整估计为 300 万元,改造后预计每年的净收益可达 100 万元,而不进行改造每年的净收益预计只有 40 万元。假设改造与不改造的寿命期均为 8 年,$i=10\%$,问该企业是否应进行技术改造?

【解】 该项目进行技术改造和项目不进行技术改造的现金流量图如图 9-2 所示。

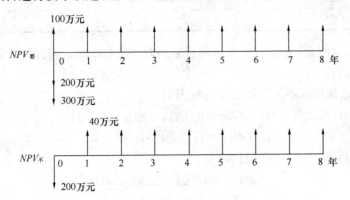

图 9-2 现金流量图

$$NPV_{要} = -400 + 100(P/A, 10\%, 8) = 133.50 \text{ 万元}$$

$$NPV_{不} = -200 + 40(P/A, 10\%, 8) = 13.40 \text{ 万元}$$

由于 $NPV_{要} > NPV_{不}$,所以应对该企业(项目)进行技术改造。

(2)增量法

增量法的计算程序是:首先计算不进行技术改造产生的现金流量,再计算要进行技术改造产生的现金流量,然后计算要技术改造和不技术改造的增额现金流量,最后在要技术改造和不技术改造之间进行绝对效果和相对效果检验。

根据互斥方案评价方法,若前一个方案通过了绝对效果检验,后一个方案与前一个方案比较通过了相对效果检验,那么,后一个方案必然通过绝对效果检验。增量法可以采用内部收益率指标进行评价,也可采用净现值指标进行评价。

【例 9-2】 某企业经过技术改造,年产量由 100×10^4 t 增加到 150×10^4 t,由于产品质量提高,产品售价由 8 元/t 提高到 10 元/t,由于采用先进技术,经营成本由现在的 6.5 元/t 降低至 6 元/t,产品销售税率按 5% 计算,试计算该项目的增量效益是多少?

【解】 增量效益为要进行技术改造项目与不进行技术改造项目的净收益之差。其增量效益计算过程如表 9-1 所示。

增量效益计算表　　　　　　　　　　　　　　　　表 9-1

序号	项　目	要进行技术改造项目				不进行技术改造项目			
		1	2	3	…	1	2	3	…
1	产量（10^4 t）	150	145	140		100	90	80	
2	销售收入（万元）	1500	1450	1400		800	720	640	
3	经营成本（万元）	900	870	840		650	585	520	

续表

序号	项　　目	要进行技术改造项目				不进行技术改造项目			
		1	2	3	…	1	2	3	…
4	销售税金（万元）	75	73	70		40	36	32	
5	净效益（万元）	525	507	490		110	99	88	
6	增量效益（万元）	415	408	402					

【例 9-3】　对例 9-1 中的技术改造项目采用内部收益率法进行评价，判断该项目进行技术改造是否可行？

【解】　先求该项目不进行技术改造的 $IRR_{不}$

$$-200+40(P/A,\ IRR,\ 8)=0$$

$$IRR_{不}=14.56\%>i_0=10\%$$

再进行相对效果检验，求 $\Delta IRR_{要,不}$

$$-200+60(P/A,\ \Delta IRR,\ 8)=0$$

$$\Delta IRR_{要,不}=25\%>i_0=10\%$$

根据计算结果，可以判定该项目进行技术改造是可行的。

由上述的分析可得，无论是总量法还是增量法都需要将原有资产视为投资，需要对原有资产进行估价，而资产估价是一种十分复杂和困难的工作，其工作量和难度往往超过项目评价本身。因此，我们希望回避资产评估。一般情况下，只需要根据增量现金流量计算指标，原有资产在进行增量现金流量计算时就会互相抵消，这样就不必进行原有资产的估价了。

9.3　设备更新的技术经济分析

9.3.1　建筑设备的寿命

机械设备具有以下 3 种寿命：

（1）自然寿命（物质寿命）

自然寿命是指建筑设备在使用的过程中，由于物质损耗的原因，从投入使用直至不能继续使用而报废为止的全部时间。加强建筑设备的维护保养，可以延长建筑设备的自然寿命。

（2）技术寿命

技术寿命是指建筑设备从投入使用至淘汰为止所经历的时间。由于科学技术的迅速发展，一方面是对设备产品的质量和精度的要求越来越高；另一方面是不断涌现出技术上更先进、性能上更完善的建筑设备。在这种情况下，原有建筑设备虽然还能继续使用，但已不能保证产品的精度、质量和技术要求而被淘汰。如某建筑设备的第 1 代、第 2 代产品，这相邻两代建筑设备之间的时间间隔就是前一代建筑设备的技术寿命。

（3）经济寿命

经济寿命是指根据建筑设备的使用费用的变化规律，确定的建筑设备最经济的使用期限。

建筑设备随着使用时间的延长，一方面是磨损逐渐加大，效率日益降低；另一方面是为了维持原有设备的生产效率，必须增加维修次数，消耗更多的燃料和动力，从而使每年的使用费用呈现递增趋势，当建筑设备年使用费的增长超过了一次性投资分摊费的降低额时，继续使用该设备就不经济了，这时就可以对原有建筑设备进行更新了。

9.3.2 设备更新分析的经济寿命法

（1）经济寿命确定的准则

建筑设备经济寿命的确定，就是寻求建筑设备在使用过程中，投资的分摊成本费与年使用费的总和为最小值的时刻。在这个时刻之前，或者在这个时刻之后，其总费用都会增加。所以，从设备资金投入使用到投资资金的分摊与年使用费的总和为最小值的时刻所经历的时间，就是建筑设备的经济寿命。计算和确定经济寿命的分析方法，就是建筑设备更新分析的经济寿命法。

（2）经济寿命的静态分析法

设某建筑设备的原值为 P，该设备已使用的年数为 T，而每年平均分摊投资成本为 P/T。一方面是随着使用年数的增长，每年分摊的投资成本将逐渐减少；另一方面是设备的维修费用、燃料、动力消耗等使用费用逐渐增加。这一过

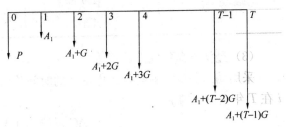

图 9-3 现金流量图

程称为设备的低劣化。用 A_1 表示第 1 年建筑设备的使用费用（即运营成本费用），用 G 表示因低劣化而使该建筑设备使用费从第 2 年起的增加值，如图 9-3 所示。

T 年内每年使用费用的平均值为 $A_1+G(T-1)/2$。该设备每年平均的投资成本和使用成本之和称为总成本（C），其计算公式如下：

$$C = \frac{P}{T} + A_1 + \frac{G(T-1)}{2} \tag{9-6}$$

式中 C——建筑设备的平均年总成本。

为了使平均年总成本达到最小，令 $\dfrac{\mathrm{d}C}{\mathrm{d}T}=0$，有 $-\dfrac{P}{T^2}+\dfrac{G}{2}=0$

$$T_0 = \sqrt{\frac{2P}{G}} \tag{9-7}$$

式中 T_0——建筑设备的经济寿命，也是建筑设备的最佳更新期。

【例 9-4】 某建筑设备原值为 10000 元，第 1 年的动力、操作和维修管理等使用费用为 500 元，以后每年递增 450 元。试用静态分析法计算该建筑设备的经济寿命期是多少？

【解】 由式（9-7）求得：

$$T_0 = \sqrt{\frac{2 \times 10000}{450}} = 6.67 \text{ 年}$$

即经济寿命期约为 7 年。

对应的最小成本 $C = \dfrac{10000}{7} + 500 + \dfrac{450 \times (7-1)}{2} = 3279$ 元/年。列表计算也可得到与上相同的结果，如表 9-2 所示。

经济寿命计算表   表 9-2

使用年数 T	P/T	$A+G(T-1)/2$	合计 C
1	10000	500	10500
2	5000	725	5725
3	3333	950	4283
4	2500	1175	3675
5	2000	1400	3400
6	1667	1625	3292
△7	1429	1850	△3279
8	1250	2075	3325
9	1111	2300	3 411

（3）经济寿命的动态分析法

采用动态分析法就是要考虑货币的时间价值。现设某机械设备一次性投资费用按利率 i 在 T 年中的分摊成本为：

$$AC_{1(T)} = P(A/P,i,T)$$

又设该机械设备年平均使用费用为 $AC_{2(T)}$。根据均匀梯度支付系列等值年金公式，得：

$$AC_{2(T)} = A + \frac{G}{i} - \frac{TG}{i}(A/F,i,T)$$

从而该机械设备的年平均费用为：

$$AC_{(T)} = AC_{1(T)} + AC_{2(T)}$$

$$= P(A/P,i,T) + A + \frac{G}{i} - \frac{TG}{i}(A/F,i,T) \tag{9-8}$$

最小年平均费用 $AC_{(T)}$ 所对应的时间就是该机械设备的经济寿命，即最佳更新周期。由于用数学方法求解式（9-8）的最小值比较困难，所以往往用列表计算的方法来求机械设备的动态经济寿命期。

【例 9-5】 若按例 9-4 的已知条件，现设利率 $i=15\%$，试用动态分析法计算该机械设备的经济寿命期是多少？

【解】 由例 9-4 已知条件得：

$$AC_{1(T)} = 10000(A/P,15\%,T)$$

$$AC_{2(T)} = 500 + \frac{450}{0.15} - \frac{450}{0.15} \times T \times (A/F,15\%,T)$$

$$= 3500 - 3000T(A/F,15\%,T)$$

$$AC_{(T)} = AC_{1(T)} + AC_{2(T)}$$

现列表计算，如表 9-3 所示：

经济寿命计算表　　　　　　　　　　　　　　　　　　　　　　表 9-3

设备更新周期 T	$AC_{1(T)}$	$AC_{2(T)}$	$AC_{(T)}$
1	11500	500	12000
2	6151	709	6860
3	4380	908	5288
4	3503	1096	4599
5	2983	1275	4258
6	2642	1444	4086
7	2404	1602	4006
△8	2229	1750	△3979
9	2096	1891	3987
10	1993	2021	4014

从表 9-3 可知，最小的年平均费用为 3979 元/年，对应的经济寿命期为 8 年。

对于机械设备使用费用呈不规则变化的情况，可计算各年使用费用的现值和 T 年使用费用的累计现值，再计算 $AC_{2(T)}$，然后求 $AC_{(T)}$，最终找出最佳更新周期。

（4）设备更新分析的机会成本法

机会成本法是指在经济寿命的动态分析法的基础上，再考虑新型机械设备的机会成本因素，求最佳更新时机的一种经济分析方法。

如果原有机械设备尚未达到预定的更新期限，就有更经济更高效的新机械设备问世时，按原定期限更新机械设备就不经济了。这时，新机械设备的出现就为原有机械设备的更新提供了又一可供选择的机会。在原有机械设备"经济寿命期"之前的某个时机更换成新型机械设备，可能由于新机械设备远比旧机械设备优越而最终节约一笔开支，因此而节约的这笔开支就称为机会成本。如果放弃这一机会，就等于失去了这笔机会成本。这时机械设备是否应该更新？何时更新？除了考虑它原有的年平均费用之外，还与机会成本的大小有关。

假设原有机械设备使用了 e 年时，就有新型机械设备出现。已知原有机械设备最小的年平均费用为 $\mathrm{Min}AC$，而新型机械设备最小的年平均费用为 $\mathrm{Min}AC'$，$\mathrm{Min}AC' < \mathrm{Min}AC$。

从长远观点来看，在第 e 年之后，两种机械设备的最小年平均费用之差 $d = \mathrm{Min}AC - \mathrm{Min}AC'$，即为继续使用原有机械设备每年损失的机会成本。

如果原有机械设备再继续使用 1 年，那么 $e+1$ 年中的年平均费用就必须在原有基础上加上第 $e+1$ 年机会成本在 $e+1$ 年中的分摊费用，其计算式如下：

$$AC''_{(e+1)} = AC_{(e+1)} + d(A/F, i, e+1)$$

式中　$AC''_{(e+1)}$——考虑机会成本时，原有机械设备使用了 $e+1$ 年的年平均费用。

以此类推，如果原有机械设备继续使用 m 年，那么年平均费用就必须加上 m 年的机会成本分摊费用，计算式如下：

$$AC''_{(e+m)} = AC_{(e+m)} + d(F/A, i, m)(A/F, i, e+m) \tag{9-9}$$

在考虑机会成本和最佳更新时机的年平均费用计算，采用以下计算公式：

$$\mathrm{Min}\, AC''_{(e+m)} = AC_{(e+m)} + d(F/A, i, m)(A/F, i, e+m) \tag{9-10}$$

具体计算可以通过列表进行。

【例 9-6】　若设例 9-5 中该机械设备使用了 3 年时，出现了可以满足同样需要的更优越的新机械设备。依据分析计算，新机械设备经济寿命期对应的最小年平均费用 $AC_{min} = 2970$ 元/年，利率 i 仍为 15%。试用机会成本法分析计算该机械设备的最佳更新时机是何时？

【解】　列表计算如下：

经济寿命期的计算表

表 9-4

更新时机 $(e+m)$	$AC_{(e+m)}$	$d(F/A,i,m)(A/F,i,e+m)$	$AC''_{(e+m)}$
3 + 0	5288	—	5288
3 + 1	4599	200	4799
3 + 2	4285	319	4604
3 + 3	4086	397	4483
△3 + 4	4006	451	△4457
3 + 5	3979	491	4470

从上表计算可知，最小的年平均费用为 4457 元/年，其对应的 $m = 4$ 年。即原有机械设备继续使用 4 年后更新为新机械设备最为合适。这比原定的经济寿命期提前了 1 年。

小　结

本章主要讲述机械设备的磨损及其补偿方式，技术改造项目的类型、特点及评价方法，机械设备的寿命，以及机械设备更新的经济分析等。现将其基本要点归纳如下：

（1）机械设备磨损分为有形磨损和无形磨损两种形式，有形磨损分为因使用运转产生的磨损和因停放闲置而产生的磨损，前者称为第 1 类有形磨损，后者称为第 2 类有形磨损。无形磨损也分为第 1 类无形磨损和第 2 类无形磨损。前者是指因设备的市场价格降低，原有设备的价值相应贬值；而后者是指由于技术进步，市场上出现了结构更先进、技术更完善、生产效率更高、耗用原材料和能源动力更少的新型设备，使原有设备价值降低，而且会使原有设备局部或全部丧失其使用价值。当机械设备在使用期内，既会产生有形磨损，又会遭受无形磨损，当两类磨损同时作用于同一台机械设备上称为综合磨损。

（2）机械设备磨损的补偿方式可分为局部补偿和完全补偿。如机械设备可消除性有形磨损的局部补偿是机械设备的修理；机械设备无形磨损的局部补偿是机械设备的现代化改装；不可消除性有形磨损和无形磨损的完全补偿是更换新机械设备。

（3）技术改造是指用先进的生产技术改造落后的技术，用先进工艺和装备取代落后的工艺和装备，达到增加品种、提高质量、节约能源、降低材料消耗，全面提高综合经济效益的目的。其评价方法包括总量法和增量法。

（4）机械设备具有 3 种寿命，即自然寿命、技术寿命和经济寿命。设备更新分析的经济寿命法，主要分为经济寿命的静态分析法、经济寿命的动态分析法和设备更新分析的机会成本法，上述方法中应用比较广泛的是经济寿命的动态分析法。

通过本章学习，应了解机械设备磨损的概念，补偿的主要方式，技术改造项目的特点，机械设备的 3 种寿命，熟悉有形磨损和无形磨损的特点，机械设备的经济寿命，重点掌握机械设备经济寿命的概念和经济寿命的分析方法，本章的难点是经济寿命的动态分析方法。

复 习 思 考 题

1. 什么是机械设备的有形磨损和无形磨损？他们各有何特点？

2. 机械设备的补偿有哪些方式？

3. 什么是机械设备的自然寿命、技术寿命和经济寿命？

4. 某机械设备需要机械大修理，其购置费用为 15000 元，再生产价值为 10000 元，大修理需要费用 2500 元，问该机械设备遭受了何种磨损？磨损度是多少？

5. 某机械设备，其原值为 7200 元，第 1 年的使用成本费为 500 元，以后每年递增 400 元，若不计残值和利息，其经济寿命期为多少年？若按 10% 的利率计算，其经济寿命期又为多少年？

6. 某企业经过技术改造，年产量由 200t 增加到 400t，由于产品质量、工艺水平的提高，产品销售价格由 6 元/t 提高到 8 元/t，经营成本由现在的 5 元/t 降低至 4.5 元/t。产品销售税率按 10% 计算，试计算该技术改造项目的增量效益是多少？

附录1 复利因子

0.5%

n	$(F/P, i, n)$	$(P/F, i, n)$	$(F/A, i, n)$	$(A/F, i, n)$	$(A/P, i, n)$	$(P/A, i, n)$
1	1.005	0.9950	1.000	1.00000	1.00500	0.995
2	1.010	0.9901	2.005	0.49875	0.50375	1.985
3	1.015	0.9851	3.015	0.33167	0.33667	2.970
4	1.020	0.9802	4.030	0.24813	0.25313	3.950
5	1.025	0.9754	5.050	0.19801	0.20301	4.926
6	1.030	0.9705	6.076	0.16460	0.16960	5.896
7	1.036	0.9657	7.106	0.14073	0.14573	6.862
8	1.041	0.9609	8.141	0.12283	0.12783	7.823
9	1.046	0.9561	9.182	0.10891	0.11391	8.779
10	1.051	0.9513	10.228	0.09777	0.10277	9.730
11	1.056	0.9466	11.279	0.08866	0.09366	10.677
12	1.062	0.9419	12.336	0.08107	0.08607	11.619
13	1.067	0.9372	13.397	0.07464	0.07964	12.556
14	1.072	0.9326	14.464	0.06914	0.07414	13.489
15	1.078	0.9279	15.537	0.06436	0.06936	14.417
16	1.083	0.9233	16.614	0.06019	0.06519	15.340
17	1.088	0.9187	17.697	0.05651	0.06151	16.259
18	1.094	0.9141	18.786	0.05323	0.05823	17.173
19	1.099	0.9096	19.880	0.05030	0.05530	18.082
20	1.105	0.9051	20.979	0.04767	0.05267	18.987
21	1.110	0.9006	22.084	0.04528	0.05028	19.888
22	1.116	0.8961	23.194	0.04311	0.04811	20.784
23	1.122	0.8916	24.310	0.04113	0.04613	21.676
24	1.127	0.8872	25.432	0.03932	0.04432	22.563
25	1.133	0.8828	26.559	0.03765	0.04265	23.446
26	1.138	0.8784	27.692	0.03611	0.04111	24.324
27	1.144	0.8740	28.830	0.03469	0.03969	25.198
28	1.150	0.8697	29.975	0.03336	0.03836	26.068
29	1.156	0.8653	31.124	0.03213	0.03713	26.933
30	1.161	0.8610	32.280	0.03098	0.03598	27.794
35	1.191	0.8398	38.145	0.02622	0.03122	32.035
40	1.221	0.8191	44.159	0.02265	0.02765	36.172
45	1.252	0.7990	50.324	0.01987	0.02487	40.207
50	1.283	0.7793	56.645	0.01765	0.02265	44.143
55	1.316	0.7601	63.126	0.01584	0.02084	47.981
60	1.349	0.7414	69.770	0.01433	0.01933	51.726
65	1.383	0.7231	76.582	0.01306	0.01806	55.377
70	1.418	0.7053	83.566	0.01197	0.01697	58.939
75	1.454	0.6879	90.727	0.01102	0.01602	62.414
80	1.490	0.6710	98.068	0.01020	0.01520	65.802
85	1.528	0.6545	105.594	0.00947	0.01447	69.108
90	1.567	0.6383	113.311	0.00883	0.01383	72.331
95	1.606	0.6226	121.222	0.00825	0.01325	75.476
100	1.647	0.6073	129.334	0.00773	0.01273	78.543

1.0%

n	$(F/P, i, n)$	$(P/F, i, n)$	$(F/A, i, n)$	$(A/F, i, n)$	$(A/P, i, n)$	$(P/A, i, n)$
1	1.010	0.9901	1.000	1.00000	1.01000	0.990
2	1.020	0.9803	2.010	0.49751	0.50751	1.970
3	1.030	0.9706	3.020	0.33002	0.34002	2.941
4	1.041	0.9610	4.060	0.24628	0.25628	3.902
5	1.051	0.9515	5.101	0.19604	0.20604	4.853
6	1.062	0.9420	6.152	0.16255	0.17255	5.795
7	1.072	0.9327	7.214	0.13863	0.14863	6.728
8	1.083	0.9235	8.286	0.12069	0.13069	7.651
9	1.094	0.9143	9.369	0.10674	0.11674	8.566
10	1.105	0.9053	10.462	0.09558	0.10558	9.471
11	1.116	0.8963	11.567	0.08645	0.09645	10.368
12	1.127	0.8874	12.683	0.07885	0.08885	11.255
13	1.138	0.8787	13.809	0.07241	0.08241	12.134
14	1.149	0.8700	14.947	0.06690	0.07690	13.004
15	1.161	0.8613	16.097	0.06212	0.07212	13.865
16	1.173	0.8528	17.258	0.05794	0.06794	14.718
17	1.184	0.8444	18.430	0.05426	0.06426	15.562
18	1.196	0.8360	19.615	0.05098	0.06098	16.398
19	1.208	0.8277	20.811	0.04805	0.05805	17.226
20	1.220	0.8195	22.019	0.04542	0.05542	18.046
21	1.232	0.8114	23.239	0.04303	0.05303	18.857
22	1.245	0.8034	24.472	0.04086	0.05086	19.660
23	1.257	0.7954	25.716	0.03889	0.04889	20.456
24	1.270	0.7876	26.973	0.03707	0.04707	21.243
25	1.282	0.7798	28.243	0.03541	0.04541	22.023
26	1.295	0.7720	20.526	0.03387	0.04387	22.795
27	1.308	0.7644	30.821	0.03245	0.04245	23.560
28	1.321	0.7568	32.129	0.03112	0.04112	24.316
29	1.335	0.7493	33.450	0.02990	0.03990	25.066
30	1.348	0.7419	34.785	0.02875	0.03875	25.808
35	1.417	0.7059	41.660	0.02400	0.03400	29.409
40	1.489	0.6717	48.886	0.02046	0.03046	32.835
45	1.565	0.6391	56.481	0.01771	0.02771	36.095
50	1.645	0.6080	64.463	0.01551	0.02551	39.196
55	1.729	0.5785	72.852	0.01373	0.02373	42.147
60	1.817	0.5504	81.670	0.01224	0.02224	44.955
65	1.909	0.5237	90.937	0.01100	0.02100	47.627
70	2.007	0.4983	100.676	0.00993	0.01993	50.169
75	2.109	0.4741	110.913	0.00902	0.01902	52.587
80	2.217	0.4511	121.672	0.00822	0.01822	54.888
85	2.330	0.4292	132.979	0.00752	0.01752	57.078
90	2.449	0.4084	144.863	0.00690	0.01690	59.161
95	2.574	0.3886	157.354	0.00636	0.01636	61.143
100	2.705	0.3697	170.481	0.00587	0.01587	63.029

1.5%

n	$(F/P, i, n)$	$(P/F, i, n)$	$(F/A, i, n)$	$(A/F, i, n)$	$(A/P, i, n)$	$(P/A, i, n)$
1	1.015	0.9852	1.000	1.0000	0.0150	0.985
2	1.030	0.9707	2.015	0.4963	0.5113	1.956
3	1.046	0.9563	3.045	0.3284	0.3434	2.912
4	1.061	0.9422	4.091	0.2444	0.2594	3.854
5	1.077	0.9283	5.152	0.1941	0.2091	4.783
6	1.093	0.9145	6.230	0.1605	0.1755	5.697
7	1.110	0.9010	7.323	0.1366	0.1516	6.598
8	1.126	0.8877	8.433	0.1186	0.1336	7.486
9	1.143	0.8746	9.559	0.1046	0.1196	8.361
10	1.161	0.8617	10.703	0.0934	0.1084	9.222
11	1.178	0.8489	11.863	0.0843	0.0993	10.071
12	1.196	0.8364	13.041	0.0767	0.0917	10.908
13	1.214	0.8240	14.237	0.0702	0.0852	11.732
14	1.232	0.8118	15.450	0.0647	0.0797	12.543
15	1.250	0.7999	16.682	0.0599	0.0749	13.343
16	1.269	0.7880	17.932	0.0558	0.0708	14.131
17	1.288	0.7764	19.201	0.0521	0.0671	14.908
18	1.307	0.7649	20.489	0.0488	0.0638	15.673
19	1.327	0.7536	21.797	0.0459	0.0609	16.426
20	1.347	0.7425	23.124	0.0432	0.0582	17.169
21	1.367	0.7315	24.471	0.0409	0.0559	17.900
22	1.388	0.7207	25.838	0.0387	0.0537	18.621
23	1.408	0.7100	27.225	0.0367	0.0517	19.331
24	1.430	0.6995	28.634	0.0349	0.0499	20.030
25	1.451	0.6892	30.063	0.0333	0.0483	20.720
26	1.473	0.6790	31.514	0.0317	0.0467	21.399
27	1.495	0.6690	32.987	0.0303	0.0453	22.068
28	1.517	0.6591	34.481	0.0290	0.0440	22.727
29	1.540	0.6494	35.999	0.0278	0.0428	23.376
30	1.563	0.6398	37.539	0.0266	0.0416	24.016
35	1.684	0.5939	45.592	0.0219	0.0369	27.076
40	1.814	0.5513	54.268	0.0184	0.0334	29.916
45	1.954	0.5117	63.614	0.0157	0.0307	32.552
50	2.105	0.4750	73.683	0.0136	0.0286	35.000
55	2.268	0.4409	84.529	0.0118	0.0268	37.271
60	2.443	0.4093	96.215	0.0104	0.0254	39.380
65	2.632	0.3799	108.803	0.0092	0.0242	41.338
70	2.836	0.3527	122.364	0.0082	0.0232	43.155
75	3.055	0.3274	136.973	0.0073	0.0223	44.842
80	3.291	0.3039	152.711	0.0065	0.0215	46.407
85	3.545	0.2821	169.665	0.0059	0.0209	47.861
90	3.819	0.2619	187.930	0.0053	0.0203	49.210
95	4.114	0.2431	207.606	0.0048	0.0198	50.462
100	4.432	0.2256	228.803	0.0044	0.0194	51.625

2.0%

n	$(F/P, i, n)$	$(P/F, i, n)$	$(F/A, i, n)$	$(A/F, i, n)$	$(A/P, i, n)$	$(P/A, i, n)$
1	1.020	0.9804	1.000	1.00000	1.02000	0.980
2	1.040	0.9612	2.020	0.49505	0.51505	1.942
3	1.061	0.9423	3.060	0.32675	0.34675	2.884
4	1.082	0.9238	4.122	0.24262	0.26262	3.808
5	1.104	0.9057	5.204	0.19216	0.21216	4.713
6	1.126	0.8880	6.308	0.15853	0.17853	5.601
7	1.149	0.8706	7.434	0.13451	0.15451	6.472
8	1.172	0.8535	8.583	0.11651	0.13651	7.325
9	1.195	0.8368	9.755	0.10252	0.12252	8.162
10	1.219	0.8203	10.950	0.09133	0.11133	8.983
11	1.243	0.8043	12.169	0.08218	0.10218	9.787
12	1.268	0.7885	13.412	0.07456	0.09456	10.575
13	1.294	0.7730	14.680	0.06812	0.08812	11.348
14	1.319	0.7579	15.974	0.06260	0.08260	12.106
15	1.346	0.7430	17.293	0.05783	0.07783	12.849
16	1.373	0.7284	18.639	0.05365	0.07365	13.578
17	1.400	0.7142	20.012	0.04997	0.06997	14.292
18	1.428	0.7002	21.412	0.04670	0.06670	14.992
19	1.457	0.6864	22.841	0.04378	0.06378	15.678
20	1.486	0.6730	24.297	0.04116	0.06116	16.351
21	1.516	0.6598	25.783	0.03878	0.05878	17.011
22	1.546	0.6468	27.299	0.03663	0.05663	17.658
23	1.577	0.6342	28.845	0.03467	0.05467	18.292
24	1.608	0.6217	30.422	0.03287	0.05287	18.914
25	1.641	0.6095	32.030	0.03122	0.05122	19.523
26	1.673	0.5976	33.671	0.02970	0.04970	20.121
27	1.707	0.5859	35.344	0.02829	0.04829	20.707
28	1.741	0.5744	37.051	0.02699	0.04699	21.281
29	1.776	0.5631	38.792	0.02578	0.04578	21.844
30	1.811	0.5521	40.568	0.02465	0.04465	22.396
35	2.000	0.5000	49.994	0.02000	0.04000	24.999
40	2.208	0.4529	60.402	0.01656	0.03656	27.355
45	2.438	0.4102	71.893	0.01391	0.03391	29.490
50	2.692	0.3715	84.579	0.01182	0.03182	31.424
55	2.972	0.3365	98.587	0.01014	0.03014	33.175
60	3.281	0.3048	114.052	0.00877	0.02877	34.761
65	3.623	0.2761	131.126	0.00763	0.02763	36.197
70	4.000	0.2500	149.978	0.00667	0.02667	37.499
75	4.416	0.2265	170.792	0.00586	0.02586	38.677
80	4.875	0.2051	193.772	0.00516	0.02516	39.745
85	5.383	0.1858	219.144	0.00456	0.02456	40.711
90	5.943	0.1683	247.157	0.00405	0.02405	41.587
95	6.562	0.1524	278.085	0.00360	0.02360	42.380
100	7.245	0.1380	312.232	0.00320	0.02320	43.098

2.5%

n	$(F/P, i, n)$	$(P/F, i, n)$	$(F/A, i, n)$	$(A/F, i, n)$	$(A/P, i, n)$	$(P/A, i, n)$
1	1.025	0.9756	1.000	1.00000	1.02500	0.976
2	1.051	0.9518	2.025	0.49383	0.51883	1.927
3	1.077	0.9286	3.076	0.32514	0.35014	2.856
4	1.104	0.9060	4.153	0.24082	0.26582	3.762
5	1.131	0.8839	5.256	0.19025	0.21525	4.646
6	1.160	0.8623	6.388	0.15655	0.18155	5.508
7	1.189	0.8413	7.547	0.13250	0.15750	6.349
8	1.218	0.8207	8.736	0.11447	0.13947	7.170
9	1.249	0.8007	9.955	0.10046	0.12546	7.971
10	1.280	0.7812	11.203	0.08926	0.11426	8.752
11	1.312	0.7621	12.483	0.08011	0.10511	9.514
12	1.345	0.7436	13.796	0.07249	0.09749	10.258
13	1.379	0.7254	15.140	0.06605	0.09105	10.983
14	1.413	0.7077	16.519	0.06054	0.08554	11.691
15	1.448	0.6905	17.932	0.05577	0.08077	12.381
16	1.485	0.6736	19.380	0.05160	0.07660	13.055
17	1.522	0.6572	20.865	0.04793	0.07293	13.712
18	1.560	0.6412	22.386	0.04467	0.06967	14.353
19	1.599	0.6255	23.946	0.04176	0.06676	14.979
20	1.639	0.6103	25.545	0.03915	0.06415	15.589
21	1.680	0.5954	27.183	0.03679	0.06179	16.185
22	1.722	0.5809	28.863	0.03465	0.05965	16.765
23	1.765	0.5667	30.584	0.03270	0.05770	17.332
24	1.809	0.5529	32.349	0.03091	0.05591	17.885
25	1.854	0.5394	34.158	0.02928	0.05428	18.424
26	1.900	0.5262	36.012	0.02777	0.05277	18.951
27	1.948	0.5134	37.912	0.02638	0.05138	19.464
28	1.996	0.5009	39.860	0.02509	0.05009	19.965
29	2.046	0.4887	41.856	0.02389	0.04889	20.454
30	2.098	0.4767	43.903	0.02278	0.04778	20.930
35	2.373	0.4214	54.928	0.01821	0.04321	23.145
40	2.685	0.3724	67.403	0.01484	0.03984	25.103
45	3.038	0.3292	81.516	0.01227	0.03727	26.833
50	3.437	0.2909	97.484	0.01026	0.03526	28.362
55	3.889	0.2571	115.551	0.00865	0.03365	29.714
60	4.400	0.2273	135.992	0.00735	0.03235	30.909
65	4.978	0.2009	159.118	0.00628	0.03128	31.965
70	5.632	0.1776	185.284	0.00540	0.03040	32.898
75	6.372	0.1569	214.888	0.00465	0.02965	33.723
80	7.210	0.1387	248.383	0.00403	0.02903	34.452
85	8.157	0.1226	286.279	0.00349	0.02849	35.096
90	9.229	0.1084	329.154	0.00304	0.02804	35.666
95	10.442	0.0958	377.664	0.00265	0.02765	36.169
100	11.814	0.0846	432.549	0.00231	0.02731	36.614

$$3.0\%$$

n	$(F/P,\ i,\ n)$	$(P/F,\ i,\ n)$	$(F/A,\ i,\ n)$	$(A/F,\ i,\ n)$	$(A/P,\ i,\ n)$	$(P/A,\ i,\ n)$
1	1.030	0.9709	1.000	1.00000	1.03000	0.971
2	1.061	0.9426	2.030	0.49261	0.52261	1.913
3	1.093	0.9151	3.091	0.32353	0.35353	2.829
4	1.126	0.8885	4.184	0.23903	0.26903	3.717
5	1.159	0.8626	5.309	0.18835	0.21835	4.580
6	1.194	0.8375	6.468	0.15460	0.18460	5.417
7	1.230	0.8131	7.662	0.13051	0.16051	6.230
8	1.267	0.7894	8.892	0.11246	0.14246	7.020
9	1.305	0.7664	10.159	0.09843	0.12843	7.786
10	1.344	0.7441	11.464	0.08723	0.11723	8.530
11	1.384	0.7224	12.808	0.07808	0.10808	9.253
12	1.426	0.7014	14.192	0.07046	0.10046	9.954
13	1.469	0.6810	15.618	0.06403	0.09403	10.635
14	1.513	0.6611	17.086	0.05853	0.08853	11.296
15	1.558	0.6419	18.599	0.05377	0.08377	11.938
16	1.605	0.6232	20.157	0.04961	0.07961	12.561
17	1.653	0.6050	21.762	0.04595	0.07595	13.166
18	1.702	0.5874	23.414	0.04271	0.07271	13.754
19	1.754	0.5703	25.117	0.03981	0.06981	14.324
20	1.806	0.5537	26.870	0.03722	0.06722	14.877
21	1.860	0.5375	28.676	0.03487	0.06487	15.415
22	1.916	0.5219	30.537	0.03275	0.06275	15.937
23	1.974	0.5067	32.453	0.03081	0.06081	16.444
24	2.033	0.4919	34.426	0.02905	0.05905	16.936
25	2.094	0.4776	36.459	0.02743	0.05743	17.413
26	2.157	0.4637	38.553	0.02594	0.05594	17.877
27	2.221	0.4502	40.710	0.02456	0.05456	18.327
28	2.288	0.4371	42.931	0.02329	0.05329	18.764
29	2.357	0.4243	45.219	0.02211	0.05211	19.188
30	2.427	0.4120	47.575	0.02102	0.05102	19.600
35	2.814	0.3554	60.462	0.01654	0.04654	21.487
40	3.262	0.3066	75.401	0.01326	0.04326	23.115
45	3.782	0.2644	92.720	0.01079	0.04079	24.519
50	4.384	0.2281	112.797	0.00887	0.03887	25.730
55	5.082	0.1968	136.072	0.00735	0.03735	26.774
60	5.892	0.1697	163.053	0.00613	0.03613	27.676
65	6.830	0.1464	194.333	0.00515	0.03515	28.453
70	7.918	0.1263	230.594	0.00434	0.03434	29.123
75	9.179	0.1089	272.631	0.00367	0.03367	29.702
80	10.641	0.0940	321.363	0.00311	0.03311	30.201
85	12.336	0.0811	377.857	0.00265	0.03265	30.631
90	14.300	0.0699	443.349	0.00226	0.03226	31.002
95	16.578	0.0603	519.272	0.00193	0.03193	31.323
100	19.219	0.0520	607.288	0.00165	0.03165	31.599

4.0%

n	$(F/P,\ i,\ n)$	$(P/F,\ i,\ n)$	$(F/A,\ i,\ n)$	$(A/F,\ i,\ n)$	$(A/P,\ i,\ n)$	$(P/A,\ i,\ n)$
1	1.040	0.9615	1.000	1.00000	1.04000	0.962
2	1.082	0.9246	2.040	0.49020	0.53020	1.886
3	1.125	0.8890	3.122	0.32035	0.36035	2.775
4	1.170	0.8548	4.246	0.23549	0.27549	3.630
5	1.217	0.8219	5.416	0.18463	0.22463	4.452
6	1.265	0.7903	6.633	0.15076	0.19076	5.242
7	1.316	0.7599	7.898	0.12661	0.16661	6.002
8	1.369	0.7307	9.214	0.10853	0.14853	6.733
9	1.423	0.7026	10.583	0.09449	0.13449	7.435
10	1.480	0.6756	12.006	0.08329	0.12329	8.111
11	1.539	0.6496	13.486	0.07415	0.11415	8.760
12	1.601	0.6246	15.026	0.06655	0.10655	9.385
13	1.665	0.6006	16.627	0.06014	0.10014	9.986
14	1.732	0.5775	18.292	0.05467	0.09467	10.563
15	1.801	0.5553	20.024	0.04994	0.08994	11.118
16	1.873	0.5339	21.825	0.04582	0.08582	11.652
17	1.948	0.5134	23.698	0.04220	0.08220	12.166
18	2.026	0.4936	25.645	0.03899	0.07899	12.659
19	2.107	0.4746	27.671	0.03614	0.07614	13.134
20	2.191	0.4564	29.778	0.03358	0.07358	13.590
21	2.279	0.4388	31.969	0.03128	0.07128	14.029
22	2.370	0.4220	34.248	0.02920	0.06920	14.451
23	2.465	0.4057	36.618	0.02731	0.06731	14.857
24	2.563	0.3901	39.083	0.02559	0.06559	15.247
25	2.666	0.3751	41.646	0.02401	0.06401	15.622
26	2.772	0.3607	44.312	0.02257	0.06257	15.983
27	2.883	0.3468	47.084	0.02124	0.06124	16.330
28	2.999	0.3335	49.968	0.02001	0.06001	16.663
29	3.119	0.3207	52.966	0.01888	0.05888	16.984
30	3.243	0.3083	56.085	0.01783	0.05783	17.292
35	3.946	0.2534	73.652	0.01358	0.05358	18.665
40	4.801	0.2083	95.026	0.01052	0.05052	19.793
45	5.841	0.1712	121.029	0.00826	0.04826	20.720
50	7.107	0.1407	152.667	0.00655	0.04655	21.482
55	8.646	0.1157	191.159	0.00523	0.04523	22.109
60	10.520	0.0951	237.991	0.00420	0.04420	22.623
65	12.799	0.0781	294.968	0.00339	0.04339	23.047
70	15.572	0.0642	364.290	0.00275	0.04275	23.395
75	18.945	0.0528	448.631	0.00223	0.04223	23.680
80	23.050	0.0434	551.245	0.00181	0.04181	23.915
85	28.044	0.0357	676.090	0.00148	0.04148	24.109
90	34.119	0.0293	827.983	0.00121	0.04121	24.267
95	41.511	0.0241	1012.785	0.00099	0.04099	24.398
100	50.505	0.0198	1237.624	0.00081	0.04081	24.505

5.0%

n	$(F/P, i, n)$	$(P/F, i, n)$	$(F/A, i, n)$	$(A/F, i, n)$	$(A/P, i, n)$	$(P/A, i, n)$
1	1.050	0.9524	1.000	1.00000	1.05000	0.952
2	1.103	0.9070	2.050	0.48780	0.53780	1.859
3	1.158	0.8638	3.153	0.31721	0.36721	2.723
4	1.216	0.8227	4.310	0.23201	0.28201	3.546
5	1.276	0.7835	5.526	0.18097	0.23097	4.329
6	1.340	0.7462	6.802	0.14702	0.19702	5.076
7	1.407	0.7107	8.142	0.12282	0.17282	5.786
8	1.477	0.6768	9.549	0.10472	0.15472	6.463
9	1.551	0.6446	11.027	0.09069	0.14069	7.108
10	1.629	0.6139	12.578	0.07950	0.12950	7.722
11	1.710	0.5847	14.207	0.07039	0.12039	8.306
12	1.796	0.5568	15.917	0.06283	0.11283	8.863
13	1.886	0.5303	17.713	0.05646	0.10646	9.394
14	1.980	0.5051	19.599	0.05102	0.10102	9.899
15	2.079	0.4810	21.579	0.04634	0.09634	10.380
16	2.183	0.4581	23.657	0.04227	0.09227	10.838
17	2.292	0.4363	25.840	0.03870	0.08870	11.274
18	2.407	0.4155	28.132	0.03555	0.08555	11.690
19	2.527	0.3957	30.539	0.03275	0.08275	12.085
20	2.653	0.3769	33.066	0.03024	0.08024	12.462
21	2.786	0.3589	35.719	0.02800	0.07800	12.821
22	2.925	0.3418	38.505	0.02597	0.07597	13.163
23	3.072	0.3256	41.430	0.02414	0.07414	13.489
24	3.225	0.3101	44.502	0.02247	0.07247	13.799
25	3.386	0.2953	47.727	0.02095	0.07095	14.094
26	3.556	0.2812	51.113	0.01956	0.06956	14.375
27	3.733	0.2678	54.669	0.01829	0.06829	14.643
28	3.920	0.2551	58.403	0.01712	0.06712	14.898
29	4.116	0.2429	62.323	0.01605	0.06605	15.141
30	4.322	0.2314	66.139	0.01505	0.06505	15.372
35	5.516	0.1813	90.320	0.01107	0.06107	16.374
40	7.040	0.1420	120.800	0.00828	0.05828	17.159
45	8.985	0.1113	159.700	0.00626	0.05626	17.774
50	11.467	0.0872	209.348	0.00478	0.05478	18.256
55	14.636	0.0683	272.713	0.00367	0.05367	18.633
60	18.679	0.0535	353.584	0.00283	0.05283	18.929
65	23.840	0.0419	456.798	0.00219	0.05219	19.161
70	30.426	0.0329	588.529	0.00170	0.05170	19.343
75	38.833	0.0258	756.654	0.00132	0.05132	19.485
80	49.561	0.0202	971.229	0.00103	0.05103	19.596
85	63.254	0.0158	1245.087	0.00080	0.05080	19.684
90	80.730	0.0124	1594.607	0.00063	0.05063	19.752
95	103.035	0.0097	2040.694	0.00049	0.05049	19.806
100	131.501	0.0076	2610.025	0.00038	0.05038	19.848

6.0%

n	(F/P, i, n)	(P/F, i, n)	(F/A, i, n)	(A/F, i, n)	(A/P, i, n)	(P/A, i, n)
1	1.060	0.9434	1.000	1.00000	1.06000	0.943
2	1.124	0.8900	2.060	0.48544	0.54544	1.833
3	1.191	0.8396	3.184	0.31411	0.37411	2.673
4	1.262	0.7921	4.375	0.22859	0.28859	3.465
5	1.338	0.7473	5.637	0.17740	0.23740	4.212
6	1.419	0.7050	6.975	0.14336	0.20336	4.917
7	1.504	0.6651	8.394	0.11914	0.17914	5.582
8	1.594	0.6274	9.897	0.10104	0.16104	6.210
9	1.689	0.5919	11.491	0.08702	0.14702	6.802
10	1.791	0.5584	13.181	0.07587	0.13587	7.360
11	1.898	0.5268	14.972	0.06679	0.12679	7.887
12	2.012	0.4970	16.870	0.05928	0.11928	8.384
13	2.133	0.4688	18.882	0.05296	0.11296	8.853
14	2.261	0.4423	21.015	0.04758	0.10758	9.295
15	2.397	0.4173	23.276	0.04296	0.10296	9.712
16	2.540	0.3936	25.673	0.03895	0.09895	10.106
17	2.693	0.3714	28.213	0.03544	0.09544	10.477
18	2.854	0.3503	30.906	0.03236	0.09236	10.828
19	3.026	0.3305	33.760	0.02962	0.08962	11.158
20	3.207	0.3118	36.786	0.02718	0.08718	11.470
21	3.400	0.2942	39.993	0.02500	0.08500	11.764
22	3.604	0.2775	43.392	0.02305	0.08305	12.042
23	3.820	0.2618	46.996	0.02128	0.08128	12.303
24	4.049	0.2470	50.816	0.01968	0.07968	12.550
25	4.292	0.2330	54.865	0.01823	0.07823	12.783
26	4.549	0.2198	59.156	0.01690	0.07690	13.003
27	4.822	0.2074	63.706	0.01570	0.07570	13.211
28	5.112	0.1956	68.528	0.01459	0.07459	13.406
29	5.418	0.1846	73.640	0.01358	0.07358	13.591
30	5.743	0.1741	79.058	0.01265	0.07265	13.765
35	7.686	0.1301	111.435	0.00897	0.06897	14.498
40	10.286	0.0972	154.762	0.00646	0.06646	15.046
45	13.765	0.0727	212.744	0.00470	0.06470	15.456
50	18.420	0.0543	290.336	0.00344	0.06344	15.762
55	24.650	0.0406	394.172	0.00254	0.06254	15.991
60	32.988	0.0303	533.128	0.00188	0.06188	16.161
65	44.145	0.0227	719.083	0.00139	0.06139	16.289
70	59.076	0.0169	967.932	0.00103	0.06103	16.385
75	79.057	0.0126	1300.949	0.00077	0.06077	16.456
80	105.796	0.0095	1746.600	0.00057	0.06057	16.509
85	141.579	0.0071	2342.982	0.00043	0.06043	16.549
90	189.465	0.0053	3141.075	0.00032	0.06032	16.579
95	253.546	0.0039	4209.104	0.00024	0.06024	16.601
100	339.302	0.0029	5638.368	0.00018	0.06018	16.618

7.0%

n	$(F/P, i, n)$	$(P/F, i, n)$	$(F/A, i, n)$	$(A/F, i, n)$	$(A/P, i, n)$	$(P/A, i, n)$
1	1.070	0.9346	1.000	1.0000	1.0700	0.935
2	1.145	0.8734	2.070	0.4831	0.5531	1.808
3	1.225	0.8163	3.215	0.3111	0.3811	2.624
4	1.311	0.7629	4.440	0.2252	0.2952	3.387
5	1.403	0.7130	5.751	0.1739	0.2439	4.100
6	1.501	0.6663	7.153	0.1398	0.2098	4.767
7	1.606	0.6227	8.654	0.1156	0.1856	5.389
8	1.718	0.5820	10.260	0.0975	0.1675	5.971
9	1.838	0.5439	11.978	0.0835	0.1535	6.515
10	1.967	0.5083	13.816	0.0724	0.1424	7.024
11	2.105	0.4751	15.784	0.0634	0.1334	7.499
12	2.252	0.4440	17.888	0.0559	0.1259	7.943
13	2.410	0.4150	20.141	0.0497	0.1197	8.358
14	2.579	0.3878	22.550	0.0443	0.1143	8.745
15	2.759	0.3624	25.129	0.0398	0.1098	9.108
16	2.952	0.3387	27.888	0.0359	0.1059	9.447
17	3.159	0.3166	30.840	0.0324	0.1024	9.763
18	3.380	0.2959	33.999	0.0294	0.0994	10.059
19	3.617	0.2765	37.379	0.0268	0.0968	10.336
20	3.870	0.2765	37.379	0.0268	0.0944	10.336
21	4.141	0.2415	44.865	0.0223	0.0923	10.836
22	4.430	0.2257	49.006	0.0204	0.0904	11.061
23	4.741	0.2109	53.436	0.0187	0.0887	11.272
24	5.072	0.1971	58.177	0.0172	0.0872	11.469
25	5.427	0.1842	63.249	0.0158	0.0858	11.654
26	5.807	0.1722	68.676	0.0146	0.0846	11.826
27	6.214	0.1609	74.484	0.0134	0.0834	11.987
28	6.649	0.1504	80.698	0.0124	0.0824	12.137
29	7.114	0.1406	87.347	0.0114	0.0814	12.278
30	7.612	0.1314	94.461	0.0106	0.0806	12.409
35	10.677	0.0937	138.237	0.0072	0.0772	12.948
40	14.974	0.0668	199.635	0.0050	0.0750	13.332
45	21.007	0.0476	285.749	0.0035	0.0735	13.606
50	29.457	0.0339	406.529	0.0025	0.0725	13.801
55	41.315	0.0242	575.929	0.0017	0.0717	13.940
60	57.946	0.0173	813.520	0.0012	0.0712	14.039
65	81.273	0.0123	1146.755	0.0009	0.0709	14.110
70	113.989	0.0088	1614.134	0.0006	0.0706	14.160
75	159.876	0.0063	2269.657	0.0004	0.0704	14.196
80	224.234	0.0045	3189.063	0.0003	0.0703	14.222
85	314.500	0.0032	4478.576	0.0002	0.0702	14.240
90	441.103	0.0023	6287.185	0.0002	0.0702	14.253
95	618.670	0.0016	8823.854	0.0001	0.0701	14.263
100	867.716	0.0012	12381.662	0.0001	0.0701	14.269

8.0%

n	$(F/P, i, n)$	$(P/F, i, n)$	$(F/A, i, n)$	$(A/F, i, n)$	$(A/P, i, n)$	$(P/A, i, n)$
1	1.080	0.9259	1.000	1.00000	1.08000	0.926
2	1.166	0.8573	2.080	0.48077	0.56077	1.783
3	1.260	0.7938	3.246	0.30803	0.38803	2.577
4	1.360	0.7350	4.506	0.22192	0.30192	3.312
5	1.469	0.6806	5.867	0.17046	0.25046	3.993
6	1.587	0.6302	7.336	0.13632	0.21632	4.623
7	1.714	0.5835	8.932	0.11207	0.19207	5.206
8	1.851	0.5403	10.637	0.09401	0.17401	5.747
9	1.999	0.5002	12.488	0.08008	0.16008	6.247
10	2.159	0.4632	14.487	0.06903	0.14903	6.710
11	2.332	0.4289	16.645	0.06008	0.14008	7.139
12	2.518	0.3971	18.977	0.05270	0.13270	7.536
13	2.720	0.3677	21.495	0.04652	0.12652	7.904
14	2.937	0.3405	24.215	0.04130	0.12130	8.244
15	3.172	0.3152	27.152	0.03683	0.11683	8.559
16	3.426	0.2919	30.324	0.03298	0.11298	8.851
17	3.700	0.2703	33.750	0.07963	0.10963	9.122
18	3.996	0.2502	37.450	0.02670	0.10670	9.372
19	4.316	0.2317	41.446	0.02413	0.10413	9.604
20	4.661	0.2145	45.762	0.02185	0.10185	9.818
21	5.034	0.1987	50.423	0.01983	0.09983	10.017
22	5.437	0.1839	55.457	0.01803	0.09803	10.201
23	5.871	0.1703	60.893	0.01642	0.09642	10.371
24	6.341	0.1577	66.765	0.01498	0.09498	10.529
25	6.848	0.1460	73.106	0.01368	0.09368	10.675
26	7.396	0.1352	79.954	0.01251	0.09251	10.810
27	7.988	0.1252	87.351	0.01145	0.09145	10.935
28	8.627	0.1159	95.339	0.01049	0.09049	11.051
29	9.317	0.1073	103.966	0.00962	0.08962	11.158
30	10.063	0.0994	113.283	0.00883	0.08883	11.258
35	14.785	0.0676	172.317	0.00580	0.08580	11.655
40	21.725	0.0460	259.057	0.00386	0.08386	11.925
45	31.920	0.0313	386.506	0.00259	0.08259	12.108
50	46.902	0.0213	573.770	0.00174	0.08174	12.233
55	68.914	0.0145	848.923	0.00118	0.08118	12.319
60	101.257	0.0099	1253.213	0.00080	0.08080	12.377
65	148.780	0.0067	1847.248	0.00054	0.08054	12.416
70	218.606	0.0046	2720.080	0.00037	0.08037	12.443
75	321.205	0.0031	4002.557	0.00025	0.08025	12.461
80	471.955	0.0021	5886.935	0.00017	0.08017	12.474
85	693.456	0.0014	8655.706	0.00012	0.08012	12.482
90	1018.915	0.0010	12723.939	0.00008	0.08008	12.488
95	1497.121	0.0007	18701.507	0.00005	0.08005	12.492
100	2199.761	0.0005	27484.516	0.00004	0.08004	12.494

10.0%

n	$(F/P, i, n)$	$(P/F, i, n)$	$(F/A, i, n)$	$(A/F, i, n)$	$(A/P, i, n)$	$(P/A, i, n)$
1	1.100	0.9091	1.000	1.00000	1.10000	0.909
2	1.210	0.8264	2.100	0.47619	0.57619	1.736
3	1.331	0.7513	3.310	0.30211	0.40211	2.487
4	1.464	0.6830	4.641	0.21547	0.31547	3.170
5	1.611	0.6209	6.105	0.16380	0.26380	3.791
6	1.772	0.5645	7.716	0.12961	0.22961	4.355
7	1.949	0.5132	9.487	0.10541	0.20541	4.868
8	2.144	0.4665	11.436	0.08744	0.18744	5.335
9	2.358	0.4241	13.579	0.07354	0.17364	5.759
10	2.594	0.3855	15.937	0.06275	0.16275	6.144
11	2.853	0.3505	18.531	0.05396	0.15396	6.495
12	3.138	0.3186	21.384	0.04676	0.14676	6.814
13	3.452	0.2897	24.523	0.04078	0.14078	7.103
14	3.797	0.2633	27.975	0.03575	0.13575	7.367
15	4.177	0.2394	31.772	0.03147	0.13147	7.606
16	4.595	0.2176	35.950	0.02782	0.12782	7.824
17	5.054	0.1978	40.545	0.02466	0.12466	8.022
18	5.560	0.1799	45.599	0.02193	0.12193	8.201
19	6.116	0.1635	51.159	0.01955	0.11955	8.365
20	6.727	0.1486	57.275	0.01746	0.11746	8.514
21	7.400	0.1351	64.002	0.01562	0.11562	8.649
22	8.140	0.1228	71.403	0.01401	0.11401	8.772
23	8.954	0.1117	79.543	0.01257	0.11257	8.883
24	9.850	0.1015	88.497	0.01130	0.11130	8.985
25	10.835	0.0923	98.347	0.01017	0.11017	9.077
26	11.918	0.0839	109.182	0.00916	0.10916	9.161
27	13.110	0.0763	121.100	0.00826	0.10826	9.237
28	14.421	0.0693	134.210	0.00745	0.10745	9.307
29	15.863	0.0630	148.631	0.00673	0.10673	9.370
30	17.449	0.0573	164.494	0.00608	0.10608	9.427
35	28.102	0.0356	271.024	0.00369	0.10369	9.644
40	45.259	0.0221	442.593	0.00226	0.10226	9.779
45	72.890	0.0137	718.905	0.00139	0.10139	9.863
50	117.391	0.0085	1163.909	0.00086	0.10086	9.915
55	189.059	0.0053	1880.591	0.00053	0.10053	9.947
60	304.482	0.0033	3034.816	0.00033	0.10033	9.967
65	490.371	0.0020	4893.707	0.00020	0.10020	9.980
70	789.747	0.0013	7887.470	0.00013	0.10013	9.987
75	1271.895	0.0008	12708.954	0.00008	0.10008	9.992
80	2048.400	0.0005	20474.002	0.00005	0.10005	9.995
85	3298.969	0.0003	32979.690	0.00003	0.10003	9.997
90	5313.023	0.0002	53120.226	0.00002	0.10002	9.998
95	8556.676	0.0001	85556.760	0.00001	0.10001	9.999

12.0%

n	$(F/P, i, n)$	$(P/F, i, n)$	$(F/A, i, n)$	$(A/F, i, n)$	$(A/P, i, n)$	$(P/A, i, n)$
1	1.120	0.8929	1.000	1.00000	1.12000	0.893
2	1.254	0.7972	2.120	0.47170	0.59170	1.690
3	1.405	0.7118	3.374	0.29635	0.41635	2.402
4	1.574	0.6355	4.779	0.20923	0.32923	3.037
5	1.762	0.5674	6.353	0.15741	0.27741	3.605
6	1.974	0.5066	8.115	0.12323	0.24323	4.111
7	2.211	0.4523	10.089	0.09912	0.21912	4.564
8	2.476	0.4039	12.300	0.08130	0.20130	4.968
9	2.773	0.3606	14.776	0.06768	0.18768	5.328
10	3.106	0.3220	17.549	0.05698	0.17698	5.650
11	3.479	0.2875	20.655	0.04842	0.16842	5.938
12	3.896	0.2567	24.133	0.04144	0.16144	6.194
13	4.363	0.2292	28.029	0.03568	0.15568	6.424
14	4.887	0.2046	32.393	0.03087	0.15087	6.628
15	5.474	0.1827	37.280	0.02682	0.14682	6.811
16	6.130	0.1631	42.753	0.02339	0.14339	6.974
17	6.866	0.1456	48.884	0.02046	0.14046	7.120
18	7.690	0.1300	55.750	0.01794	0.13794	7.250
19	8.613	0.1161	63.440	0.01576	0.13576	7.366
20	9.646	0.1037	72.052	0.01388	0.13388	7.469
21	10.804	0.0926	81.699	0.01224	0.13224	7.562
22	12.100	0.0826	92.503	0.01081	0.13081	7.645
23	13.552	0.0738	104.603	0.00956	0.12956	7.718
24	15.179	0.0659	118.155	0.00846	0.12846	7.784
25	17.000	0.0588	133.334	0.00750	0.12750	7.843
26	19.040	0.0525	150.334	0.00665	0.12665	7.896
27	21.325	0.0469	169.374	0.00590	0.12590	7.943
28	23.884	0.0419	190.699	0.00524	0.12524	7.984
29	26.750	0.0374	214.583	0.00466	0.12466	8.022
30	29.960	0.0334	241.333	0.00414	0.12414	8.055
35	52.800	0.0189	431.663	0.00232	0.12232	8.176
40	93.051	0.0107	767.091	0.00130	0.12130	8.244
45	163.988	0.0061	1358.230	0.00074	0.12074	8.283
50	289.002	0.0035	2400.018	0.00042	0.12042	8.304
55	509.321	0.0020	4236.005	0.00024	0.12024	8.317
60	897.597	0.0011	7471.641	0.00013	0.12013	8.324
65	1581.872	0.0006	13173.937	0.00008	0.12008	8.328
70	2787.800	0.0004	23223.332	0.00004	0.12004	8.330
75	4913.056	0.0002	40933.799	0.00002	0.12002	8.332
80	8658.483	0.0001	72145.692	0.00001	0.12001	8.332

15. 0%

n	(F/P, i, n)	(P/F, i, n)	(F/A, i, n)	(A/F, i, n)	(A/P, i, n)	(P/A, i, n)
1	1. 150	0. 8696	1. 000	1. 00000	1. 15000	0. 870
2	1. 322	0. 7561	2. 150	0. 46512	0. 61512	1. 626
3	1. 521	0. 6575	3. 472	0. 28798	0. 43798	2. 283
4	1. 749	0. 5718	4. 993	0. 20027	0. 35027	2. 855
5	2. 011	0. 4972	6. 742	0. 14832	0. 29832	3. 352
6	2. 313	0. 4323	8. 754	0. 11424	0. 26424	3. 784
7	2. 660	0. 3759	11. 067	0. 09036	0. 24036	4. 160
8	3. 059	0. 3269	13. 727	0. 07285	0. 22285	4. 487
9	3. 518	0. 2843	16. 786	0. 05957	0. 20957	4. 772
10	4. 046	0. 2472	20. 304	0. 04925	0. 19930	5. 019
11	4. 652	0. 2149	24. 349	0. 04107	0. 19107	5. 234
12	5. 350	0. 1869	29. 002	0. 03448	0. 18448	5. 421
13	6. 153	0. 1625	34. 352	0. 02911	0. 17911	5. 583
14	7. 076	0. 1413	40. 505	0. 02469	0. 17469	5. 724
15	8. 137	0. 1229	47. 580	0. 02102	0. 17102	5. 847
16	9. 358	0. 1069	55. 717	0. 01795	0. 16795	5. 954
17	10. 761	0. 0929	65. 075	0. 01537	0. 16537	6. 047
18	12. 375	0. 0808	75. 836	0. 01319	0. 16319	6. 128
19	14. 232	0. 0703	88. 212	0. 01134	0. 16134	6. 198
20	16. 367	0. 0611	102. 444	0. 00976	0. 15976	6. 259
21	18. 822	0. 0531	118. 810	0. 00842	0. 15842	6. 312
22	21. 645	0. 0462	137. 632	0. 00727	0. 15727	6. 359
23	24. 891	0. 0402	159. 276	0. 00628	0. 15628	6. 399
24	28. 625	0. 0349	184. 168	0. 00543	0. 15543	6. 434
25	32. 919	0. 0304	212. 793	0. 00470	0. 15470	6. 464
26	37. 857	0. 0264	245. 712	0. 00407	0. 15407	6. 491
27	43. 535	0. 0230	283. 569	0. 00353	0. 15353	6. 514
28	50. 066	0. 0200	327. 104	0. 00306	0. 15306	6. 534
29	57. 575	0. 0174	377. 170	0. 00265	0. 15265	6. 551
30	66. 212	0. 0151	434. 745	0. 00230	0. 15230	6. 566
35	133. 176	0. 0075	881. 170	0. 00113	0. 15113	6. 617
40	267. 864	0. 0037	1779. 090	0. 00056	0. 15056	6. 642
45	538. 769	0. 0019	3585. 128	0. 00028	0. 15028	6. 654
50	1083. 657	0. 0009	7217. 716	0. 00014	0. 15014	6. 661
55	2179. 622	0. 0005	14524. 148	0. 00007	0. 15007	6. 664
60	4383. 999	0. 0002	29219. 992	0. 00003	0. 15003	6. 665
65	8817. 787	0. 0001	58778. 583	0. 00002	0. 15002	6. 666

20.0%

n	(F/P, i, n)	(P/F, i, n)	(F/A, i, n)	(A/F, i, n)	(A/P, i, n)	(P/A, i, n)
1	1.200	0.8333	1.000	1.00000	1.20000	0.833
2	1.440	0.6944	2.200	0.45455	0.65455	1.528
3	1.728	0.5787	3.640	0.27473	0.47473	2.106
4	2.074	0.4823	5.368	0.18629	0.38629	2.589
5	2.488	0.4019	7.442	0.13438	0.33438	2.991
6	2.986	0.3349	9.930	0.10071	0.30071	3.326
7	3.583	0.2791	12.916	0.07742	0.27742	3.605
8	4.300	0.2326	16.499	0.06061	0.26061	3.837
9	5.160	0.1938	20.799	0.04808	0.24808	4.031
10	6.192	0.1615	25.959	0.03852	0.23852	4.192
11	7.430	0.1346	32.150	0.03110	0.23110	4.327
12	8.916	0.1122	39.581	0.02528	0.22526	4.439
13	10.699	0.0935	48.497	0.02062	0.22062	4.533
14	12.839	0.0779	59.196	0.01689	0.21689	4.611
15	15.407	0.0649	72.035	0.01388	0.21388	4.675
16	18.488	0.0541	87.442	0.01144	0.21144	4.730
17	22.186	0.0451	105.931	0.00944	0.20944	4.775
18	26.623	0.0376	128.117	0.00781	0.20781	4.812
19	31.948	0.0313	154.740	0.00646	0.20646	4.843
20	38.338	0.0261	186.688	0.00538	0.20536	4.870
21	46.005	0.0217	225.026	0.00444	0.20444	4.891
22	55.206	0.0181	271.031	0.00369	0.20369	4.909
23	66.247	0.0151	326.237	0.00307	0.20307	4.925
24	79.497	0.0126	329.484	0.00255	0.20255	4.937
25	95.396	0.0105	471.981	0.00212	0.20212	4.948
26	114.475	0.0087	567.377	0.00176	0.20176	4.956
27	137.371	0.0073	681.853	0.00147	0.20147	4.964
28	164.845	0.0061	819.223	0.00122	0.20122	4.970
29	197.814	0.0051	984.068	0.00102	0.20102	4.975
30	237.376	0.0042	1181.882	0.00085	0.20085	4.979
35	590.668	0.0017	2948.341	0.00034	0.20034	4.992
40	1469.772	0.0007	7343.858	0.00014	0.20014	4.997
45	3657.262	0.0003	18281.310	0.00005	0.20005	4.999
50	9100.438	0.0001	45497.191	0.00002	0.20002	4.999

25.0%

n	$(F/P, i, n)$	$(P/F, i, n)$	$(F/A, i, n)$	$(A/F, i, n)$	$(A/P, i, n)$	$(P/A, i, n)$
1	1.250	0.8000	1.000	1.00000	1.25000	0.800
2	1.562	0.6400	2.250	0.44444	0.69444	1.440
3	1.953	0.5120	3.812	0.26230	0.51230	1.952
4	2.441	0.4096	5.766	0.17344	0.42344	2.362
5	3.052	0.3277	8.207	0.12185	0.37185	2.689
6	3.815	0.2621	11.259	0.08882	0.33882	2.951
7	4.768	0.2097	15.073	0.06634	0.31634	3.161
8	5.960	0.1678	19.842	0.05040	0.30040	3.329
9	7.451	0.1342	25.802	0.03876	0.28876	3.463
10	9.313	0.1074	33.253	0.03007	0.28007	3.571
11	11.642	0.0859	42.566	0.02349	0.27349	3.656
12	14.552	0.0687	54.208	0.01845	0.26845	3.725
13	18.190	0.0550	68.760	0.01454	0.26454	3.780
14	22.737	0.0440	86.949	0.01150	0.26150	3.824
15	28.422	0.0352	109.687	0.00912	0.25912	3.859
16	35.527	0.0281	138.109	0.00724	0.25724	3.887
17	44.409	0.0225	173.636	0.00576	0.25576	3.910
18	55.511	0.0180	218.045	0.00459	0.25459	3.928
19	69.389	0.0144	273.556	0.00366	0.25366	3.942
20	86.736	0.0115	342.945	0.00292	0.25292	3.954
21	108.420	0.0092	429.681	0.00233	0.25233	3.963
22	135.525	0.0074	538.101	0.00186	0.25186	3.970
23	169.407	0.0059	673.626	0.00148	0.25148	3.976
24	211.758	0.0047	843.033	0.00119	0.25119	3.981
25	264.698	0.0038	1054.791	0.00095	0.25095	3.985
26	330.872	0.0030	1319.489	0.00076	0.25076	3.988
27	413.590	0.0024	1650.361	0.00061	0.25061	3.990
28	516.988	0.0019	2063.952	0.00048	0.25048	3.992
29	646.235	0.0015	2580.939	0.00039	0.25039	3.994
30	807.794	0.0012	3227.174	0.00031	0.25031	3.995
35	2465.190	0.0004	9856.761	0.00010	0.25010	3.998
40	7523.164	0.0001	30088.655	0.00003	0.25003	3.999

30.0%

n	$(F/P, i, n)$	$(P/F, i, n)$	$(F/A, i, n)$	$(A/F, i, n)$	$(A/P, i, n)$	$(P/A, i, n)$
1	1.300	0.7692	1.000	1.00000	1.30000	0.769
2	1.690	0.5917	2.300	0.43478	0.73478.	1.361
3	2.197	0.4552	3.990	0.25063	0.55063	1.816
4	2.856	0.3501	6.187	0.16163	0.46163	2.166
5	3.713	0.2693	9.043	0.11058	0.41058	2.436
6	4.827	0.2072	12.756	0.07839	0.37839	2.643
7	6.275	0.1594	17.583	0.05687	0.35687	2.802
8	8.157	0.1226	23.858	0.04192	0.34192	2.925
9	10.604	0.0943	32.015	0.03124	0.33124	3.019
10	13.786	0.0725	42.619	0.02346	0.32346	3.092
11	17.922	0.0558	56.405	0.01773	0.31773	3.147
12	23.298	0.0429	74.327	0.01345	0.31345	3.190
13	30.288	0.0330	97.625	0.01024	0.31024	3.223
14	39.374	0.0254	127.913	0.00782	0.30782	3.249
15	51.186	0.0195	167.286	0.00598	0.30598	3.268
16	66.542	0.0150	218.472	0.00458	0.30458	3.283
17	86.504	0.0116	285.014	0.00351	0.30351	3.295
18	112.455	0.0089	371.518	0.00269	0.30269	3.304
19	146.192	0.0068	483.973	0.00207	0.30207	3.311
20	190.050	0.0053	630.165	0.00159	0.30159	3.316
21	247.065	0.0040	820.215	0.00122	0.30122	3.320
22	321.184	0.0031	1067.280	0.00094	0.30094	3.323
23	417.539	0.0024	1388.464	0.00072	0.30072	3.325
24	542.801	0.0018	1806.003	0.00055	0.30055	3.327
25	705.641	0.0014	2348.803	0.00043	0.30043	3.329
26	917.333	0.0011	3054.444	0.00033	0.30033	3.330
27	1192.533	0.0008	3971.778	0.00025	0.30025	3.331
28	1550.293	0.0006	5164.311	0.00019	0.30019	3.331
29	2015.381	0.0005	6714.604	0.00015	0.30015	3.332
30	2619.996	0.0004	8729.985	0.00011	0.30011	3.332
35	9727.860	0.0001	32422.868	0.00003	0.30003	3.333

附录 2 定差数列复利因子

			现值定差因子(P/G)				
N	1%	2%	3%	4%	5%	6%	N
2	0.958	0.958	0.941	0.924	0.906	0.890	2
3	2.895	2.841	2.772	2.702	2.634	2.569	3
4	5.773	5.612	5.437	5.267	5.101	4.945	4
5	9.566	9.233	8.887	8.554	8.235	7.934	5
6	14.271	13.672	13.074	12.506	11.966	11.458	6
7	19,860	18.895	17.952	17.066	18.230	15.449	7
8	26.324	24.868	23.478	22.180	20.968	19.840	8
9	33.626	31.559	29.609	27.801	26.124	24.576	9
10	41.764	38.945	36.305	33.881	31.649	29.601	10
11	50.721	46.984	43.530	40.377	37.496	34.869	11
12	60.479	55.657	51.245	47.248	43.621	40.335	12
13	71.018	64.932	59.416	54.454	49.984	45.961	13
14	82.314	74.783	68.010	61.961	56.550	51.711	14
15	94.374	85.183	76.996	69.735	63.284	57.553	15
16	107.154	96.109	86.343	77.744	70.156	63.457	16
17	120.662	107.535	96.023	85.958	77.136	69.399	17
18	143.865	119.436	106.009	94.350	84.200	75.355	18
19	149.754	131.792	116.274	102.893	91.323	81.304	19
20	165.320	144.577	126.794	111.564	98.484	87.228	20
21	181.546	157.772	137.544	120.341	105.663	93.111	21
22	198.407	171.354	148.504	129.202	112.841	98.939	22
23	215.903	185.305	159.651	138.128	120.004	104.699	23
24	234.009	199.604	170.965	147.101	127.135	110.379	24
25	252.717	214.231	182.428	156.103	134.223	115.971	25
25	272.011	229.169	194.020	165.121	141.253	121.466	26
27	291.875	244.401	205.725	174.138	148.217	126.858	27
28	312.309	259.908	217.525	183.142	155.105	132.140	28
29	333.280	275.674	229.407	192.120	161.907	137.307	29
30	354.790	291.684	241.355	201.061	168.617	142.357	30
31	376.822	307.921	253.354	209.955	175.228	147.284	31
32	399.360	324.369	265.392	218.792	181.734	152.088	32
33	422.398	341.016	277.457	227.563	188.1.3	156.766	33
34	445.919	357.845	289.536	236.260	194.412	161.317	34
35	469.916	374.846	301.619	244.876	200.575	165.741	35
36	494.375	392.003	313.695	253.405	206.618	170.037	36
37	519.279	409.305	325.755	261.839	212.538	174.205	37
38	544.622	426.738	337.788	270.175	218.333	178.247	38
39	570.396	444.291	349.786	278.406	224.000	182.163	39
40	596.576	461.953	361.742	286.530	229.540	185.955	40
42	650.167	497.560	385.495	302.437	240.234	193.171	42
44	705.288	533.474	408.989	317.869	250.412	199.911	44
46	761.870	569.618	432.177	332.810	260.079	206.192	46
48	819.089	605.921	455.017	347.244	269.242	212.033	48
50	879.089	642.316	477.472	361.133	277.910	217.456	50

现值定差因子(P/G)

N	7%	8%	9%	10%	15%	20%	N
2	0.873	0.857	0.841	0.826	0.756	0.694	2
3	2.056	2.445	2.386	2.329	2.071	1.852	3
4	4.794	4.650	4.511	4.378	3.786	3.299	4
5	7.646	7.372	7.111	6.862	5.775	4.906	5
6	10.978	10.523	10.092	9.684	7.937	6.581	6
7	14.714	14.024	13.374	12.763	10.192	8.255	7
8	18.788	17.806	16.887	16.028	12.481	9.883	8
9	23.140	21.808	20.570	19.421	14.755	11.434	9
10	27.715	25.977	24.372	22.891	16.979	12.887	10
11	32.466	30.266	28.247	26.396	19.129	14.233	11
12	37.350	34.634	32.158	29.901	21.185	15.467	12
13	42.330	39.046	36.072	33.377	23.135	16.588	13
14	47.371	43.472	39.962	36.800	24.972	17.601	14
15	52.445	47.886	43.806	40.152	26.693	18.509	15
16	57.526	52.264	47.584	43.416	28.296	19.321	16
17	62.592	56.588	51.281	46.581	29.783	20.042	17
18	67.621	60.842	54.885	49.639	31.156	20.680	18
19	72.598	65.013	58.386	52.582	32.421	21.244	19
20	77.508	69.090	61.776	55.406	33.582	21.739	20
21	82.339	73.063	65.056	58.109	34.645	22.174	21
22	87.079	76.926	68.204	60.689	35.615	22.555	22
23	91.719	80.672	71.235	63.146	36.499	22.887	23
24	96.254	84.300	74.142	65.481	37.302	23.176	24
25	100.676	87.804	76.926	67.696	38.031	23.428	25
26	104.981	91.184	79.586	69.794	38.692	23.646	26
27	109.165	94.439	82.123	71.777	39.289	23.835	27
28	113.226	97.569	84.541	73.649	39.828	23.999	28
29	117.161	100.574	86.842	75.414	40.315	24.141	29
30	120.971	103.456	89.027	77.076	40.753	24.263	30
31	124.654	106.216	91.102	78.639	41.147	24.368	31
32	128.211	108.857	93.068	80.108	41.501	24.459	32
33	131.643	111.382	94.931	81.485	41.818	24.537	33
34	134.950	113.792	96.693	82.777	42.103	24.604	34
35	138.135	116.092	98.358	83.987	42.359	24.661	35
36	141.198	118.284	99.931	85.119	42.587	24.711	36
37	144.144	120.371	101.416	86.178	42.792	24.753	37
38	146.972	122.358	102.815	87.167	42.974	24.789	38
39	149.688	124.247	104.134	88.091	43.137	24.820	39
40	152.292	126.042	105.376	88.952	43.283	24.847	40
42	157.180	129.365	107.643	90.505	43.529	24.889	42
44	161.660	132.355	109.645	91.851	43.723	24.920	44
46	165.758	135.038	111.410	93.016	43.878	24.942	46
48	169.498	137.443	112.962	94.022	44.000	24.958	48
50	172.905	139.593	114.325	94.889	44.096	24.970	50

			现值定差因子(P/G)				
N	25%	30%	35%	40%	45%	50%	N
2	0.640	0.592	0.549	0.510	0.476	0.444	2
3	1.664	1.502	1.362	1.239	1.132	1.037	3
4	2.893	2.552	2.265	2.020	1.810	1.630	4
5	4.204	3.360	3.157	2.764	2.434	2.156	5
6	5.514	4.666	3.983	3.428	2.972	2.595	6
7	6.773	5.622	4.717	3.997	3.418	2.946	7
8	7.947	6.480	5.352	4.471	3.776	3.220	8
9	9.021	7.234	5.889	4.858	4.058	3.428	9
10	9.987	7.887	6.336	5.170	4.277	3.584	10
11	10.846	8.445	6.705	5.417	4.445	3.699	11
12	11.602	8.917	7.005	5.611	4.572	3.784	12
13	12.262	9.314	7.247	5.762	4.668	3.846	13
14	12.833	9.644	7.442	5.879	4.740	3.890	14
15	13.326	9.917	7.597	5.969	4.793	3.922	15
16	13.748	10.143	7.721	6.038	4.832	3.945	16
17	14.108	10.328	7.818	6.090	4.861	3.961	17
18	14.415	10.479	7.895	6.130	4.882	3.973	18
19	14.674	10.602	7.955	6.160	4.898	3.981	19
20	14.893	10.702	8.002	6.183	4.909	3.987	20
21	15.078	10.783	8.038	6.200	4.917	3.991	21
22	15.233	10.848	8.067	6.213	4.923	3.994	22
23	15.362	10.901	8.089	6.222	4.927	3.996	23
24	15.471	10.943	8.106	6.229	4.930	3.997	24
25	15.562	10.977	8.119	6.235	4.933	3.998	25
26	15.637	11.005	8.130	6.239	4.934	3.999	26
27	15.700	11.026	8.137	6.242	4.935	3.999	27
28	15.752	11.044	8.143	6.244	4.936	3.999	28
29	15.796	11.058	8.148	6.245	4.937	4.000	29
30	15.832	11.069	8.152	6.247	4.937	4.000	30
31	15.861	11.078	8.154	6.248	4.938	4.000	31
32	15.886	11.085	8.157	6.248	4.938	4.000	32
33	15.906	11.090	8.158	6.249	4.938	4.000	33
34	15.923	11.094	8.159	6.249	4.938	4.000	34
35	15.937	11.098	8.160	6.249	4.938	4.000	35
36	15.948	11.101	8.161	6.249	4.938	4.000	36
37	15.957	11.103	8.162	6.250	4.938	4.000	37
38	15.965	11.105	8.162	6.250	4.938	4.000	38
39	15.971	11.106	8.162	6.250	4.938	4.000	39
40	15.977	11.107	8.163	6.250	4.938	4.000	40
42	15.984	11.109	8.163	6.250	4.938	4.000	42
44	15.990	11.110	8.163	6.250	4.938	4.000	44
46	15.993	11.110	8.163	6.250	4.938	4.000	46
48	15.995	11.111	8.163	6.250	4.938	4.000	48
50	15.997	11.111	8.163	6.250	4.938	4.000	50

年金定差因子(A/G)

N	0.5%	1%	2%	3%	4%	5%	6%	N
2	0.461	0.486	0.493	0.492	0.490	0.487	0.485	2
3	0.954	0.984	0.985	0.980	0.974	0.967	0.961	3
4	1.453	1.480	1.474	1.463	1.451	1.439	1.427	4
5	1.954	1.971	1.959	1.941	1.922	1.902	1.883	5
6	2.448	2.463	2.441	2.413	2.386	2.358	2.330	6
7	2.942	2.952	2.920	2.881	2.843	2.805	2.767	7
8	3.440	3.440	3.395	3.345	3.294	3.244	3.195	8
9	3.931	3.926	3.867	3.803	3.739	3.675	3.613	9
10	4.425	4.410	4.336	4.256	4.177	4.099	4.022	10
11	4.916	4.893	4.801	4.705	4.609	4.514	4.421	11
12	5.405	5.374	5.263	5.148	5.034	4.922	4.811	12
13	5.894	5.853	5.722	5.587	5.453	5.321	5.192	13
14	6.385	6.331	6.177	6.021	5.866	5.713	5.563	14
15	6.873	6.807	6.630	6.450	6.272	6.097	6.926	15
16	7.360	7.281	7.079	6.874	6.672	6.473	6.279	16
17	7.846	7.754	7.524	7.293	7.066	6.842	6.624	17
18	8.331	8.225	7.967	7.708	7.453	7.203	6.960	18
19	8.816	8.694	8.406	8.118	7.834	7.557	7.287	19
20	9.300	9.162	8.842	8.523	8.209	7.903	7.605	20
22	10.266	10.092	9.704	9.318	8.941	8.573	8.216	22
24	11.228	11.016	10.553	10.095	9.648	9.214	8.795	24
25	11.707	11.476	10.973	10.476	9.992	9.523	9.072	25
26	12.186	11.934	11.390	10.853	10.331	9.826	9.341	26
28	13.141	12.844	12.213	11.593	10.991	10.411	9.857	28
30	14.092	13.748	13.024	12.314	11.627	10.969	10.342	30
32	15.041	14.646	13.822	13.017	12.241	11.500	10.799	32
34	15.986	15.537	14.607	13.702	12.832	12.006	11.227	34
35	16.458	15.980	14.995	14.037	13.120	12.250	11.432	35
36	16.928	16.421	15.380	14.369	13.402	12.487	11.630	36
38	17.867	17.299	16.140	15.018	13.950	12.944	12.006	38
40	18.802	18.170	16.887	15.650	14.476	13.377	12.359	40
45	21.126	20.320	18.702	17.155	15.705	14.364	13.141	45
50	23.429	22.429	20.441	18.557	16.812	15.223	13.796	50
55	25.711	24.498	22.105	19.860	17.807	15.966	14.341	55
60	27.973	26.526	23.695	21.067	18.697	16.606	14.791	60
65	30.214	28.515	25.214	22.184	19.491	17.154	15.160	65
70	32.435	30.463	26.662	23.214	20.196	17.621	15.461	70
75	34.635	32.372	28.042	24.163	20.821	18.017	15.706	75
80	36.814	34.242	29.356	25.035	21.372	18.352	15.903	80
85	38.973	36.073	30.605	25.835	21.857	18.635	16.101	85
90	41.112	37.866	31.792	26.566	22.283	18.871	16.189	90
95	43.230	39.620	32.918	27.235	22.655	19.069	16.290	95
100	45.328	41.336	33.985	27.844	22.980	19.234	16.371	100

年金定差因子(A/G)

N	7%	8%	9%	10%	12%	15%	18%	N
2	0.483	0.481	0.478	0.476	0.472	0.465	0.459	2
3	0.955	0.949	0.943	0.936	0.925	0.907	0.890	3
4	1.415	1.404	1.392	1.381	1.359	1.326	1.295	4
5	1.865	1.846	1.828	1.810	1.775	1.723	1.673	5
6	2.303	2.276	2.250	2.224	2.172	2.097	2.025	6
7	2.730	2.694	2.657	2.022	2.551	2.450	2.353	7
8	3.146	3.099	3.051	3.004	2.913	2.781	2.656	8
9	3.552	3.491	3.431	3.372	3.257	3.092	2.936	9
10	3.946	3.798	3.798	3.725	3.585	3.383	3.194	10
11	4.330	4.239	4.151	4.064	3.895	3.655	3.430	11
12	4.702	4.596	4.491	4.388	4.190	3.908	3.647	12
13	5.065	4.940	4.818	4.699	4.468	4.144	3.845	13
14	5.417	5.273	5.133	5.995	4.732	4.362	4.025	14
15	5.758	5.594	5.435	5.279	4.980	4.565	4.189	15
16	6.090	5.905	5.724	5.549	5.215	4.752	4.337	16
17	6.411	6.204	6.002	5.807	5.435	4.925	4.471	17
18	6.722	6.492	6.269	6.053	5.643	5.084	4.592	18
19	7.024	6.770	6.524	6.286	5.838	5.231	4.700	19
20	7.316	7.037	6.767	6.508	6.020	5.365	4.798	20
22	7.872	7.541	7.223	6.919	6.351	5.601	4.963	22
24	8.392	8.007	7.638	7.288	6.641	5.798	5.095	24
25	8.639	8.225	7.832	7.458	6.771	5.883	5.150	25
26	8.877	8.435	8.016	7.619	6.892	5.961	5.199	26
28	9.329	8.829	8.357	7.914	7.110	6.096	5.281	28
30	9.749	9.190	8.666	8.176	7.297	6.207	5.345	30
32	10.138	9.520	8.944	8.409	7.459	6.297	5.394	32
34	10.499	9.821	9.193	8.615	7.596	6.371	5.433	34
35	10.669	9.961	9.308	8.709	7.658	6.402	5.449	35
36	10.832	10.095	9.417	8.799	7.714	6.430	5.462	36
38	11.140	10.344	9.617	8.956	7.814	6.478	5.485	38
40	11.423	10.570	9.796	9.096	7.899	6.517	5.502	40
45	12.036	11.045	10.160	9.374	8.057	6.583	5.529	45
50	12.529	11.411	10.429	9.570	8.160	6.620	5.543	50
55	12.921	11.690	10.626	9.708	8.225	6.641	5.549	55
60	13.232	11.902	10.768	9.802	8.266	6.653	5.553	60
65	13.476	12.060	10.870	9.867	8.292	6.659	5.554	65
70	13.666	12.178	10.943	9.911	8.308	6.663	5.555	70
75	13.814	12.266	10.994	9.941	8.318	6.665	5.555	75
80	13.927	12.330	11.030	9.961	8.324	6.666	5.555	80
85	14.015	12.377	11.055	9.974	8.328	6.666	5.555	85
90	14.081	12.412	11.073	9.983	8.330	6.666	5.556	90
95	14.132	12.437	11.085	9.989	8.331	6.667	5.556	95
100	14.170	12.455	11.093	9.993	8.332	6.667	5.556	100

年金定差因子(A/G)

N	20%	25%	30%	35%	40%	45%	50%	N
2	0.455	0.444	0.435	0.426	0.417	0.408	0.400	2
3	0.879	0.852	0.827	0.803	0.780	0.758	0.737	3
4	1.274	1.225	1.178	1.134	1.092	1.053	1.015	4
5	1.641	1.563	1.490	1.422	1.358	1.298	1.242	5
6	1.979	1.868	1.765	1.670	1.581	1.499	1.423	6
7	2.290	2.142	2.006	1.881	1.766	1.661	1.565	7
8	2.576	2.387	2.216	2.060	1.919	1.791	1.675	8
9	2.836	2.605	2.396	2.209	2.042	1.893	1.760	9
10	3.074	2.797	2.551	2.334	2.142	1.973	1.824	t0
11	3.289	2.966	2.683	2.436	2.221	2.034	1.871	11
12	3.484	3.115	2.795	2.520	2.285	2.082	1.907	12
13	3.660	3.224	2.889	2.589	2.334	2.118	1.933	13
14	3.817	3.356	2.968	2.644	2.373	2.145	1.952	14
15	3.959	3.453	2.034	2.689	2.403	2.165	1.966	15
16	4.085	3.537	3.089	2.725	2.426	2.180	1.976	16
17	4.198	3.608	3.135	2.753	2.444	2.191	1.983	17
18	4.298	3.670	3.172	2.776	2.458	2.200	1.988	18
19	4.386	3.722	3.202	2.793	2.468	2.206	1.991	19
20	4.464	3.767	3.228	2.008	2.476	2.210	1.994	20
22	4.594	3.836	3.265	2.827	2.487	2.216	1.997	22
24	4.694	3.886	3.289	2.839	2.493	2.219	1.999	24
25	4.735	3.905	3.298	2.843	2.494	2.220	1.999	25
26	4.771	3.921	3.305	2.847	2.496	2.221	1.999	26
28	4.829	3.946	3.315	2.851	2.498	2.221	2.000	28
30	4.873	3.963	3.322	2.853	2.499	2.222	2.000	30
32	4.906	3.975	3.326	2.855	2.490	2.222	2.000	32
34	4.931	3.983	3.329	2.856	2.500	2.222	2.000	34
35	4.941	3.986	3.330	2.856	2.500	2.222	2.000	35
36	4.949	3.988	3.330	2.856	2.500	2.222	2.000	36
38	4.963	3.992	3.332	2.857	2.500	2.222	2.000	38
40	4.973	3.995	3.332	2.857	2.500	2.222	2.000	40
45	4.988	3.998	3.333	2.857	2.500	2.222	2.000	45
50	4.995	3.999	3.333	2.857	2.500	2.222	2.000	50
55	4.998	4.000	3.333	2.857	2.500	2.222	2.000	55
60	4.999	4.000	3.333	2.857	2.500	2.222	2.000	60
65	5.000	4.000	3.333	3.857	2.500	2.222	2.000	65
70	5.000	4.000	3.333	2.857	2.500	2.222	2.000	70
75	5.000	4.000	3.333	2.857	2.500	2.222	2.000	75
80	5.000	4.000	3.333	2.857	2.500	2.222	2.000	80
85	5.000	4.000	3.333	2.857	2.500	2.222	2.000	85
90	5.000	4.000	3.333	3.857	2.500	2.222	2.000	90
95	5.000	4.000	3.333	3.857	2.500	2.222	2.000	95
100	5.000	4.000	3.333	2.857	2.500	2.222	2.000	100

参 考 文 献

［1］ 刘晓君. 建筑技术经济学. 北京：中国建筑工业出版社，1998.
［2］ 赵国杰. 工程经济与项目评价. 天津：天津大学出版社，2001.
［3］ 刘长滨. 建筑工程技术经济学. 北京：中国建筑工业出版社，2002.
［4］ 车礼，胡玉立. 市场调查与预测. 武汉：武汉大学出版社，2002.
［5］ 陶燕渝，张宜松. 工程技术经济. 重庆：重庆大学出版社，2002.
［6］ 石兴国等. 技术经济学. 北京：中国电力出版社，2004.
［7］ 肖跃军等. 工程经济学. 北京：高等教育出版社，2004.
［8］ 刘玉洁，周鹏. 市场调查与预测. 大连：大连理工大学出版社，2004.
［9］ 张先玲，封伟，刘晓东. 建筑工程技术经济. 重庆：重庆大学出版社，2007.
［10］ 武育秦，赵彬. 建筑工程经济与管理(第 3 版). 武汉：武汉理工大学出版社，2008.